차례와 제사
— 지내는 예법과 얽힌 이야기 —

대원사

차례와 제사

▲ 3탕과 메, 갱

▲ 설날 차례상

▲ 합설 제상 차림

▲ 제구와 제기 진설

▲ 제상 차림의 예

▲ 목기에 차린 제상

▲ 상주 사벌왕릉 묘제 제상 차림

▲ 자양영당 제사의 참여자들

▲ 자양영당의 제사 모습

▲ 성균관의 석전제 모습

▲ 지방을 모심

▲ 분향 강신

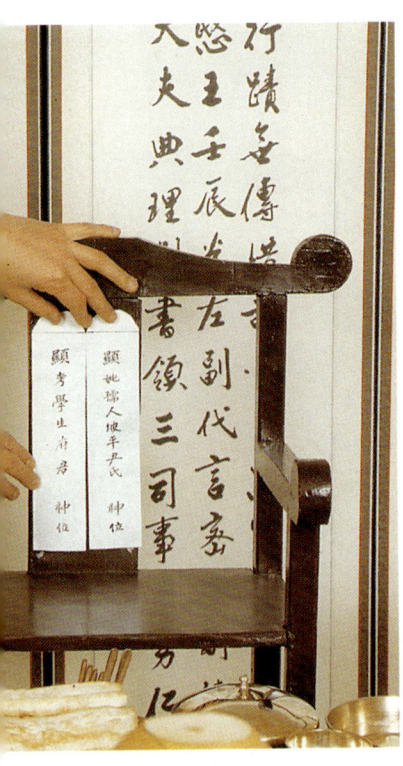
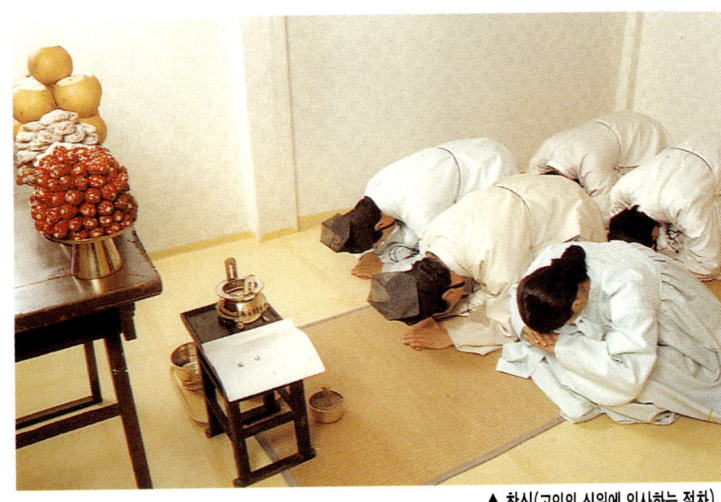
▲ 참신(고인의 신위에 인사하는 절차)

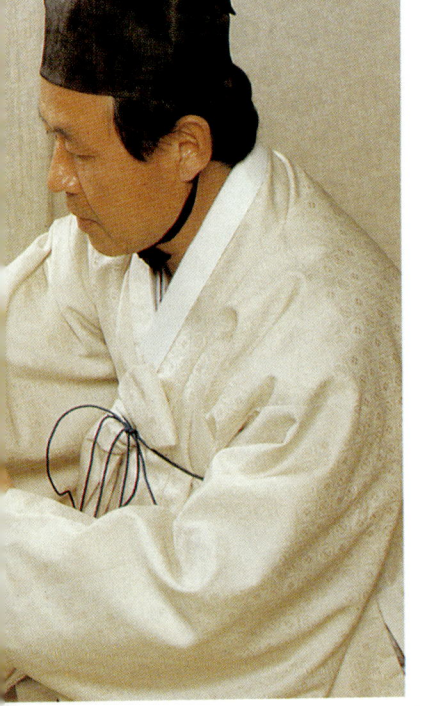

▲ 첨작(종헌 뒤 술잔을 채움)

▲ 지방을 불사른다.

머리말

이 책은 늘 우리 가까이에 있는 제사 예법을 확실하게 이해하고 간편하게 실행할 수 있도록 하기 위해 저술되었다. 혼례나 상례와 같은 전례는 문중의 친척들이나 예식장, 장의사와 같은 대행 기관에서 쉽게 도움을 받을 수 있다. 그러나 제사는 규모가 작은 것이어서 특별한 경우가 아니면 친지들의 도움을 받기가 쉽지 않고 언제까지나 도와 주고 가르쳐 주기만을 기대할 수도 없다. 따라서 적어도 우리 집안의 제사만은 우리 자신들이 직접 배워서 시행할 수밖에 없다. 그것은 결국 우리 자신의 책임이기 때문이다.

제사는 신을 응접하는 행사이기 때문에 혼례나 상례와는 또 다른 중요성을 가지고 있다. 신격화된 조상을 불러 놓고 어떻게 대충대충 넘길 수 있겠는가? 신이 얼마나 영험한 존재인데 적당히 생략하고 지나칠 수 있겠는가? 또 가령 신은 속일 수 있다 하더라도 자기 자신의 마음까지 속일 수야 있겠는가? 제사를 지내고 미안한 마음이나 불안한 마음이 남았다면 그것은 제사를 드리지 않으니만 못하다. 그 봉행의 절차에 자신이 없었거나 제사 의식 하나하나가 갖는 뜻을 알지 못한다면 제사를 올린 효험과 의미는 반감될 것이다.

제례는 비교적 간소한 예법이고 사람마다 대체로 알고 있는 예법이기도 하지만 그 준비나 진행의 여러 절차가 담고 있는 뜻을 충분히 알기는 쉽지 않다. 또 전통적인 제례의 절차 중에는 오늘날 도저히 행할 수 없는 것도 있다. 더욱이 그것은 집집마다 조금씩 형식이 달라 어느 것이 원칙에 맞는 것인지 어느 것이 변통된 것인지 알기 어렵다. 예(禮)에는 영구히 변동시킬 수 없는 원칙이 있고 수시로 변용할 수 있는 지엽적인 것이 있다. 공경과 정성 같은 근본 정신이나 잔을 올리고 절하는 것과 같은 기초적인 의식들은 변동될 수 없지만 그 밖의 사소한 형식과 절차는 시대와 사정에 따라 변통될 수 있다. 그러나 예를 변통할 수 있으려면 원칙과 근본 정신에 대해 충분한 지식이 있어야 한다.

이 책에서는 전통적인 제사 의례가 담고 있는 의미를 탐구하여 제사의 정신을 이해하고 현대 생활에 맞는 합리적이고 간소한 제사 의식을 새롭게 마련해 보고자 한다. 복잡하고 까다롭기 한이 없는 가정 의례를 간편하게 정비하려는 노력은 그 동안 국가적인 차원에서 혹은 여러 단체나 개인에 의해서 시도되어 왔다. 그 대표적인 산물이 1973년에 정부에서 반포한 「가정의례준칙」이다. 이것은 국가에서 공식으로 정비한 것이기 대문에 이른바 '시왕지례(時王之禮 : 현행 공식 예법)'라고 할 수 있다. 이 법은 당시의 여러 사정을 참작하고 여러 종교 의식과 각 지방, 각 계층의 관습을 절충하여 대다수 국민이 보편적으로 행할 수 있도록 만들어진 것이다. 이 「가정의례준칙」은 대체로 우리의 관습적 예속이었던 유교 예법을 근간으로 하여 만들어졌지만 결국 이것도 아니고 저것도 아닌 변종 예법이 되었다. 또 그것은 지나치게 간소화되어 도저히 예라고 부를 수 없게 되었다.

　이 책은 유교적 예법을 기초로 하고 우리의 전통 예속을 참작하여 정리하였다. 따라서 이는 어디까지나 유교 예법이라고 할 수 있다. 이 책이 유교 예법을 근저로 한 것은 그것이 우리의 전통 제례와 가장 밀착되어 있기 때문이며, 오늘날에도 대부분의 가정에서 어떤 형태로든지 그것을 준행하고 있기 때문이다. 그리고 솔직하게 말하자면 필자의 유교 예법에 대한 편향적 애착이 가장 큰 이유라고 할 수 있다.

　이 책은 현대의 젊은이들이 우리의 전통 제례를 쉽게 이해하고 간편하게 행할 수 있도록 평이한 문장으로 서술하였다. 아울러 예법이 지나치게 엄격하고 무미건조하게 느껴지지 않도록 하기 위해 흥미에도 유의하였다. 아무쪼록 우리 예법에 대한 젊은이들의 애착과 분발이 있기를 기대한다.

　이 책을 준비하는 동안 자료 수집과 정리 및 내용 검토에 많은 도움을 준 불교 의례 전문가인 후배 재원 이영화(李英華) 석사에게 감사드린다. 아울러 이 책이 나오기까지 수고를 아끼지 않으신 대원사 여러분들께도 감사를 드린다.

1994. 8.
栗林 草亭에서　이 영 춘

범 례

1. 본서는 우리의 전통적인 유교 제례의 정신과 형식을 토대로 구성하였다.
2. 본서는 현대 의례 생활에 맞도록 간소화하였다. 그리고 제사에 관련된 용어도 이해하기 쉽도록 현대의 우리말로 대체하였다. 그러나 지방과 축문은 가능하면 한문으로 쓸 것을 권고하였다.
3. 본서는 제사의 행용에 중점을 두었으나, 그와 관련된 기초적인 원리의 이해에도 유의하였다. 제사는 일정한 형식을 가진 의식이지만 가장 중요한 것은 제사에 임하는 사람의 정신 자세라고 할 수 있다. 제사는 일종의 종교적 훈련이라고 할 수 있기 때문이다. 따라서 본서에서는 공경와 정성을 근본으로 하는 정신 자세를 특히 강조하였다.
4. 본서는 독자들이 제사 의례를 너무 어렵고 딱딱한 것으로 여기지 않도록 쉽고 흥미있게 구성하고자 하였다. 제1부에서는 제사와 관련된 여러 가지 이야기들을 수록하여 제사의 의미와 정신을 느끼도록 하였고, 제2부에서는 제사의 원리와 정신에 대해 중요한 문제들을 주제별로 간단하게 설명하였다. 그리고 제3부에서는 제사의 실제 준비와 진행에 관한 내용들을 현대 가정의 실정에 맞게 정리하여 설명하였다. 또한 전통 예법 가운데 요긴한 것이나 참고할 필요가 있는 것도 아울러 수록하였다.

5. 이 밖에 본서에서 특별히 역점을 두어 서술한 내용은 다음과 같다.
가. 예법의 본래 정신과 현대 가정 생활의 형편을 고려하여 번다한 기일 제사를 가능한 한 지양하고 부모를 제외한 조상의 제사는 시제에 합사하는 것을 장려하였다. 시제는 예로부터 가장 중요한 제사였고, 기제사는 고전예법에 없었던 제사이기 때문이다. 다만 부모의 제사는 다른 조상에 비할 바 없이 소중하기 때문에 기일을 그냥 넘길 수 없으며, 고례(古禮)에도 정기적(음력 9월)인 부모 제사인 이제(禰祭)가 있었으므로 반드시 기제사를 행하도록 하였다. 고조 이하의 조상들에 대한 기일 제사를 꼭 행하려는 사람들을 위해서도 필요한 사항들을 모두 설명해 놓았다.
나. 묘제(墓祭)는 고전 예법에 없던 것이고 오늘날에 행하기도 매우 어려우므로 장려하지 않았다. 다만 가문의 전통에 따라 행하고자 하는 사람들을 위하여 옛날 예법을 남겨 두었다.
다. 지방이나 축문의 머리말에 쓸 관작은 오늘날의 경우 관직이나 학위 또는 사회적 직함 등을 쓰게 하였다. 또 비위(妣位 : 여자 조상의 신위)의 봉작은 현대인에게는 없는 것이므로 고위(考位 : 남자 조상의 신위)의 경우와 마찬가지로 관직, 학위, 사회, 직함 등을 쓰게 하였고, '유인(孺人)'은 원래 봉작이 없던 여성들에게도 쓰던 것이므로 적당한 직함이 없는 경우에 병용하도록 하였다.
라. 제사에 사용하는 음식은 가짓수를 간소화하고, 여러 차례에 걸쳐 올리던 절차도 폐지하여 처음의 진찬(進饌)시에 함께 올리도록 하였다.
마. 제사의 장소나 참여자들의 위치 등은 현대의 가옥 구조에 따라 편의대로 하도록 하였다.
바. 제례에 관한 유교 예법과 우리의 전통 예속을 쉽게 이해할 수 있도록 평이한 글로 설명하였으며 많은 사진을 수록하였다.

차 례

제1부 제사 이야기

1. 김수로왕 사당의 제사 이야기 ················· 17
2. 문종 대왕이 객귀들을 제사한 제문 ················· 21
3. 현덕 왕후(顯德王后)의 제사 ················· 24
4. 남한산성의 제사 이야기 ················· 31
5. 제사의 왕국 ················· 33
6. 음사(淫祀) 이야기 ················· 45
7. 제사지내고 복받은 이야기 ················· 50
8. 별나게 정성을 들인 제사 이야기 ················· 58
9. 정성되지 않은 제사로 부정탄 이야기 ················· 61
10. "씨는 못 속인다?"는 이야기 ················· 64
11. 제사에 개고기 올린 이야기 ················· 65

제2부 제사의 원리와 정신

12. 현대 사회에서 제사의 의미 ················· 70
13. 귀신은 있는가? ················· 75
14. 제사의 역사와 전통 ················· 78
15. 사당(祠堂)의 유래와 제도 ················· 83
16. 신주, 위패, 지방의 차이 ················· 90
17. 제사를 올리는 정신 자세 : 신을 받드는 도리 ················· 95
18. 목욕 재계 ················· 98
19. 제사의 수칙 10조 ················· 99
20. 가정의 제사에는 어떤 종류가 있는가? ················· 106
21. 제사를 지내는 날짜와 시각 ················· 112
22. 강신(降神)과 참신(叅神)의 순서 ················· 113
23. 제사는 몇 대 조상까지 지내는가? ················· 114

24. 제사의 담당자는 누구인가? ………………………… 117
25. 가문과 제사의 계승법 : 종법 ………………………… 120
26. 우리 나라 종법의 전통 ………………………………… 123
27. 제사의 상속과 입후 제도………………………………… 128
28. 여성의 제사 참례 ………………………………………… 129
29. 제사의 경비는 누가 부담하는가? …………………… 131
30. 「가정의례준칙」의 문제점 ……………………………… 132
31. 『주자가례(朱子家禮)』는 어떤 책인가? ……………… 135
32. 요긴한 우리 나라의 예서(禮書)들 …………………… 141

제3부 제사의 준비와 진행

33. 제구(祭具)와 제기(祭器)의 마련 ……………………… 152
34. 제사 음식(제수)의 준비와 제상 차리는 법 ………… 161
35. 제복의 마련과 입는 법………………………………… 172
36. 신주의 봉안과 지방 쓰는 법 ………………………… 176
37. 축문 쓰는 법……………………………………………… 182
38. 기제사의 유래와 의미 ………………………………… 188
39. 기제사의 준비 …………………………………………… 190
40. 기제사의 봉행 …………………………………………… 190
41. 시제의 의미 ……………………………………………… 206
42. 시제의 준비와 택일…………………………………… 208
43. 시제의 봉행 ……………………………………………… 210
44. 명절 차례(茶禮)의 유래와 의미 ……………………… 215
45. 차례의 준비 ……………………………………………… 216
46. 차례의 봉행 ……………………………………………… 217
47. 묘제(墓祭)의 유래와 의미 …………………………… 219
48. 묘제의 준비 ……………………………………………… 220
49. 묘제의 봉행 ……………………………………………… 222

제 1 부 제사 이야기

1. 김수로왕 사당의 제사 이야기
2. 문종 대왕이 객귀들을 제사한 제문
3. 현덕 왕후(顯德王后)의 제사
4. 남한산성의 제사 이야기
5. 제사의 왕국
6. 음사(淫祀) 이야기
7. 제사지내고 복받은 이야기
8. 별나게 정성을 들인 제사 이야기
9. 정성되지 않은 제사로 부정탄 이야기
10. "씨는 못 속인다?"는 이야기
11. 제사에 개고기 올린 이야기

수로왕릉. 경남 김해시 서상동 소재.

1. 김수로왕 사당의 제사 이야기

고대에는 동서양의 어느 사회를 불문하고 각양 각색의 제사가 많았다. 우리 나라에서도 삼국시대부터 제사에 관한 많은 역사적 기록이 있고 또 많은 이야기가 전해져 오고 있다. 문명이 발달하지 않았던 고대 사회에서는 천재지변과 같은 자연 재앙을 만나거나 전염병 혹은 전쟁과 같이 생사가 달린 문제들이 일어날 때는 오늘날처럼 합리적인 해결 방안이 없었으므로 귀신에게 의지하고 제사를 올림으로써 영험을 얻고자 하는 경향이 많았다. 귀신에 대한 제사는 인간이 겪는 여러 가지 재앙을 피하기 위해서 행해졌지만 복을 빌기 위한 목적에서 행해지는 일도 많았다. 이러한 제사들 중에는 국가나 지역 공동체 단위로 행해지는 것이 많았고, 제사를 지낸 후에는 먹고 마시고 춤추는 일종의 축제로 발전한 것도 적지 않았다. 축제는 보통 추수가 끝난 후에 벌어지는 경우가 많았는데 부여의 영고, 고구려의 동맹, 옥저의 무천과 같은 행사들이 그에 해당된다.

제사 중에는 천지에 대한 제사, 산천에 대한 제사, 큰 바위나 고목과 같은 자연물에 대한 제사도 많았지만 가장 보편적이고 중요시되었던 것은 역시 조상신에 대한 제사였다. 이는 사람이 죽은 후에도 영혼은 살아 있다는 오랜 관념에서 비롯된 것이라고 할 수 있다. 전근대의 조상에 대한 제사는 어느 사회, 어느 계층에서나 행해졌지만 역시 최고의 권력자인 국왕의 조상에 대한 제사가 가장 중시되었다. 그리하여 웬만한 정도의 나라에서는 시조왕을 비롯하여 죽은 왕들의 영혼을 모시고 그들에 대한 제사를 지내기 위해 왕실 차원의 사당, 즉 종묘(宗廟)를 건립하고 있었다. 삼국시대에는 각 나라마다 시조왕에게 제사를 지내는 시조묘가 있었고 여기에는 후대의 왕들도 함께 모시는 경우가 많았다. 우리 나라는 중국의 제후국 정도의 작은 나라였으므로 일반적으로 종묘에는 시조왕과 현재 왕의 4대조를 모셔 제사지내는 것을 표준으로 삼았는데 이를 5묘제(五廟制)라고 한다. 태묘(太廟)라고 하는 중국 황제의 종묘는 7묘제(七廟制)가 되는데, 5묘의 신주 외에 공적과 덕망이 탁월한 임금을 각각 한 분씩 더 모시는 것이다.

종묘는 사직과 더불어 나라의 가장 존엄한 제사 장소이기 때문에 국가와 왕실의 운명 그 자체를 상징하는 것이기도 했다. 따라서 특별히 엄격하게 수호, 관리되었으므로 종묘와 사직의 시설을 파손하거나(풀 한 포기 나뭇가지 하나라도) 물건을 훔치는 등의 일은 반역죄와 마찬가지로 처형되었다. 반대로 한 왕조가 망하고 다른 왕조가 들어서게 되면 가장 먼저 그 종묘를 허물어 버리고 새로운 종묘를 지었다. 그런 후에야 민심이 새 왕조에게로 돌아오기 때문이었다.

그러나 왕조가 망했어도 허물어지지 않은 유일한 종묘가 있었는데 그것이 바로 김수로왕과 그의 후손들을 모신 가야의 종묘 즉 김수로왕의 사당이었다. 김수로왕과 그의 사당에 대해서는 여러 가지 영험한 신화와 전설들이 전해지고 있다. 『삼국유사』에 실린 「가락국기」에는 고려시대까지 지속되고 있었던 김수로왕 사당의 제사 이야기가 수록되어 있다. 이 이야기는 대표적인 종묘 제사 설화로서 옛사람들의 제사에 대한 관념들이 잘 나타나 있다.

『삼국유사』에 의하면 금관 가야의 김수로왕은 기원후 42년 3월 다른 5가야의 왕들과 함께 김해의 구지봉에서 알의 형태로 하늘에서 내려왔다고 한다. 그 알은 부화하여 어린이가 되었고 그 어린이는 10여 일 만에 9척 장신의 용모가 수려한 성인이 되어 금관 가야의 왕위에 올랐다. 그는 즉위한 지 6년 만인 서기 48년에 아유타국에서 온 공주인 허 왕후를 왕비로 맞이하여 금슬 좋게 살면서 158년 동안 통치한 후 서기 199년, 허 왕후가 죽은 지 10년 만에 죽은 것으로 기록되어 있다. 그가 죽은 후 백성들은 부모를 잃은 듯이 슬퍼했다. 그리하여 대궐 동북쪽 평지에 장사를 지내고 그곳에 높이 한 길, 둘레 300보가 되는 빈궁(殯宮)을 지었는데 이를 수로왕 사당이라 하였다.

그 후 여기에는 그의 아들 거등왕(居登王)에서부터 9대손인 구충왕(仇衝王 : 혹은 구형왕仇衡王)까지 배향하여 일년에 다섯 번(정월 3일과 7일, 5월 5일 단오, 8월 5일과 15일 추석) 푸짐하고 깨끗한 제물을 차려 제사를 지냈다. 533년에 신라 법흥왕의 침략을 받은 구충왕은 항복하여 나라를 신라에 바치고 경주로 귀순하고 말았다. 이로써 금관 가야는 망하였지만 수로왕의 사당은 훼손되지 않고 보존되었으며 그 제사도 명맥을 잇게 되었다. 비록 나라가 망한 후 경제적 지원이 취약하여 그전처럼 제사가 성대하지 못했고 지내는 둥 마는 둥 하기 일쑤에 가끔씩 거르는 일도 있었지만 그 사당은 그런대로 60여 년을 지탱하였다. 그 후 구충왕의 후손인 김유신의 여동생이 태종무열왕의 왕비(문명 왕후)이자 문무왕의 어머니가 되자 수로왕 사당의 제사도 특별히 보호를 받게 되었다. 문무왕은 김수로왕이 외가쪽 조상이라 하여 신라의 종묘와 같은 수준으로 제사를 지내게 하고 사당 주변의 최상급 경작지 30경(頃 : 1경은 쌀 30여 석이 생산되는 땅)을 떼어 제수용 땅으로 마련해 주고 이를 왕위전(王位田)이라 하였다. 또 수로왕의 17대손인 경세 급찬이라는 사람을 지명하여 그 재산과 제사를 전담, 관리하도록 하였다. 이리하여 김수로왕 사당의 제사는 다시 옛날처럼 풍성해지고 1년에 다섯 번씩 규칙적으로 지내게 되었다.

　신라 말기에는 충지(忠至) 잡찬이라는 사람이 김해 지역의 금관성을 공격하여 빼앗아 이 지역을 다스리게 되었다. 그는 성주 장군이라고 자칭하면서 지방에서 세력을 떨치던 호족 중 한 사람이었다. 이때 영규(英規) 아찬이라는 사람이 충지에게 아부하여 그 세력을 믿고 수로왕 사당의 제사를 빼앗아 제멋대로 제사를 지냈다. 그런데 그해 단오 때 사당에서 고사를 올리던 그는 갑자기 대들보가 부러지는 바람에 그것에 치어 죽고 말았다. 이렇게 되자 충지는 겁이 나서 제사를 특별히 잘 모신다 하여 비단에 수로왕의 초상화를 그려 벽에 봉안하고, 아침저녁으로 촛불을 켜놓고 매우 공손히 받들었다. 그러나 겨우 사흘 만에 초상화의 두 눈에서 피눈물이 흘러내려 거의 한 말이나 되었다. 몹시 놀란 충지는 그 초상화를 모시고 사당 밖으로 나가 불태워 없앤 뒤 수로왕의 친자손인 규림(圭林)을 불러 제사를 돌려주었다. 규림은 이를 받아 다시 전처럼 제사를 지내다가 88세에 죽었고 그의 아들 간원(間元) 경이 물려받았다. 어느 해 단오 제사 때 죽은 영규의 아들 준필(俊必)이라는 자가 또 발광하여 사당으로 와 간원 경이 차려 놓은 제물을 치우고 자기가 제물을 다시 차려 제사를 지냈는데 삼헌을 끝내기도 전에 병이 발작하여 죽었다. 이는 "음사는 복이 없을 뿐만 아니라 도리어 재앙을 받는다."는 옛말을 실증하는 사건이었다.

　또 이런 일도 있었다. 신라 말기에 국가의 기강이 무너지고 사방에서 도적들이 일어나 사회가 극도로 어지럽게 되었을 때 어느 도적의 무리들이 사당 안에 금은 보화가 많이 있는 줄 알고 그것을 도적질해 가려고 했다. 그런데 도적들이 처음 들이닥치자 갑자기 사당 안에서 갑옷을 입고 투구를 쓰고 활에 살을 당긴 한 용사가 나와 도적들을 향해 비오듯이 화살을 쏘아 7~8명이 맞아 죽었다. 이에 다른 도적들은 질겁하고 달아나 버렸다. 며칠 후 도적들이 또다시 무리를 지어 쳐들어오자 이번에는 길이가 30자나 되고 눈빛이 번개 같은 큰 구렁이가 사당 옆에서 나와 순식간에 도적 8~9명을 물어 죽이니 겨우 살아 남은 자들은 엎어지고 자빠지면서 도망가고 말았다. 이 이야기가 널리 전파되어 그 후에는 감히 침범하는 도둑들이 없었다.

수로왕 사당의 제사는 고려시대까지 계속되었다. 그런데 991년에 나라에서 관리(양전사)를 보내어 김해 지역의 토지 조사 사업을 벌이게 되었는데, 당시의 양전사였던 조문선(趙文善)은 수로왕릉과 사당의 토지가 지나치게 많다 하여 이 중 절반인 15결의 땅을 환수하여 김해부의 하급 관원(아전)들에게 급료 몫으로 나누어 주고자 하였다. 조정에서는 이 토지가 유래가 깊은 데다가 여러 가지 영험한 일도 있었음을 두려워하여 환수를 반대하였으나 조문선이 여러 차례 요청하므로 결국 그 토지의 반을 하급 관원들에게 나누어 주도록 하였다. 그런데 이 일을 담당하여 거의 끝낼 즈음의 어느 날 밤 조문선은 이상한 꿈을 꾸었다. 갑자기 7~8명의 귀신이 밧줄과 칼을 쥐고 나타나더니

"너에게 큰 죄가 있어 목 베어 죽이겠다."

고 호통을 치고는 그를 밧줄로 묶어 목을 베는 것이었다. 조문선은 형을 받고 몹시 아파하다가 꿈에서 깨어났으나 그날로 갑작스런 병이 발작하였다. 그는 남에게 알리지도 않고 김해에서 도망갔으나 고을의 경계를 지나다가 곧장 죽고 말았다. 이 때문에 토지 정리 문서에는 그의 도장이 찍히지 못했으나 나누어 준 토지는 회수하지 못했다.

김수로왕의 사당은 처음 세워질 때인 199년에서부터 「가락국기」를 지은 고려 문종 31년(1076)까지 878년이 지나는 동안 한 군데도 허물어지지 않았고 심어 놓은 나무도 시들거나 말라 죽지 않았다. 더구나 거기에 장식해 놓았던 수많은 옥제 조각품들도 전혀 손상되지 않았다. 예로부터 "망하지 않은 나라와 파괴되지 않은 무덤은 없다."고 하는 말이 있는데 가야는 망하였지만 수로왕의 무덤과 사당은 훼손되지 않았다. 수로왕의

현릉의 문종왕 봉분. 서울 동구릉 소재.

능에서는 지금까지도 김해 김씨와 김해 허씨의 후손들에 의해 성대한 제사가 행해지고 있다.

2. 문종 대왕이 객귀들을 제사한 제문

　조선시대 제5대 국왕이었던 문종은 세종의 큰아들로서 성품이 너그럽고 어질었다. 평소 말이 적고 효성과 우애가 독실하였으며 공손하고 검소하였던 그는 또한 천성이 총명하여 학문에 비상한 재능을 가지고 있었다. 그는 타고난 천재였을 뿐만 아니라 학업에 열중하였고 선비들을 좋아하여 그들과 강론하기를 즐겨했다. 그렇게 30여 년을 학문에 진력한 결과 그가 왕이 되었을 때는 당대의 누구에게도 뒤지지 않는 일류 학자가 되어 있었다.

문종은 왕이 되고 난 후에도 공부를 멈추지 않았다. 그는 천문학에도 능통하였고 여러 가지 과학 기술에도 조예가 깊었으며 시와 문장에도 뛰어났고 글씨도 명필의 경지에 이르렀다.

그런데 그가 무엇보다 힘썼던 것은 성리학이었다. 성리학은 천지 자연의 법칙과 귀신 및 인간의 이치를 탐구하는 철학으로서 일반인이 이해하기 어려운 학문이었다. 문종은 다년간 성리학에 몰두하여 연구한 결과 마침내 천지 자연의 변화를 예언하고 귀신을 부르고 쫓는 경지에까지 이르게 되었다. 그러나 평소 건강이 좋지 않았던 문종은 정사와 학문에 열중한 나머지 과로가 겹쳐 아쉽게도 즉위한 지 2년 후에 승하하고 말았다. 천지와 자연의 앞날은 꿰뚫어 보면서도 자신의 건강은 돌보지 못하였으니 참으로 아이러니가 아닐 수 없다.

문종 원년 9월, 황해도 황주 지역에서는 전염병이 유행하여 많은 백성이 죽었고 병은 인근 지역으로 전파되었다. 의료 수준이 보잘것없었던 당시로서는 그 많은 환자들을 다 치료할 방법이 없었다. 이때 국가에서 할 수 있는 일이라고는 귀신에게 제사를 드려 노여움을 푸는 정도가 고작이었다. 조정에서는 관원들을 보내 제사를 지내기로 하고 집현전 학사들에게 제문을 짓게 하였다. 그러나 당대 최고의 학자들이 모였다는 집현전에서 지어 올린 제문조차도 국왕인 문종의 마음에 들지 않았으므로 문종이 손수 고쳐서 지었는데 그 문장이 유려하고 뜻이 오묘하여 사람들이 모두 탄복하였다. 그 뒤 문종이 지은 제문을 보내어 제사를 지냈더니 과연 오래잖아 전염병이 그치게 되었다고 한다.

옛날에는 전염병이 객지에서 아무렇게나 죽어 제사도 받지 못하는 떠돌이 귀신 즉 객귀(客鬼)들이 부리는 노여움 때문에 퍼지는 것으로 믿었으니 이를 여기(厲氣)라고 한다. 문종이 지은 제문은 이 객귀들을 위로하여 여기를 부리지 않게 한 것이었다. 이는 조선시대 사람들의 귀신에 대한 관념을 잘 보여 주는 것으로서 그 내용을 옮겨 보면 아래와 같다.

"자연의 이치에는 순전히 양(陽)만 있는 것이 아니고 음(陰)도 있는 것이요, 모든 생물은 영원히 살지 못하고 죽게 마련이다. 삶이 있으면 반드시 죽음이 있게 마련이고 신(神)이 있으면 반드시 귀(鬼)도 있다. 귀신은 진실로 만물에 이르지 않는 데가 없는 것이니 어찌 여기(厲氣)라고 주재하는 것이 없겠는가? 의식이 없는 것을 음양이라고 하고 의식이 있는 것을 귀신이라고 한다. 의식이 없는 것은 함께 이야기를 해볼 수가 없지만 의식이 있는 귀신에게는 말이 통하니 이치를 가지고 깨우칠 수 있을 것이다.

내가 생각건대 물과 불은 사람에게 이익을 주는 것이지만 때로는 사람을 죽이기도 한다. 귀신은 사람에게 이로움을 준다고 하지만 때로는 사람을 해치기도 한다. 그렇다면 사람을 죽이는 것은 물과 불이 아니라 사람 자신이며, 사람을 해치는 것도 귀신이 아니라 사람 자신인 것이다. 그런 까닭으로 날씨가 춥고 덥고 비오고 개는 것과 단맛, 신맛, 짠맛, 쓴맛, 매운맛 등의 다섯 가지 맛은 모두 사람에게 이로움을 주는 것인데, 사람이 스스로 그 조화를 잃으면 병의 근원이 일어나게 된다. 그러므로 귀신은 덕이 성하여 이치가 천지와 같은 것이다. 예로부터 여기는 실상 귀신이 해독을 만드는 것이 아니고 사람들이 스스로 만드는 재앙일 것이다.

지금 임금인 나 한 사람이 지은 재앙으로 말미암아 전염병이 점점 널리 퍼져서 해를 거듭해도 그치지 않으니, 죄 없는 백성이 병에 걸려 얼마나 많이 생명을 잃었는지 헤아릴 수조차 없다. 이는 임금 한 사람의 실수로 착한 사람 나쁜 사람 할 것 없이 한꺼번에 희생되는 것이 아니겠는가? 나는 덕이 적은 사람이나 일국의 백성과 귀신들의 주인이 되어 늘 한 사람 한 귀신이라도 편안치 못한 데가 있을까 걱정하였는데, 하물며 우리 백성들이 뜻밖에 제 명에 죽지 못하는 것을 어찌 차마 볼 수 있으랴?

이에 담당자들에게 명하여 지방마다 정결한 곳을 가려 단을 만들게 하고 신하들을 나눠 보내어 희생과 술과 밥과 국으로써 제사를 지내고 귀신들에게 잘 타일러 깨닫게 하노니, 하늘의 뜻을 잘 받들어 분한 기운을 거두고 끊임없이 만물을 살리는 귀신의 본래 덕성을 펴도록 하라."

이 제문을 통해서 모든 재앙은 귀신의 의지에서가 아니라 사람들의 잘못에 의해 비롯됨을 말하고 모든 허물을 문종 스스로에게 돌려 귀신들을 타이르는 것을 볼 수 있다. 백성을 사랑하는 그의 지극한 정성이 잘 나타나 있다 하겠다.

3. 현덕 왕후(顯德王后)의 제사

이번에는 문종의 왕비였던 현덕 왕후의 제사 이야기를 들어본다. 그녀의 한 많은 운명 때문이었던지, 여인의 혼령치고는 신비하고 영험한 이적들이 많이 전해지고 있다.

궁중에는 비극적인 삶을 산 여인들이 많았지만 사후(死後)의 운명으로 현덕 왕후만큼 참혹했던 사람도 드물었다. 그녀는 젊고 착하고 아름다운 여인으로 남편 문종과 시아버지 세종의 사랑을 한 몸에 받았으나 24세의 꽃다운 나이에 죽었다. 단종을 낳은 지 이틀 만이었다. 어진 남편이었던 문종은 즉위 2년 후에 죽었고, 어린 나이에 왕이 된 아들 단종은 3년 만에 수양대군에게 왕위를 빼앗기고 핍박을 받다가 목매어 자살했다. 친정 어머니와 남동생은 사육신(死六臣)과 내통했다 하여 참살되었고, 먼저 죽은 친정 아버지는 폐서인이 되었다. 친가와 시가가 다 멸문의 화를 입다시피 하였다.

무엇보다 가혹했던 것은 그녀 자신의 무덤인 소릉(昭陵)을 파헤친 사건이었다. 그녀가 세조의 꿈속에서 그를 저주했다 하여 그 능을 파헤치고 관을 바닷가에 버렸던 것이다. 그녀의 신주도 종묘에서 쫓겨나 60여 년간 제사가 끊어졌으니 귀신인들 어찌 한이 없겠는가? 이 때문에 그녀에 대해서는 특별히 전설 같은 이야기들이 많이 전해 내려오고 있다.

현덕 왕후는 판한성부사 권전(權專)의 딸로 조선 왕조 제5대 국왕이었던 문종(文宗)의 왕비이며, 비운의 소년 국왕 단종의 어머니였다. 그러나 그녀는 문종이 왕으로 즉위하기 전 세자빈으로 있을 때 죽었으므로, 실제로 왕비의 자리에 오르지는 못하였다. 그녀는 1441년(세종 23) 단종을 낳은 지 겨우 이틀 만에 24세의 나이로 죽었고, 1450년 문종이 왕으로 즉위하자 현덕 왕후로 추존되었다. 그러나 1455년 단종이 즉위한 지 3년 만에 수양대군에게 왕위를 빼앗기자 그녀의 사후 운명도 시련을 겪게 되었다. 이듬해 6월 성삼문, 이개 등 사육신이 단종 복위 운동을 꾀하였는데, 여기에 현덕 왕후의 어머니 최씨(이름은 아지阿只)와 동생 권자신(權自愼)이 성삼문과 내통하였다 하여 사형을 받았고, 그녀의 아버지 권전은 폐서인이 되었다. 그리고 다음해 6월 단종이 상왕(上王)의 자리에서 노산군(魯

山君)으로 강등되어 영월로 유배되자 현덕 왕후는 폐서인이 되어 종묘에서 축출되고, 9월에는 안산에 있던 소릉이 파헤쳐지고 관은 해변에 버려지는 수모를 당했다.

문종은 세자 때 처음 상호군 김오문(金五文)의 딸을 빈으로 맞이하였으나, 그녀는 남편의 사랑을 받지 못하자 요사한 방술을 사용하다가 발각되어 세종의 명으로 쫓겨났다. 두 번째는 종부시 소윤 봉려(奉礪)의 딸을 맞아 빈으로 삼았으나 궁녀들과 불미스러운 일이 있어 역시 축출되었다. 현덕 왕후 권씨는 처음 세자의 후궁으로 들어갔으나, 재덕을 겸비하고 미모가 뛰어나 세자빈으로 승격되었다. 인물과 품행이 모두 아름다워 시아버지인 세종의 사랑을 받았으나 단종을 낳은 지 이틀 만에 산고로 죽으니 모두 비통해 하였다. 명당을 골라 경기도 안산의 바다가 보이는 언덕에 장사하고 그 능을 소릉이라 하였다.

성삼문 일파의 단종 복위 운동이 실패로 돌아간 지 일년 후인 1456년 6월에 단종이 허수아비와도 같았던 상왕의 자리에서마저 쫓겨나 영월로 귀양간 직후에 의정부에서 현덕 왕후의 폐서인과 소릉의 이장 논의가 있었다. 결국 그 해 겨울 왕후의 능은 파헤쳐지고 관은 근처 해변에 버려졌다.

소릉의 잔인한 파괴는 유사에도 없는 비극이었다. 우리 나라에서는 중국의 경우와는 달리 나라가 망하더라도 왕족의 무덤을 파헤치는 일은 거의 없었는데 조선시대에는 정릉과 소릉 두 왕후의 능이 파헤쳐졌다. 정릉은 태조의 계비 강씨(신덕 왕후)의 능으로 원래 서울 시내에 있었으나 그녀와 사이가 좋지 않았던 태종에 의해 이장되었다. 그러나 그것은 도성 안에 있던 무덤을 도성 밖으로 옮기고 관리를 하지 않은 정도에 지나지 않았고 소릉처럼 노골적으로 무덤을 파헤치고 관을 버린 참혹한 사례는 일찍이 없었다. 따라서 많은 사람들이 비통하게 생각하고 연민과 동정을 보냈는데 이 때문인지 소릉의 파괴에 대해서는 많은 설화들이 전해져 그 사연들이 이자(李耔)의 『음애일기(陰崖日記)』 등 여러 야사에 전하고 있다.

그 해 겨울(음력 9월)에 세조가 자다가 꿈을 꾸었는데, 현덕 왕후가 나타나 불같이 성을 내며, "네가 죄 없는 내 자식을 죽였으니, 나도 또한 네 자식을 죽이겠다. 너는 알아 두어라." 하는 것이었다. 세조가 놀라 일어나니 바로 그때 그의 큰아들이었던 세자(덕종 : 성종의 아버지)가 갑자기 죽었다는 전갈이 들어왔다. 그로 인하여 세조도 몹쓸 병이 생기게 되었고, 이 때문에 격분한 세조가 소릉을 파헤치는 처분을 내렸다고 한다.

안산의 백성들이 들은 바에 의하면, 능을 파헤치기 수일 전 밤중에 부인의 울음 소리가 무덤 속으로부터 나왔는데, "내 집을 장차 파괴하려 하니 나는 어디에 의탁할꼬?" 하는 소리가 매우 비통하여 마을 사람들을 감동시켰다고 한다. 과연 며칠 후에 역마를 탄 관리와 군사들이 서울에서 갑자기 달려와 능을 파 옮겼다. 관리들이 석실을 쪼개고 관을 꺼내려 했으나 땅에 붙은 듯 꼼짝하지 않아 모두가 놀라고 두려워하였다. 결국 글을 지어 제사를 지내고 나니 겨우 옮길 수 있었다. 비록 언덕 벌에 옮겨 묻기는 하였으나 그 옛능이 있던 자리는 매우 영험하였다. 그곳의 나무나 돌을 옮기거나 말과 소를 놓아 그 주변을 짓밟으면 맑던 하늘이 갑자기 캄캄해지고 비바람이 쏟아지는 등 이변이·생겨 누구나 두려워하고 가까이 가지 못하였다. 이 이야기는 당시에도 이미 널리 알려졌다.

현덕 왕후의 능은 관리들이 근처에 옮겨 묻었다고 하지만 제대로 묻었는지 아니면 그대로 버리고 말았는지 알 수 없다. 다음의 이야기가 이러한 사정을 말해 주고 있다.

소릉 근처에는 능을 지키던 암자가 있었다(조선 초기에는 왕족의 능 근처에 명복을 빌기 위하여 절이나 암자를 지었다). 그 해 겨울에 암자에 있던 중이 밤중에 무슨 소리가 나서 들어보니 부인의 울음 소리가 바다 가운데에서 산 아래까지 와서 그치는 것이었다. 그가 새벽에 나가보니 옻칠을 한 큰 관 하나가 물가에 떠밀려 와 있었다. 중은 너무나 놀라고 괴이하여 곧 풀을 베어 관을 덮고 바닷가 흙을 끌어올려 조금 끼얹어 그 흔적이나마 가려 주었다. 그 후로 조수에 밀려온 모래가 쌓이고 모여 육지의 형태로 되었는데, 몇 년이 지나지 않아 풀이 나고 언덕처럼 되었다. 이렇게 하여 묘의 형태는 갖추지 못하였으나 훗날 흙이 높이 쌓인 곳을 관이 있는 자리라고 전하게 되었다 한다.

이 이야기를 보면 처음에 관리들이 관을 파내어 그대로 버렸거나, 아니면 허술하게 묻어 조수에 떠내려 갔다가 다시 파도에 밀려온 듯하다. 어떻든간에 이후 현덕 왕후의 묘는 형체도 알아볼 수 없게 되었고, 구전으로만 그 위치가 대강 전해지게 되었다. 종묘를 비롯하여 그녀를 위한 모든 제사가 폐지되었음은 물론이다. 단종이 당한 비극도 가슴 아픈 일이지만, 그의 어머니였던 현덕 왕후가 사후에 세조로부터 당했던 이러한 참혹한 처분은 세상 사람들의 연민을 받았다. 자신과는 아무런 관계도 없는 사건에 연루되어 화가 무덤에까지 미치게 되었으니 더욱 비통한 일이었다. 그리하여 그 과도한 처사를 비난하고 원통함을 씻어 주려는 여론이 일기도 하였으나, 당시에는 세조와 한명회 일당의 위세에 눌려 아무도 말을 하지 못하였다.

그러다가 세조가 죽은 후 1471년(성종 2)에 재야의 선비 남효온(南孝溫)이 상소하여 현덕 왕후의 명예를 회복하고 신주를 종묘에 다시 모셔 정식으로 제사를 행할 것을 청하였다. 그의 상소는 만고의 명문으로 칭송되고 있으므로 간략하게 옮겨 본다.

"신(臣)이 보건대, 세조 임금은 큰 난을 숙청하여 왕위에 올랐으나, 뜻밖에 병자년의 사건(사육신 사건)에 연루되어 소릉이 폐위를 당하고 20여 년이나 원혼이 되어 제사를 받지 못하였습니다. 하늘에 계신 문종의 혼령이 즐겨 혼자서만 춘하추동의 제사를 흠향하실는지 신은 알 수 없습니다. 신은 학식이 얕아 진실로 어떤 일은 어떤 축복을 부르고, 어떤 일은 어떤 재앙을 부르는지 알지 못합니다. 그러나 신이 생각건대 소릉의 폐위는 인심에 합치하지 않으므로 천심에도 합하지 않을 줄로 압니다. 비록 그 신주가 훼철되었지만, 예를 갖추어 다시 종묘에 들여 모셔야 마땅할 것입니다. 또한 마땅히 그분의 존호를 회복시키고 능을 예장(禮葬)으로 다시 모셔 돌아가신 왕후의 예법과 같이하여, 민심을 안정시키고 하늘이 내리는 재앙에 답하며 조종(祖宗) 선왕의 뜻에 답한다면 어찌 훌륭한 일이 아니겠습니까?(이하 생략)"

남효온의 주장을 보면 인심에 맞지 않으면 천심에도 맞지 않고 그렇게 되면 귀신이 편치 못하여 재앙이 올 수 있다는 것으로, 현덕 왕후를 복위시키고 다시 제사하는 것이 인심과 천심을 안정시킬 수 있다는 논리였다. 그렇게 해야 자연의 재앙을 면할 수 있다는 것이다. 이러한 그의 정성에도 불구하고 조정에서는 그것을 받아들이지 않았다. 받아들이기는커녕 오히려 그것을 미친 소리라고 비난하고 죄를 주어 귀양을 보내버리고 말았다.

연산군 때도 김일손(金馹孫)을 비롯한 몇 사람이 소릉의 복위 논의를 발의하였으나 할아버지인 세조의 처분이라 하여 받아들여지지 않았다. 그 후 중종 7년(1512) 경연 강의를 하는 중에 검토관 소세양(蘇世讓)이 소릉의 복위 문제를 제기하였다. 이리하여 중종은 옛날의 『실록』을 들추어 자세한 내막을 파악하게 하고 대신과 고관들에게 이 일을 의논케 하였다. 많은 사람들이 복위를 찬성하였으나 영의정 유순정(柳順汀) 등 몇 사람의 대신들이 끝내 반대하여 이루어지지 못하였다. 이때 권민수라는 고관이 승정원에서 숙직을 하다가 이상한 꿈을 꾸었다. 현덕 왕후의 외손자였던 정미수(鄭眉壽)가 성을 내어 영의정 유순정을 심하게 때리고 구박하는 광경이었다. 과연 며칠 후 조정에서 소릉의 복위 문제를 의논하게 되었는데 유순정이 끝내 반대하는 것이었다. 그러나 회의가 끝나자 유순정은 갑자기 발병하여 일어나지 못하고 사람들이 메고 나갔다. 얼마 후에 유순정은 그 병으로 죽고 말았다.

다음해 2월 갑자기 큰 벼락이 종묘에 떨어져 늙은 소나무를 치니 임금이 크게 놀라 몸소 위안제를 드리게 되었다. 제사가 끝나고 중종이 사정전의 처마 밑에 앉아 신하들의 건의를 들었다. 때마침 호조판서 장순손(張順孫)이 "종묘에 재화가 생겼으니 이는 조정에 잘못이 있을 뿐만 아니라 종

현릉의 현덕 왕후 봉분. 서울 동구릉 소재.

묘에 무언가 잘못됨이 있는가 합니다." 하고 말문을 열었다. 이에 여러 젊은 신하들이 현덕 왕후의 복위를 건의하였고 대신들과 고관들이 편을 들었다. 유순정이 죽고 난 후였으므로 별로 반대하는 사람이 없어 드디어 일이 성사될 수 있었다.

이리하여 현덕 왕후의 신주는 다시 종묘에 들어가 제사를 받게 되었고, 능은 복구되어 동구릉의 현릉(顯陵 : 문종의 능) 왼편에 옮기게 되었다. 소릉이 파괴된 지 꼭 58년 만의 일이었다

조정에서는 능을 복구하기 위해 대신과 고관들을 안산의 바닷가로 보내어 무덤을 찾았으나 쉽지 않았다. 60여 년간 말로만 전해지던 묘자리를 제대로 아는 사람이 드물었고 언덕이 황폐하여 정확한 지점을 알 수도 없었다. 묘가 있을 것으로 짐작되는 지점을 군졸들이 일렬로 늘어서서 개펄에서부터 산자락까지 깊이 팠으나 관은 어디에서도 나오지 않았다. 하루 종일 찾았으나 허탕을 치자 관리들은 안절부절하였다.

그날 밤에 감독관 한 사람이 꿈을 꾸니 왕후의 위의를 갖춘 귀부인이 시녀들을 데리고 현몽하여 "너희들이 고생을 하는구나." 하고 위로하였다. 감독관은 놀라 일어나 절하고 엎드려 식은땀을 흘렸다. 다음날 날이 밝자 감독관이 사람을 시켜 어제 파던 곳을 두어 자 더 깊이 파니 문득 손바닥만한 쇠붙이 하나가 삽날에 찍혀 나왔다. 그곳이 관이 있는 자리였던 것이다. 파보니 60여 년의 세월이 지났음에도 불구하고 관과 곽이 다 말짱하고 염습도 온전히 보존되어 있었다. 그날 옛능이 있던 자리에는 맑은 날씨에 갑자기 큰비가 내렸다가 조금 후 그쳤다. 참여했던 사람들이 모두 신비한 일이라고 하였다.

이상의 이야기에는 아마도 사실과 전설이 혼합되어 있을 것이다. 그러나 조선시대의 많은 왕후들 중에서 이렇게 영험한 이야기가 다양하게 전해지는 사람은 드물다. 아마도 현덕 왕후와 아들 단종이 당했던 참혹한 비운이 사람들의 연민을 불러일으켜 이러한 설화들이 생겨났는지 모른다. 참고로 말한다면 필자는 귀신 이야기 같은 것에는 눈도 깜짝하지 않는 미련한 사람이지만, 한여름 밤에 이 이야기를 정리하면서 몇 번인가 머리 끝이 쭈뼛하게 일어서고 피부에 소름이 끼치는 경험이 있었음을 고백하지 않을 수 없다.

4. 남한산성의 제사 이야기

1636년(인조 14) 12월에 병자호란이 일어났다. 11일 적군의 침입 소식이 전해지고 사흘 만인 14일에 갑자기 청나라 병사들이 한양에 들이닥치자 왕과 신하들은 어물어물하는 사이에 강화도로 피난할 시간을 놓쳐 겨우 황급한 걸음으로 남한산성으로 들어갔다. 종묘의 신주와 봉림 대군, 인평 대군 등 왕자들과 세자빈 등의 일부 왕족들은 먼저 출발하였기 때문에 무사히 강화도에 피난할 수 있었다. 다음날 새벽 왕은 남한산성을 빠져나가 강화도로 출발하였다가 눈으로 길이 막혀 다시 돌아오고 말았는데, 그 사이에 적군이 산성을 포위함으로써 내외의 통신이 끊어지고 왕과 신하들은 고립되고 말았다.

산성에서의 장기 체류가 불가피해지자 19일에 왕은 신하들에게 명하여 백제의 시조였던 온조왕에게 제사를 드리도록 하였다. 일찍이 온조가 이 땅에 도읍을 정하였기 때문에 땅의 주인에게 예를 드리고 가호를 받기 위함이었다. 남한산성에 갇힌 대소 신하들과 군사들은 1만여 명이었고 비축된 식량은 겨우 1개월 치밖에 되지 않았으나 왕과 신하들은 처음에는 호기 있게 화친을 거부하고 결사 항전을 다짐하여 몇 번의 작은 전투에서 십여 명의 적을 죽이기도 하였다. 그러나 보름 정도가 지나면서 군사들은 굶주림과 혹한에 떨어야 했고 말과 소는 사료가 없어 굶어 죽게 되어 점차 사기가 떨어지게 되었다. 12월 29일 도체찰사 김류의 무리한 명령으로 성 밖에 나가 싸우던 300여 명의 군사가 전멸하게 되자 성안의 군신과 군사들은 공포에 떨게 되었다.

반면에 청군은 황제인 훈타시가 직접 증원군을 인솔하여 도착하였으므로 사기가 더욱 충천하였다. 산성내에서는 점차 결사 항전을 주장하던 척화론이 고개를 숙이고 최명길 등에 의해 주화론이 대두하기 시작하였다. 그러나 청군은 완전한 항복을 요구하면서 명예로운 화의를 받아 주지 않았다. 조정은 진퇴 양난에 빠져 갈피를 잡지 못하고 굶주림과 공포로 불안한 나날을 보내고 있었다.

이때 왕이 임시로 거처하는 건물 근처에 까치 한 쌍이 집을 지으니 사람들은 모두 행운의 징조라고 점을 쳤다. 성안에서 믿을 것이라고는 이 까치 한 쌍밖에 없는 형편이었으니 참으로 한심한 지경이었다. 정월 10일에 왕은 예조 판서 김상헌에게 명하여 또다시 온조왕의 사당에 제사를 올렸으나 아무런 영험도 없었다. 다음날에는 예조 판서 김상헌이 건의하여 인조의 아버지였던 원종(추존왕, 본래는 정원군)에게 제사를 지낼 것을 청하였는데, 내용인즉 "사람이 곤궁하면 근본으로 돌아가게 되니 숭은전에 모신 영정에 몸소 제사지내시옵소서." 하는 것이었다. 사람이 극단적으로 위급한 지경에 빠지면 그 부모를 찾게 되고, 부모 되는 사람은 살았거나 죽었거나 힘닿는 대로 자식을 돕는다는 것이다. 왕이 그 말대로 간략한 제수를 차려 아버지인 원종의 영정에 직접 제사하였다. 외롭고 위급하고 절망적인 성안에서 할 수 있는 일은 이러한 제사밖에 없었던 것이다. 그런데 제사를 지내고 나자 원래 까치가 없던 남한산성에 별스럽게 많은 까치들이 날아들었다. 그것을 보고 사람들은 모두 길한 징조라고 말하였다.

　그러나 인조와 신하들은 결국 1월 29일 성을 버리고 삼전도에 나와 청 태종에게 치욕적으로 항복하고 말았다. 국왕과 신하들은 오랑캐 앞에서 이마에 피가 나도록 절하고 충성을 바칠 것을 맹세하였던 것이다. 강화도에서도 그전에 함락되어 피난 갔던 사람들은 대부분 죽거나 포로가 되었고, 세자를 비롯한 왕자들과 신하들은 심양에 인질로 잡혀갔다. 그 뒤 조선은 나라의 명맥을 겨우 유지하였으나 청나라로부터 이루 말로 다할 수 없을 만큼 간섭과 핍박을 받아야 했다.

　이것이 바로 인조가 태고의 땅 임자였던 온조왕에게 정성 들여 제사를 올린 결과였을까? 또 왕 자신이 물과 불속에 갇힌 아이처럼 간절히 아버지를 불러 몸소 제사 드린 영험이었다고 할 것인가? 그 급박한 상황에서 구사 일생의 희망으로 지푸라기 하나라도 잡는 심정으로 올린 제사가 도대체 무슨 효험이 있었단 말인가? 그러나 왕과 국가는 비록 치욕을 당하고 핍박을 받았으나 강토와 백성은 온전하였고 조선 왕조의 종묘 사직은 보전되었다. 또 남한산성에 갇혔던 1만여 명의 백성들은 식량이 떨어져 대부분 아사 직전의 절망적인 상황에 다다랐으나 그 치욕적인 항복으로 인해 소생할 수 있었다. 제사를 받았던 온조의 강토와 백성들은 그런대로 구제되었고 원종의 자손들은 해를 입지 않고 조선의 왕위를 오래 보전시켜 나갔다. 어찌 제사의 영험이 없었다고 하겠는가?

5. 제사의 왕국

전근대 시대에는 과학이 발달하지 않았고 합리적인 사고 방식이 결여되어 있었기 때문에 사람들의 힘으로 해결하기 어려운 문제가 생기면 모두 귀신의 작용으로 생각하는 경향이 많았고, 그때마다 제사로써 문제를 해결하고자 하였다. 따라서 전근대 사회에는 무수한 종류의 제사가 있었다. 삼국시대 이전부터 내려오던 전통적인 토속 제사가 있는가 하면 유교가 도입된 이후에 들어온 수많은 유교식(혹은 중국식) 제사도 있었고, 후에 불교와 도교가 전래되면서 그들이 가지고 있었던 각종 제사들이 함께 들어오기도 하였다.

이러한 제사들은 국가 차원에서 관리, 운영하기도 하고 사원이나 도관에서 주관했으며 향촌의 공동체 단위로 운영되거나 일반 가정에서 봉행되었다. 그 중에서 가장 중요하고 복잡했던 것은 말할 것도 없이 국가의 제사였다. 전통 사회의 국가 통치는 일반적으로 유교 정치 사상에 근거하여 이루어지고 있었기 때문에 국가에서 주관하는 제사도 대부분 유교식 제사였고, 그것은 대체로 고대 중국의 전통에서 기원된 것이었다. 국가에서 주관하는 크고 작은 제사는 대사(大祀), 중사(中祀), 소사(小祀)의 3등급으로 구별되었다. 조선시대의 경우는 사직·종묘·영녕전(永寧殿)의 제사가 대사에 속하며, 풍운뇌우단(風雲雷雨壇), 악(嶽)·해(海)·독(瀆), 선농(先農)·선잠단(先蠶壇), 우사(雩祀: 기우제), 문묘(文廟)의 석전과 역대 왕조의 시조에 대한 제사가 중사에 속하였다. 그리고 그 외에 영성단(靈星壇), 마조단(馬祖壇), 명산대천, 사한단(司寒壇), 선목단(先牧壇), 마사단(馬社壇), 마보단(馬步壇), 마제(禡祭), 영제(禜祭), 칠사(七祀), 둑제(纛祭), 여제(厲祭) 등은 소사에 해당하는 것이다. 또 제사의 대상에 따라 그 이름도 달라서 하늘과 땅의 귀신에 대한 제사는 제(祭), 사람 귀신에 대한 제사는 향(享), 문묘의 공자에 대한 제사는 석전(釋奠)이라 하였다.
 조선시대에 국가에서 주관하던 제사를 보면 그 종류와 규모가 어찌나 복잡하고 방대하며 빈번한지 가히 제사의 왕국이라 할 정도였다. 심하게 말하면 국가 정치의 반은 제사였고 관리들의 반은 제관들이었다고 할 수 있을 정도였다. 그 시대에 제사가 얼마나 중요한 의미를 지니는 것이었는 지를 알아보기 위해 당시 국가 제사의 종류와 성격에 대하여 간단히 설명해 보기로 한다.
 나라에서 가장 중요한 제사인 대사로는 사직, 종묘 그리고 영녕전의 제사가 있었다. 사직의 제사는 일년에 세 번 즉 봄과 가을의 가운데 달(음력 2월, 8월) 및 12월 납일(臘日)에 올려지는데, 우리 나라 땅의 신인 국사(國社)와 곡식의 신인 국직(國稷)을 제사하고 중국의 지신인 후토씨(后土氏)와 곡식의 신인 후직씨(后稷氏)를 배향시켰다. 사직에는 본래 전각이 없고 흙과 다듬은 돌로 두 개의 단을 모아 두었는데 동쪽의 단이 사단이고

사직단 전경

서쪽의 단이 직단이다. 신들의 위패는 평소에는 신실에 보관하고 있다가 제사 때만 모셔와 단 위에 설치하고 제사를 올렸다. 이 제사에서는 종묘의 제사와 마찬가지로 왕이 초헌관, 왕세자가 아헌관, 영의정이 종헌관이 되는 것이 원칙이었다. 그러나 왕이 병환이나 기타 부득이한 사정으로 참여할 수 없을 때는 대신들을 시켜 대신 제사를 올릴 수도 있었다. 사직의 제사는 한밤중에 수백 개의 횃불을 켜놓은 가운데 장엄하게 거행되었는데, 이를 위해 수백 명의 관원들과 군인들이 동원되었으며 막대한 예산이 소요되었다.

종묘의 제사는 일년에 네 번 사계절의 첫달에 거행되었다. 종묘는 왕의 조상들 즉 죽은 왕과 왕비들을 제사하는 곳으로 원래는 태조와 왕의 4대조까지만을 제사하는 것이 원칙이었다. 그러나 태종이나 세종과 같이 공덕이 많은 왕은 4대를 지나도 신주를 옮기지 않고 영구히 제사를 지냈으므로(이러한 신위를 세실世室이라고 한다) 후기에는 점차 많은 왕들의 신주를 모시고 제사하게 되었다. 즉위한 왕의 4대조보다 윗대의 왕들의 신주는 종묘에서 들어내어 옆에 있는 영녕전으로 옮겨 모시는데, 영녕전은 조천된 신주를 모시는 사당이라 하여 조묘(祧廟)라고도 한다. 영녕전의 제사는 일년에 두 번 즉 봄가을에만 종묘의 제사에 준하여 지낸다. 종묘의 제사 때는 죽은 왕들뿐 아니라 그 왕들의 시대에 봉사하던 대신이나 명신들이 함께 배향되어 있었으므로 실제로 제사를 받는 신위는 대단히 많았다. 종묘와 영녕전의 제사는 왕실의 가장 중요한 제사이고 모시는 신위들도 많아 엄청난 제수와 물자들이 소요되었다. 여기에 동원되는 관원과 악공 군사들의 수는 사직 제사보다 몇 배나 더 많았다. 게다가 종묘의 제사에는 칠사(七祀)라 하여 대문, 부엌, 조왕신 등 일곱 귀신들에게도 제사하였으므로 그 전례는 복잡하기 이를 데 없었다.

왕실의 사당은 종묘만 있는 것이 아니었다. 경복궁 안에는 궐내의 사당으로서 원묘(原廟)라고 부르는 문소전(文昭殿)이 있었다. 이곳은 태조와 왕의 4대조를 제사하는 곳으로 종묘와는 달리 5대조 이상을 제사하는 법은 없었다. 문소전은 원래 태조가 죽은 후 3년간 신주를 모시던 혼전(魂殿 : 사서인들의 상청 또는 빈소와 같은 것)이었으나, 3년상을 지낸 후 신주를 종묘로 옮겨 모신 후에도 생전에 모시던 것처럼 모신다는 뜻에서 태조

종묘의 감실

의 영정을 안치하고 제사를 지내던 곳이다. 이곳의 제사는 종묘와는 달리 산 사람을 섬기듯이 매일 아침저녁으로 상식을 올리고 낮에는 또 차례까지 거행했으므로 매일 세번씩 제사를 올리는 셈이었다. 물론 초하루와 보름 그리고 각종 명절에도 제사를 올렸다.

종묘 대제

따라서 문소전의 제사에는 좀 과장하여 국가 예산의 절반이 들어가다시피 하였다고 한다. 당시 모든 문무 관료들에게 주는 일년 녹봉의 두 배 이상이 문소전 제사에 들어갔다고 하니 그 폐해를 알 만하다. 여기에 이렇게 막대한 비용이 들어가다 보니 자연히 여러 왕들의 능과 공자를 모신 문묘의 삭망 제사를 소홀히 하게 되었다고 한다. 이러한 원묘 제도는 정식 예법에 있는 것은 아니었지만 인정상 그만둘 수 없다 하여 유지되던 것이었다. 그러나 임진왜란 때 문소전이 불타고 난 뒤 다시 복구하지 않음으로써 그 제사는 폐지되었다. 함흥과 영흥에서 태조가 살았던 집도 사당으로 개조되어 제사를 지내는 장소가 되었는데, 이를 본궁(本宮)이라고 하여 역시 원묘의 하나로 간주되었다. 두 곳의 제사를 위해서 현지에 별도의 관청이 설치되어 있었고 거기에 소요되는 비용도 적지 않았다.

왕들의 능에서도 초하루 보름의 삭망 제사와 기일 및 여러 명절에 제사가 올려졌다. 왕들의 초상화를 모신 사당은 진전(眞殿)이라고 불렀는데, 전국 도처에 이러한 진전이 있어 각기 때맞추어 제사를 지내고 있었다.

조선시대에는 역대 왕조의 시조들에 대한 제사도 끊이지 않았다. 구월산의 삼성사(三聖祠)에서는 단군과 환인·환웅을 제사하였고, 평양의 숭녕전(崇寧殿)에서는 단군과 동명왕을, 숭인전(崇仁殿)에서는 기자를 제사하였다. 경주의 숭덕전(崇德殿)에서는 박혁거세를, 경기도 마전의 숭의전(崇義殿)에서는 고려의 왕건 이하 여러 왕들을 제사하였다. 단군, 기자, 동명왕 등을 제사하는 사당은 이 밖에도 몇 군데 더 있었다. 백제의 시조 온조왕을 제사하는 사당은 원래 직산에 있었으나 병자호란 때 남한산성에 온조의 사당이 세워지면서 이곳으로 제사를 옮겨왔다. 또 임진왜란 이후에는 명나라 군사들의 영향으로 군신인 관우를 제사하는 풍조가 일어나 한양에 두 곳의 관왕묘가 세워졌고 지방에도 여러 곳에 세워졌다. 남묘는 숭례문 밖에 있었고 동묘는 흥인문 밖에 있었다. 남묘에는 진흙으로 만든 관우의 신상을 모셨고 동묘에는 동상을 모셨다. 두 곳의 제사는 연중 두 번, 경칩과 상강에 군사들이 주관하여 지냈다.

하늘에 제사지내는 곳을 천단(天壇) 혹은 원구단(圓丘壇)이라 하였는데, 우리 나라에서도 조선 초기까지는 원구단의 제사가 있었으나 세조 이후 이것이 황제의 예법이고 제후국에서는 할 수 없다 하여 폐지되었다가

동관왕묘 전경

원구단의 돌북

1897년 대한 제국이 선포되고 고종이 황제에 즉위하면서 한때 다시 건립하여 제사하기도 하였다.

지금의 서울역과 청파동 일대는 남교라고 불리었는데 조선시대에 각종 국가 제사들을 행하는 제단들이 설치되어 있었다. 여기에는 입추 후 진일에 제사지내는 영성단(靈星壇), 추분날에 제사하는 노인성단(老人星壇), 음력 2월과 8월에 제사하는 풍운뇌우단(風雲雷雨壇) 등이 있었다. 영성단과 노인성단에서는 별에 대한 제사를 지냈고, 풍운뇌우단에서는 산천신, 성황신, 풍운뇌우신 등을 제사하였다.

선농제

　농사의 신인 신농씨와 후직씨를 제사하는 선농단(先農壇)은 지금의 용두동에 있었다. 또한 근처에는 양잠의 신인 서릉씨(西陵氏)를 제사하는 선잠단(先蠶壇)이 있어 각기 봄철에 왕과 왕비가 나와 제사하였다. 동대문 밖에는 또한 임금이 친히 기우제를 지내는 우단(雩壇)이 있었고, 동빙고동 근처에는 겨울신인 현명씨(玄冥氏)를 제사하는 사한단(司寒壇)이 있어 얼음을 저장하거나 꺼낼 때 제사를 행하였다. 또 살곶이 다리 근처에는 국가에서 경영하는 대규모의 목장이 있었는데, 여기에는 마조단(馬祖壇 : 말을 상징하는 별), 마보단(馬步壇 : 말의 질병을 맡은 신), 선목단(先牧壇

: 최초로 말을 기른 사람), 마사단(馬社壇 : 최초로 말을 탄 사람) 등이 있어 각기 여름, 가을, 겨울에 제사하였고 또 목장에 전염병이 돌 때도 역시 제사를 지냈다.

서울의 동북쪽 교외에는 또 전쟁의 신인 치우신(蚩尤神)을 제사하는 마제단(馬祭壇)이 있어 대규모 군사 훈련을 하기 하루 전날에 여기에서 제사하였다. 군기(軍旗)인 둑(纛)에 대한 제사도 있었다. 둑은 검은 소의 꼬리로 만든 큰 깃발로 4종이 있었다. 여기에도 신이 깃들인 것으로 간주되어 그것을 모시는 사당이 서울의 서북방 예조 청사 옆에 있었다. 그 제사는 경칩날과 상강날에 병조 판서의 주관으로 거행되었는데 문관들은 여기에 참석하지 못하였다.

북쪽 교외에는 성황신과 주인 없는 귀신을 제사하는 여단(厲壇)이 있었다. 봄에는 청명날, 가을에는 백중일(7월 15일), 겨울에는 10월 1일에 제사 받지 못하는 귀신들을 모두 모아 여기서 제향하였다. 이는 원통한 일이나 원한이 맺혀 죽은 귀신들 혹은 굶주려 죽은 귀신들을 위로하여 원기가 쌓이지 않도록 하기 위한 제사였다. 나라에서는 이를 상당히 중시하여 성황단과 여단을 지방에도 설치하고 제사하도록 장려하였다.

조선시대의 국가 제사 중에 빼놓을 수 없는 것은 전국 각 지역의 명산 대천, 바다 등 자연신에 대한 제사이다. 우선 악(嶽), 해(海), 독(瀆)에 대한 제사를 들 수 있는데, 산악으로는 남의 지리산, 중의 삼각산, 서의 송악산, 북의 비백산(백두산)을 제사하였고 바다로는 양양의 동해신, 나주의 남해신, 풍천의 서해신을 제사하였다. 또 독으로는 공주의 웅진, 양산의 가야진, 서울의 한강, 장단의 덕진, 평양의 대동강, 의주의 압록강, 경원의 두만강 등이 모두 제사의 대상이었다. 이들 지역에는 모두 그곳의 신을 제사하는 사당이나 제단들이 설치되어 있었다.

명산 대천으로는 치악산, 계룡산, 죽령산, 우불산(울산), 주흘산(문경), 금성산(나주), 목멱산, 오관산(장단), 우이산(해주), 감악산(적성), 의관령(회양), 마니산, 한라산, 백두산 등의 산과 충주의 남진명소, 양주의 양진, 장연의 장산곶과 아사진송곶, 안주의 청천강, 평양의 구진익수, 회양의 덕진명소와 영흥의 비류수 등의 물이 국가의 제사 대상에 포함되었다. 이곳에는 왕이 지방관을 보내어 제사하도록 하였는데, 모든 제사

선잠단지

는 왕의 이름으로 시행되어 지방관이 마음대로 제사할 수 없었다.

　조선시대에는 이 밖에도 국가에 큰 공을 세웠거나 전쟁에 죽은 충신 의사들을 위한 사당을 짓거나 제단을 쌓아 제사하는 일도 많았다. 순천의 충민사는 이순신을 제사하는 사당이며 진주의 정충단은 진주성 싸움에서 죽은 의사들을 제사하기 위해 세운 사당이다. 한양에는 임진왜란 때 원군으로 왔던 명나라 장수들이나 전쟁에서 죽은 군사들을 위한 사당과 제단들이 많았다. 남대문 안의 선무사, 홍제동의 민충단, 평양의 무열사(武烈祠) 등이 그것이다. 심지어는 대궐 안에 명나라 신종 황제를 위해 대보단(大報壇)을 쌓기도 하였다. 이 단은 임진왜란 때 군사를 보내 구원해 주었다는 이유에서 세워진 것이었다.

성균관의 석전제

조선시대는 유교를 정치 이념으로 하는 사회였으므로 공자를 비롯한 유교의 성인들과 학자들을 제사하는 사당들이 수없이 설립되었다. 국가에서 공식적으로 세운 것은 서울의 성균관과 각 고을에 있는 향교의 문묘(보통 대성전이라고 한다) 등에 불과했지만 지방의 유림이나 학자들이 주동이 되어 세운 서원이나 사우(祠宇)는 한때 600여 개소를 상회한 적도 있었다. 문묘에서는 공자 이하로 안자, 증자, 맹자, 주자 등 중국의 대유학자들과 우리 나라의 저명한 유학자들을 합동으로 모시고 봄가을에 각 한 번씩 대규모의 석전을 거행하였고, 초하루와 보름에도 약식 제사를 올렸다. 서원이나 사우는 존경할 만한 학자들을 개별적으로 제사하기 위해 세운 것인데, 교육 시설이 부설되어 있는 곳을 특히 서원이라 하였다. 이 밖에도 국가의 공신이나 대신들, 지방의 유력자들 그리고 문중의 유력한 조상들을 제사하는 사당들도 무수히 세워졌다.

이상에서 보았듯이 조선시대에는 전국이 제사를 지내는 사당과 제단들로 가득했다고 할 수 있을 정도였다. 제사의 종류도 많았지만 매우 빈번하게 행해졌으므로 소요되는 비용도 결코 적지 않아서 문소전의 일년 제사 하나에만 국가 재정의 반이 들어갈 정도였다고 한다. 가히 제사의 왕국이라 할 만하다. 그만큼 전근대 시대의 사람들에게는 제사를 지내는 일이 중요한 의미를 가지고 있었다는 뜻이기도 하다. 조선시대 사람들의 제사 중에는 아주 우스운 것들도 있었지만 대부분은 심각한 의미를 담은 것으로 오늘날 우리들의 정신적 바탕을 이루는 것이기도 하다.

6. 음사(淫祀) 이야기

제사 드려서는 안 되는 제사를 음사(淫祀)라고 한다. 이는 귀신에게도 제사를 드릴 정당한 임자가 정해져 있다는 관념을 표현한 것이다. 예를 들어 종묘 사직, 명산 대천의 귀신들의 주인은 그 나라의 왕이다. 따라서 이에 대한 제사는 왕이나 왕의 대리자만이 지낼 수 있고 다른 사람은 지낼 수 없다. 일반인들의 조상에 대한 제사는 그 직계 자손만이 지낼 수 있고 다른 사람은 지내지 못한다. 이는 다른 사람이 제사지낼 수 있는 귀신이 아니기 때문이다. 만약 자기가 제사지낼 귀신이 아닌데 지낸다면 그것은 음사이다. 유교적 관념에 의하면 여러 잡귀들에 대한 제사도 왕만이 지낼 수 있다. 왕은 그 나라 모든 백성과 귀신들의 주인이기 때문이다. 따라서 왕이 아닌 사람이 행하는 모든 잡귀에 대한 제사는 음사라고 할 수 있다.

음사에는 복이 없다고 한다. 복은커녕 재앙을 받을 수도 있다. 그럼에도 불구하고 예로부터 사람들은 음사에 대한 욕망이 강하였다. 그것은 대체로 영험하다고 소문난 귀신에게서 복을 받고 싶은 욕망 때문이었다. 또는 그 귀신에게 아부하여 혜택을 기대하기 때문이기도 했다. 음사는 그 제사를 빼앗아 스스로 주인이 되기 위해서도 행해졌다. 왕의 자리를 빼앗고자 하는 사람이 몰래 사직에 제사하는 따위가 이에 해당하며 때로는 제사에 결부되어 있는 재산을 탐내어 제사를 빼앗고자 하는 일도 있었다.

이러한 일들이 모두 음사에 속하는 것이지만 음사의 대종은 역시 서민들이 좋아하는 잡귀에 대한 제사였다. 전근대 시대에는 지역 사회마다 무수한 귀신들이 있었고 그들에 대한 제사가 있었다. 산, 하천, 샘물, 바위, 고목, 장승, 대문, 화장실, 부뚜막 등 어디에나 귀신들은 있었고 사람들은 끊임없이 제사지냈다. 조선시대에는 나라에서 이 음사들을 근절시키려고 무던히 노력했으나 잘되지 않았다. 백성들은 이러한 제사들이 전쟁과 가난, 질병 그리고 온갖 재앙으로부터 자신들을 구원해 주리라 믿었으므로 영험하다고 소문난 귀신들에 대한 제사의 유혹을 억제할 수 없었던 것이다. 잡귀들에 대한 제사는 무당들이 주관하는 경우가 많았고, 그것은 민중들의 맺힌 한을 풀어 주는 행사가 되기도 하였다.

공동체 사회에서의 제사는 또한 그 집단의 축제이기도 했다. 생활이 궁핍한 가운데서도 이들 제사는 항상 풍성하게 차려졌고 거기에는 술과 노래와 춤이 있었다. 조선시대와 같이 엄격한 남녀 유별의 사회에서도 이들 여러 종류의 음사에는 여성들이 떼지어 참가하여 마음껏 기분을 낼 수 있었다. 음사는 며칠 밤낮 동안 계속되는 일도 흔했기 때문에 남녀가 뒤섞여 풍속을 해치는 로맨스가 적지 않게 일어나 사회 문제가 되기도 하였다.

이러한 음사들 중에서 대표적인 것을 몇 가지 들어 본다.

조선시대에 개성 사람들은 별나게 귀신을 좋아하여 송악산에 영험한 신

갑사의 조왕신

을 모시고 제사지내는 사당이 있었는데 이를 송악 신사(松岳神祠)라고 하였다. 송악 신사의 제사는 거창하게도 대왕제(大王祭)라고 일컬었는데, 영험하다고 소문이 나 제사 때가 되면 전국에서 사람들이 구름같이 몰려와 지성으로 참배하였다. 여기에는 한양의 귀족 권세가들이 떼지어 참여하였고, 왕대비 같은 궁중 여인들도 사람들을 보내 재물을 바치고 소원을 빌었다. 특히 문정 왕후 때는 내시와 궁녀들의 왕래가 도로에서 끊이지 않았고, 궁중의 주방에서 바치는 음식과 재물도 한이 없었다.

따라서 이 제사를 주관하는 무당들의 세도도 대단하였다. 무당들이 내왕할 때는 벼슬아치들처럼 마패를 차고 국가의 공공 역마를 이용하였고 소요되는 물자도 관에서 공급하였다. 대왕제의 제사를 행한 뒤에는 무당들이 잔치를 베풀었는데 직할시장격인 개성 유수도 여기에 동참하여 무당들과 함께 노래하고 춤추는 것이 관례였다. 대왕제에 소요되는 경비는 한이 없었고 수많은 남녀가 산골짜기를 메우고 혼숙하여 추문이 생기는 일도 많았다.

성종 때 송악 신사의 폐단이 문제되어 한때 이를 헐어 버리고 제사를 금지하였으나 오래잖아 부활되었다. 한양의 왕실 외척과 귀족들이 행사에 앞장서고 거부 상인들이 돈을 대었으므로 한 번의 제사를 올릴 때마다 웬만한 부잣집 한 집의 재산이 날아가다시피 하였다. 국가에서는 이를 고질병으로 여기고 있었으나 대비들이 후원하고 있어 손을 대지 못하고 있었는데, 명종 때 이르러 명분을 중시하는 유생들이 분개하여 일어나 사당을 불태우고 잡신의 상을 파괴해 버리는 사태가 벌어졌다. 개성의 생원 강씨가 유생 40여 명을 데리고 가서 사당을 불사르고 신상들을 모조리 부수고 찢어 버렸던 것이다. 이 소문을 들은 문정 왕후는 크게 노하여 유생들을 옥에 가두고 중벌을 주려 하였으나 왕과 신하들의 만류로 겨우 중지되었다.

송악 신사가 파괴되자 무당들이 저주하여 말하기를 반드시 귀신의 재앙이 있을 것이라고 하였으나 그 후에 강생원과 유생들은 아무 탈없이 오래 살았고 과거에 급제해 벼슬한 사람도 많았다. 이로써 그 유명한 귀신도 아무런 영험이 없다는 것이 증명되었으나 사람들의 어리석음은 끝이 없어서 송악 신사는 몇 년 후에 점차 다시 세워졌다.

우리 나라 역대의 위인들 가운데서 신격화된 인물로 가장 유명한 사람은 최영(崔瑩)이다. 여러 곳에 그를 모시는 사당이 있고 영험한 이야기들도 많이 구전되고 있다. 그는 또한 무당들이 모시는 주요한 신장(神將)의 한 사람이기도 하다. 그의 혼신은 능히 화복과 재앙을 주는 것으로 일컬어지는데, 그를 업신여기거나 불경한 자는 그 자리에서 죽는 일도 있었다고 한다. 이 때문에 무지한 사람들이 그를 두려워하고 또 복을 받고자 하여 제사하는 일이 많았다.

　나주의 성황당에 모신 귀신도 대단히 영험한 것으로 소문이 나 있었다. 그 앞을 지나는 사람들이 말에서 내리지 않으면 번번이 타고 있던 말이 발작을 일으켜 죽었다고 한다. 세조 때 홍윤성(洪允成)이란 고관이 있었다. 그는 세조가 김종서, 황보인 등을 죽이고 단종의 왕위를 빼앗을 때 군사 지휘관으로서 공을 세운 사람이었다. 세조의 신임을 받아 위세가 대단했던 홍윤성은 성질이 잔혹하여 집안의 하인들을 활로 쏘아 죽이기도 하였다.

　어느 날 홍윤성이 전라감사가 되어 나주 성황사당 앞을 지나가는데 아전들이 신의 영험을 이야기하였으나 그는 이를 듣지 않은 채 말을 타고 그냥 지나갔다. 그랬더니 얼마 못 가서 말이 넘어져 죽었다. 이에 홍윤성이 불같이 성을 내며 즉시 그 말을 잡아 술 한 동이를 싣고 그 사당으로 다시 갔다. 그는 군졸들에게 활과 화살 그리고 큰 칼과 도끼를 가지고 가라고 명령한 뒤 사당에 가서 큰소리로 귀신을 꾸짖고 욕하기를 "네가 내 말을 죽였으니, 필시 이 고기를 먹으려고 한 짓이렷다. 여기 가지고 왔노라. 만일 먹지 않으면 네 사당을 불살라 버리겠다!" 하고는 잠시 있다가 그 사당을 불살라 버리고 돌아갔다.

　그 뒤 사람들은 가까운 숲 속에 다시 사당을 짓고 그 귀신을 옮겨 제사하였다. 고을 사람들이 여기에서 제사를 드리면 "먼저 홍 사또에게 드리고서 제사를 지내라." 하는 귀신의 소리가 들려 오는 것이었다. 그래서 그 뒤로는 잡신들에게 제사지내는 사람들이 반드시 홍윤성에게 먼저 제사하게 되었고 이 때문에 한양에 사는 홍윤성은 술을 마시지 않아도 항상 얼굴에 취기가 돌았다고 한다. 혹은 홍윤성이 술을 마시지 않는데 갑자기 취기가 엄습하는 때가 있으면 혼자 중얼거리기를 "또 어떤 녀석이 제사를 지내고 있는 모양이로구만!" 하였다는 이야기도 전해지고 있다.

　조선시대에 청풍군 사람들은 언제부터인가 이상한 목상(木像)을 귀신으로 섬기고 있었다. 해마다 5, 6월이 되면 그 귀신을 관아에 모셔 놓고 크게 제사를 지냈는데, 이때는 고을 사람들이 구름같이 몰려들었다. 그러나 김연수(金延壽)란 사람이 원이 되어 남녀 무당들과 그 일을 주관한 사람들을 잡아다가 곤장을 때리고 그 목상을 불에 태워 버렸더니 드디어 그 요망스러운 제사가 끊어졌다. 그 뒤로도 고을에는 아무런 일이 일어나지 않았다.

　조선 중종 때 판서를 지낸 송천희(宋千喜)는 성품이 강직하고 과감하였다. 일찍이 그가 경상도 관찰사가 되어 대구에 있을 때, 그곳에는 자칭 부처님 제자라고 하는 무당이 있어 "나는 능히 병든 자를 낫게 하고 죽은 자를 살린다."고 사람들을 현혹시키고 있었다. 온 도내의 백성들이 그 사술을 믿고 무당이 요구하는 대로 재산을 바쳐 파산하는 사람들도 더러 있었지만 숭배를 그치지 않았다. 송천희가 그 말을 듣고 분개하여, "제가 감히 내가 다스리는 땅에서 요술을 부리느냐?" 하고 그 무당을 잡아다 곤장을 때려 죽이니 사람들이 크게 두려워하고 삼갔다. 그러나 그 뒤로 아무 일도 발생하지 않았고 경상도의 미신 폐단은 한결 시정되었다.

　이상의 이야기들은 『연려실기술』에 수록된 것들이다. 결국 음사에는 아무런 복이 없고 허황한 미신에 불과한 것이며, 바른 이치로 다스리면 사술이 횡행할 수 없음을 보여 주는 사례들이다. 하지만 전근대 사회에서는 이러한 음사들이 민중의 생활에 중요한 활력소가 되고 위안이 되었다는 사실을 간과할 수는 없을 것이다.

7. 제사지내고 복받은 이야기

　제사를 많이 지내는 집은 복을 받는다고 한다. 귀신의 음덕을 입을 기회가 많기 때문일 것이다. 그러나 제사를 아무리 많이 지내더라도 정성이 부족하면 헛일이 된다. 그만큼 제사에는 정성이 중요하다. 제사를 정성껏 잘 드려서 복을 받은 이야기는 수없이 많다. 또 남의 제사를 차려 주고 복 받은 이야기들도 있다. 이러한 이야기들은 제사를 통해 복을 받는다는 우리 조상들의 믿음을 반영하는 것이기도 하다. 제사에 올렸던 술을 나누어 마시는 것을 음복(飮福 : 복을 마심)이라고 하는 것도 이 때문이다. 많은 이야기들 중에서 몇 가지를 들어 본다.

경상남도 거창군 남하면 일대에 구전으로 전해 내려오는 설화이다. 조선시대 최고의 예학자라고 칭송되는 사계(沙溪) 김장생(金長生)의 출생에는 신비한 이야기가 얽혀 있다. 사계 선생의 조부인 김호(金鎬)는 빈객(손님)을 잘 접대하는 어른이었다. 엄동 설한의 어느 날 그 집을 찾아와 유숙을 청하는 이가 있어 저녁상을 차려 주었는데 저녁상을 받은 과객은 밥을 먹다가 말고 문득 무슨 생각이 났는지 이런 부탁을 하는 것이었다.

"찬물 한 그릇을 떠다 줄 수 없겠습니까? 그리고 이 상은 내일 아침에 치우면 안 되겠습니까?"

주인이 그렇게 하라고 허락하자 과객은 밥그릇에서 밥을 반 정도 퍼서 따로 담아 두는 것이었다. 의아하게 여긴 주인이 사연을 묻자 과객은 이렇게 대답했다.

"예. 저같이 얻어먹는 거지 같은 사람이라도 부모님 제사는 지내지 않을 수 없습니다. 마침 생각을 해보니 오늘이 제 어머니 제삿날입니다. 제가 밥을 지어 놓고 제사를 올릴 형편은 못 되지만, 이 먹던 밥이라도 한 숟가락 떠서 제사를 지내고 싶습니다."

"아 그런가? 갸륵하네. 내가 제삿밥을 다시 지어 줄테니 그 밥은 다 먹도록 하게."

주인은 과객에게 이렇게 권하고 나서 다시 밥을 짓게 하려고 제일 만만한 막내며느리에게 가서 사정을 이야기했지만 막내며느리는 이렇게 말했다.

"아버님도 별말씀을 다하십니다. 우리 조상도 아닌 남의 조상 제사를 섬기다니요?"

둘째 며느리도 마찬가지여서 결국 어렵기는 했지만 맏며느리에게 가서 부탁을 하였다. 맏며느리는 흔쾌히 순종하였다.

"아버님, 어렵지 않습니다. 제가 준비하겠습니다."

며느리는 닭이 울 때가 되자 대청에다 상을 차린 후에 시아버지에게 말했다.

"아버님, 그 손님을 깨우십시오. 준비가 다 되었습니다."

제사지내러 온 과객은 쌍촉을 밝혀 놓고 3채(세 종류의 나물)와 5어(다섯 가지 생선 육류) 등 갖은 제수를 차려 놓은 제상을 보고 눈이 휘둥그레졌다. 주인댁의 배려에 감사한 마음으로 눈물을 흘리던 과객은 분향재배하고 제사를 지내면서 이 댁의 은공을 깊게 해달라고 빌고는 다음날 길을 떠났다.

그 뒤 여러 해가 지나 모두 이 일을 잊어버렸을 무렵 주인의 꿈에 지팡이를 짚은 꼬부랑 할머니가 나타났다.

"저는 8년 전에 이 댁에 와서 제사 음식을 잘 얻어먹은 일이 있습니다. 그래서 '이 은공을 어떻게 하면 갚을 수 있을까' 하여 칠성당에 단을 차려 놓고 옥황 상제께 8년 동안 빌었습니다. 그랬더니 옥황 상제께서 구슬 두 개를 주어 공을 갚도록 하였습니다. 이 구슬을 잉태 기운이 있을 때 한 개씩 삶아 먹으면 혈식하는 군자가 태어날 것입니다."

할머니는 이렇게 말하며 구슬 두 개를 주었다. 이때 혈식 군자(血食君子 : 큰 공신이나 대학자의 제사에는 피가 흐르는 날고기를 쓴다)란 공훈을 세운 사람이나 학식이 높은 위인을 지칭하는 말이다. 꿈을 꾼 집주인이 아침에 일어나 부인과 맏며느리에게 지난밤 꿈이야기를 하니 두 사람 모두 같은 꿈을 꾸었다고 하였다. 맏며느리의 장롱을 열어 보니 과연 구슬이 두 개 들어 있었다. 그 뒤 맏며느리는 구슬을 한 개 삶아 먹은 후 김장생을 낳았고, 남겨 둔 구슬 하나는 김장생의 부인이 삶아 먹어 아들 김집을 낳았다고 한다. 두 분 모두 대학자가 되어 공자님을 제사하는 성균관과 지방의 향교에 모셔져 혈식의 제사를 받게 되었고, 그 가문은 후손들이 크게 번창하여 많은 고관 대작의 벼슬아치와 학자들을 배출하게 되었다.

이것은 단순한 하나의 설화에 지나지 않지만 여기에는 제사를 소중히 하는 우리 조상들의 관념과 신비주의가 깃들여 있음을 엿볼 수 있다.

또 이런 이야기도 있다. 옛날 어떤 사람이 남의 논 몇 마지기를 소작으로 부치고 나무 장사를 하면서 어렵게 살고 있었다. 어머니 제삿날은 돌아왔는데 제사지낼 양식이 없었다. 나무 장사를 해서 생선 자반은 마련해 놓

앉지만 쌀이 없어 궁리를 하던 그는
"남의 논을 부쳐도 내가 농사를 지었으니까……."
라고 하며 자신이 농사를 지은 주인집 논에서 방금 여문 벼를 몰래 베어 왔다. 그 쌀로 제사를 지내면서 소작인은 이렇게 축원했다.
"그저 나 잘사는 것보다 그 땅 임자를 잘살게 해주십시오."
다음해 제삿날에도 그는 그 논에 가서 벼를 베어다가 제사를 지내고 땅 임자가 잘살게 해달라고 빌었다.

한편 논 주인은 3년 동안 벼를 베어간 자리가 똑같자 이를 이상하게 여겨 4년째는 숨어서 논을 지켰다. 그랬더니 바로 그 논을 부치는 소작인이 그곳에서 벼를 베는 것이었다. 뒤를 밟아 보니 그 벼를 찧고 밥을 하여 어머니 제사를 지내면서 이렇게 축원하는 것이었다.
"이 불효한 자식은 남의 논을 부치면서 이렇게 벼를 몰래 베어와 어머니, 아버지 제사를 지냅니다. 그저 아무쪼록 그 집을 잘되게 해주십시오. 저는 그저 생전에 이렇게밖에는 못 살겠으니까 아무쪼록 그 집을 잘살게 해주십시오."

그의 축원을 들은 논 주인은 자신이 지난 3년 동안에 바로 그 논 옆에 한 섬지기 논을 더 산 시기가 벼를 베어 간 사람이 축원한 기간과 일치한다는 것을 알았다.

다음날 아침, 논 주인은 그 소작인을 불러 아침을 대접하였다. 천한 신분인 소작인이 주인과 겸상하여 밥을 먹자니 밥이 목에 넘어가지를 않았다. 주인은 자초지종을 설명했다.

"자네가 어머니 제사 때 축원하는 말을 들었네. 아마도 자네가 3년 동안에 그렇게 축원해 주어서 내가 그 옆에 한 섬지기 논을 더 살 수 있었던 것 같네. 그러니 그 논은 자네가 부치게."

그 뒤 논 주인은 그 논을 소작인에게 주었다고 한다.

이상은 모두 남의 제사 덕분에 복을 받은 이야기들이지만, 예로부터 제사를 정성스럽게 지내면 복을 받는다는 이야기들은 흔히 전해지고 있다. 이제 오늘날의 실화 한두 가지를 소개해 볼까 한다.

다음은 필자가 잘 아는 어느 농촌의 셋째 며느리의 제사 이야기이다.

그 집은 어느 경상도 산골의 농촌에 있었다. 재산이라고는 세 칸 초가

집과 논 다섯 마지기(1000평), 밭 네 마지기(400평), 소 한 마리가 전부로서 근근이 먹고 살기도 어려운 형편이었다. 방은 모두 셋이었으나 식구는 8명 이하인 적이 없었다. 그 집은 선대에는 재산도 조금 있고 글도 좀 하는 양반집 끄트머리였으나 시아버지대에 와서 대부분 탕진하고 끼니도 넉넉지 못하게 되었다. 시아버지는 문자가 남아 있어 농한기가 되면 서당을 열고 동네 아이들에게 한문을 가르치기도 하였으나 수업료라고 해보았자 고등어 몇 마리 아니면 닭 한 마리가 전부였다.

그 집의 큰아들은 일제 당시 소학교에서 총독상을 받은 수재로 졸업 후에 전국 제일의 해주 제철 공장에서 사원으로 일하고 있었다. 그러나 해방이 되고 38선이 생긴 후로 어물어물하다가 내려오지 못하고 이산 가족이 되어 영원히 소식이 끊어지고 말았다. 둘째 아들은 먼 친척의 사후 양자로 들어가 분가하고, 결국 셋째 아들이 부모를 모시고 살게 되었다. 그러나 셋째 아들마저 6.25 전쟁 중에 군에 소집되어 6~7년을 헤어져 살아야 했고 제대한 후에도 방랑벽이 있어 일년에 한 달도 집에 있는 날이 드물었다. 그는 일년에 겨우 며칠씩 귀가했지만 그래도 아들 넷과 딸 둘을 두었다.

결국 그 집의 살림은 늙은 시아버지와 셋째 며느리가 도와가며 근근이 지탱해 나가고 있었다. 시아버지는 선비였으나 늘그막에 농사를 배워 겨우 자기 논밭갈이는 할 수 있었다. 셋째 며느리는 나이 스물에 시집 와서 평생을 허리가 휘어지게 일했다. 그녀는 배운 것은 별로 없었지만 사리 판단이 명백하였고 평생을 통해 이치에 어긋난 일을 한 적이 없었다. 그녀는 일솜씨가 좋았고 일을 두려워하거나 자기 몸을 아끼는 법이 없었다. 그러나 그렇게 일했어도 살림은 조금도 나아지지 않았다. 병약한 시어머니가 손자들을 거두어 주기는 하였지만 그 고생을 어찌 말로 다할 수 있겠는가?

시아버지가 3대 독자인 데다 그의 증조부는 양가 독자였고 조상 중의 한 분은 후처까지 있어, 그 집에서 제사를 모시는 신위는 11위가 되었다. 설과 추석을 제외하고도 제삿날이 11번이나 되었던 것이다. 그 중 9번의 제사는 이웃 사람들이 눈치도 못 채게 한밤중에 감쪽같이 치렀으나, 음력 2월과 10월의 시조부모 제삿날은 온 동네 사람을 다 초대하여 잔치를 벌이는 것처럼 나누어 먹었다. 이때만은 가까이 시집가서 사는 시누이들이

와서 일을 도왔다. 그 집은 사실 일년 열두 달 제사 없는 달이 없다시피 하였고 2월 한 달에는 세 번이나 제사가 있었다.

셋째 며느리는 음력으로 세월을 살았다. 복잡한 음력을 달력도 없이 머릿속으로만 셈하며 살았으나, 그 많은 제삿날을 잊어버린 적은 평생에 꼭 두 번밖에 없었다. 그녀는 자기 집의 제삿날뿐만 아니라 온 동네 제삿날을 다 기억하며 살았다. 시아버지 생전에는 동네에서 제사가 있을 때마다 노인을 대접하느라 제사 음식들을 차려 왔기 때문이다. 그런 날은 곧 시아버지의 아침상을 한 끼 버는 날이었으므로 다른 집의 제삿날을 기억하는 것은 살림하는 주부로서는 대단히 중요한 일이었다. 이 점에서는 동네의 다른 부인들도 마찬가지였다. 그렇게 하여 그녀는 등뼈가 휘어지도록 일하면서 평생을 자기 집 제삿날과 남의 집 제삿날을 손꼽으며 살았다.

시부모가 다 돌아가신 후 늘그막에 그녀는 시누이들에게 몇 번인가 불평을 했다. 셋째 며느리인 줄 알고 시집을 왔는데 팔자에 없는 맏며느리 노릇만 하고 남은 건 줄줄이 귀신치레밖에 없노라고. 그러면 시누이들은 좋은 말로 "언니, 제사 많이 지내면 복받지 않나? 자식 잘되면 나쁜 일이 있나?" 하고 구슬렸다. 그 말은 맞았다. 의료 시설이 없었던 그 시골에 살면서도 장남을 제외하면 6남매가 큰 병 한 번 앓지 않고 잘 자랐다. 장남은 두 살 때에 아홉 달 동안 앓아 거의 죽을 뻔하였으나 신령의 도움으로 살아났다. 어떤 신령인지는 모르겠으나 신령의 도움이 아니었으면 어떻게 살아났겠는가? 국민학교를 다닐 때까지 허약하고 기운이 없었던 장남은 그 뒤부터는 강철처럼 튼튼해졌다.

아들들은 모두 공부를 잘하였다. 모두가 총명하고 부지런하며 정직해서 동네 어른들의 칭찬을 들었다. 다만 막내 아들이 조금 부산하고 골목 싸움에도 지고 돌아오는 법이 없어 그 집에서는 이것이 유일한 자식 걱정이었다. 그러나 다 자라고 보니 그가 가장 효자가 되었다. 그 집에서 아들들을 공부시킨 것은 거의 기적에 가까웠다. 시아버지는 어떻게든지 공부시키라고 가르쳤고 며느리는 그것을 실천하였다. 그간의 곡절을 어찌 다 말로 할 수 있겠는가? 어쨌든 그들은 모두 대학을 마치고 박사도 되고 교사도 되고 엔지니어도 되고 보험 회사 국장도 되었다. 딸들은 공부가 신통치 않아 대학을 다니지는 못하였으나 훌륭한 청년들에게 시집가서 걱정 없이 살고 있다.

"덕을 쌓은 집에는 반드시 훗날에 경사가 있다(積德之家 必有餘慶)."라는 말이 있지만, 사실 그 집에서 적덕이나 적선이라고 할 만한 일을 한 적은 별로 없었던 듯하다. 대대로 먹고 살기에 바쁜 형편이어서 남에게 폐해를 끼친 적이 없었을 뿐 덕을 베풀 겨를이 없었던 것이다. 그래서 이웃 사람들은 모두 "그 집 며느리는 제사를 많이 지내 자식들이 잘되었다."고 말한다. 과연 그 때문인지 어떤지 알 수 없지만 그 집에서는 가난 이외에는 별다른 재앙을 겪은 적이 없었다. 그 가난이라는 것도 어떻게 보면 자식들의 성장 과정에서 부패를 막는 짜디짠 소금과 같은 것이어서 일체의 사치와 허영, 타락을 예방해 주는 것이기도 하였다. 여하튼 그 많은 제사를 빠지지 않고 잘 지낸 일 이외에는 그 집의 축복을 설명해 줄 만한 이유가 없을 듯하다. 이것이 팔자에 없었던 셋째 며느리의 제사 복인가? 믿거나 말거나…….

필자가 아는 또 하나의 사례를 소개한다.

이것은 서울에 사는 어느 충청도 할아버지 이야기이다. 그 노인은 이른바 충청도 양반으로 무작정 상경한 사람이다. 몰락한 양반의 후손으로 서당에서 몇 년 한문을 배우고 소학교를 다니는 둥 마는 둥 하다가 장가는 일찍 들었으나 되는 일이 없었다. 술을 그렇게 마셔대었으니 사실 될 일이 있을 까닭이 없었다. 오래잖아 가산도 탕진하고 되는 대로 살다가 서울로 올라왔다. 시장 바닥을 전전하며 거간하는 일을 배워 조금 돈을 모았다가 이내 또 날리고는 하였다. 되는 일이 없으니 식구들에 대한 행패만 늘어갔다. 그래도 양반의 행세는 남아 있어 집안에서의 위세는 대단하고 호령은 추상같았다. 하루 걸러 만취해 들어오면 가족들은 숨소리 한 번 제대로 내지 못하고 눈치보기 바빴다. 그래도 부인은 호통과 구박을 면치 못하였다. 결국 부인은 10여 년을 견디며 살다가 네 자녀를 버리고 가출해 버렸다. 아이들은 늙은 할머니가 키우게 되었다.

그 노인은 평생에 한 가지도 남에게 도움되는 일을 한 적이 없었다. 도움은커녕 가족에게나 친척들에게나 고통과 핍박밖에 준 것이 없었다. 그러나 성격이 단순하여 남을 속이지는 못하였다. 언제나 속임을 당하고 손해만 보는 편이었다. 집안에서는 폭군이었지만 그래도 밖에 나서면 양반

소리를 들었다. 그런데 어려운 와중에서도 그의 자녀들은 모두 착하게 자랐다. 모두 머리가 총명하여 일류 학교를 다니고 일류 대학을 나왔다. 학비는 모두 자신들이 벌어야 했지만 아들과 딸들은 박사가 되어 대학 교수가 되기도 하였고 사업을 하여 수억대의 돈을 벌기도 하였다.

그는 지금 자식들 덕분에 편안하게 보내고 있으나 술은 끊지 못했다. 지금도 조금만 마시면 곧 취하여 횡설수설한다. 그러고는 가족들의 자랑을 늘어놓는다. 대체 이 노인은 무슨 음덕으로 이렇게 훌륭한 자녀들을 두게 되었을까? 그 선조들의 적덕 유무는 알 수 없지만 이 노인의 당대에는 좁쌀만큼도 공덕을 쌓은 것이 없었다. 아니 꼭 하나 있었다. 바로 그의 유별난 조상 제사 습관이었다. 그는 일년이면 360일을 술에 빠진 허수아비처럼 살았지만 귀신 앞에서는 경건하였다. 그가 유일하게 두려워했던 것은 귀신이었다. 명색이 충청도 양반이어서 그런지 그 집에는 제사가 많았다. 4대조의 제사 말고도 방계 친족의 제사까지 그가 맡아 지냈다. 노인은 제삿날 하루 전이면 재계에 들어갔다. 목욕하고 옷을 갈아입고 근엄하게 명상에 들어가면 그의 평소 행태를 아는 사람들은 그 모양을 보고 코를 잡고 웃었다. 과일과 생선은 없는 돈에도 불구하고 항상 제일 크고 빛깔 좋은 것으로 준비하였다. 그의 제사 의식을 보면 우습기는 하지만 틀림없이 귀신과 노는 형상이었다. 중얼중얼하고 굽신굽신하는 거동은 그 자리에 귀신이 아니라 조상이 살아 앉아 있는 형국이었다. 그는 제사에서만은 참으로 삼매에 빠져 들어갔다.

이 이야기는 지금 서울 어느 동네에 살고 있는 노인의 실화이다. 그의 자녀들에게 내려진 축복을 어떻게 설명할 수 있을까? 교육 심리학자들은 무엇이라고 설명을 할까? 그 집안은 교육학적으로 이른바 결손 가정에 해당되고 교육 환경도 결코 바람직한 것이라고는 할 수 없었다. 가정 교육은 거의 전무한 지경이었다. 그 환경에서 그러한 인재들이 자라났다는 것은 교육학적 기적이라고 할 수 있다. 우리가 아는 것은 다만 한 가지, 그 집에서 올리는 제사가 매우 경건하였으며 그 노인은 제법 그럴싸한 제사장이었다는 사실뿐이다. 우리로서는 도무지 알 수 없는 신묘 불측한 귀신의 조화라 하겠다.

8. 별나게 정성을 들인 제사 이야기

충남 당진 지방에서 전해 내려오는 구전 설화이다. 원당이라는 마을에 사는 박씨 노인이 지내는 제사 방식은 매우 색달랐다. 그는 제삿날 저녁이 되면 미리 산소에 가서 등불을 켜놓았다. 그리고 제사지낼 때쯤이면 등불을 들고 집으로 오면서 혼백을 모셔 왔다. 혼백을 모셔다 놓은 후에는 안뜰에다 멍석을 깔아 한 상을 차려 놓았는데 이것은 아버지 친구분들을 대접하기 위해서라고 했다. 방에서 제사를 마치고 닭이 울 때쯤 되면 그는 등불을 들고 산소로 가서 혼백을 산소에 모셔다 드리고 절을 하고 등불을 껐다.

박씨 노인은 매우 가난했다. 여름이면 쌀이 없어 며느리가 보리쌀을 깨끗이 씻어 밥을 해 제상에 올렸다. 보리밥을 사발에 담아 놓는데 그나마 수북이 담지를 못하고 조금씩 담아야 하는 형편이었다. 제삿상은 빈약하였지만 살아 계신 부모를 모시듯 정성껏 제사를 모셨다. 제사를 지내는 정성이 하늘에 닿았는지 박씨 노인의 아들대에는 가세가 일어 부자가 되었다. 동네 사람들은 그 집이 부자가 되어 잘살게 된 것이 모두 박씨 노인의 제사 드리는 정성 때문이라고 말했다 한다.

박씨 노인의 제사 방식에는 그럴싸한 이치가 있는 것도 아니었고 예법에 맞는 것도 아니었다. 그러나 그의 제사에 대한 정성만은 지극했다. 예법이란 것도 원래는 인정에서 나온 것이다.『논어』에서는 돌아가신 이를 산 사람 섬기듯 정성스럽게 하는 것이 극진한 효도라고 하였는데, 박씨 노인이 바로 그러한 사람이라고 할 수 있겠다.

역시 당진 지방에서 전해 내려오는 제사 이야기이다. 당진에 젊은 과부가 외아들을 키우며 가난하게 살고 있었다. 집안이 너무나 가난해서 아들의 나이가 서른을 넘었지만 며느리를 얻을 수 없었다. 그러자 어머니는 몇 년을 태산같이 걱정하다가 마침내 병을 얻고 말았다.

"아이고, 내가 젊은 청춘에 너 하나를 보고 살면서 며느리 손에 밥 좀 얻어먹어 볼까 했다만, 나는 영영 며느리를 보지 못하고 죽게 되었으니 참 억울하기도 하구나."

이렇게 병석에 누워 매일 한숨만 쉬던 어머니는 병세가 깊어져서 결국 죽고 말았다. 어머니가 돌아가시자 아들은 며느리를 보지 못하고 죽은 어머니의 한탄이 가슴에 맺혔다. 그래서 고향을 떠나 객지에서 몇 년간 머슴살이를 착실하게 하여 쌀 몇 십 가마를 모았다. 착실한 청년으로 소문이 나자 동네 어른들이 물었다.

"너는 착실하니 처자는 먹여 살릴 것 같구나. 동네에 처녀가 있는데 집이 어려운 처자다. 네가 옷이나마 입혀서 데리고 살 수 있겠느냐?"

"예, 제가 머슴살이하여 볏섬이나 모아 놓은 게 있으니 데려다 살겠습니다."

이렇게 하여 가난한 처녀를 아내로 맞아들인 아들은 열심히 노력하고 저축하여 어지간히 살림을 모았다. 그러나 며느리를 보지 못해 한숨쉬다 돌아가신 어머니가 그에게는 한이 되었다. 매년 어머니가 돌아가신 날이 되면 제사를 지내는데, 그는 어머니의 한을 풀어 드리기 위해 매우 특이한 방법으로 제사를 지냈다.

어느 해 제삿날 어떤 선비가 지나가다 날이 저물어서 유숙할 요량으로 이 집에 들러 주인의 허락을 청하였다.

"누추하여 선비님 같은 분을 어떻게 모실 수가 있겠습니까마는 불편하시더라도 들어오시지요."

주인은 그 선비를 사랑으로 모셨다. 손님이 사랑에 있으면 주인으로선 손님을 접대하기 위해 마주앉아 이야기를 해야 하는 게 도리지만 아들은,

"실례입니다만, 오늘 저녁이 제 어머니 제사입니다."

라며 부산하게 자리를 떴다. 선비는 제사는 한밤중이 넘어야 지내는 것인데 초저녁부터 제사를 지낸다고 자리를 뜨는 것이 이상했다.

'이 집주인이 제사를 어떻게 지내나 좀 보자. 양반인가 상놈인가를 보아야지.'

내심 이렇게 생각한 선비가 가만히 지켜보니 대청의 제삿상 앞에 이부자리를 펴고 베개 둘을 갖다 놓는 진귀한 풍경이 벌어졌다. 그리고 주인 내외는 등불을 들고 거리로 나갔다가 잠시 후 두런두런 이야기를 하며 들어왔다. 그러더니 부부는 "어머니 보십시오." 하면서 제상 앞에 놓인 이불 위에 나란히 드러눕는 것이었다. 선비는 혀를 끌끌 차며 말했다.

"저런 미친 놈이 있나! 제 어미 제사를 지낸다더니 제상 앞에서 동침을

하는구나."

선비가 더 지켜보니 내외가 자리에서 일어나 정성껏 절을 하고 제사를 마친 후에 또 등을 들고 두런거리며 나갔다 들어오는 것이었다. 그러고 나서야 제상을 치우고 선비가 묵고 있는 사랑방으로 음식을 차려서 가져왔다. 아들이 제사 음식을 권하자 그 동안 해괴한 것을 보고 궁금증으로 가득차 있던 선비가 물었다.

"먹는 게 급한 것이 아니고 주인에게 물어 볼 말이 더 급하오. 주인이 제사지내는 방법은 참으로 이상하오. 제사는 한밤중이 지나야 제물을 차려 놓고 지내는데, 어째서 초저녁에 제물을 차리시는지요? 또 이부자리를 펴 베개 둘을 놓고 등을 들고 내외분이 나갔다가 들어오는 연유는 무엇인지요? 두 분이 제상 앞에서 드러누워 잠자는 척하는 것은 웬일이며, 일어나 제사지내고 등을 들고 다시 나갔다 들어오는 것은 무슨 까닭인지요?"

주인이 자초지종을 설명하였다.

"제 어머니는 며느리를 보지 못한 한을 안고 돌아가셨는데, 이제 어머니 소원대로 아들인 제가 아내와 행복하게 살고 있는 모습을 제사에서라도 보여 드리고자 하는 것입니다. 영혼이 오시는 제삿날이면 '어머니, 이런 때나 오셔서 보십시오. 저희도 이렇게 부부로 살면서 어머니 제사를 올립니다.'라는 생각으로 이렇게 합니다. 처음 등을 들고 나갔다 오는 것은 어머니를 마중 나가서 모셔 오는 것이고, 나중에 등을 들고 나갔다 오는 것은 가시는 어머니를 배웅하고 오는 것입니다. 어머니가 오시는 제삿날이면 항상 죽은 영혼이라도 한이 되지 않도록 이런 방식으로 제사를 지냅니다."

선비는 이 말을 듣고 뜻을 십분 이해하였고, 주인이 무식하기는 하나 효자 중의 효자임을 알 수 있었다. 선비는 감탄하여 말했다.

"거 참 거룩한 일이오. 옛날로 말하면 소위 글이나 지어서 신세를 갚아야 하는데 내가 갚아야 할 글이 헛되고 말았소. 주인의 학문이 어떠신지는 모르겠소만, 참으로 내가 숭배하지 않을 수 없소. 아무도 탓할 사람이 없으니 주인의 주장대로, 주인의 성의대로 하십시오. 남에게 신경쓸 것 없이 주인의 정성대로 하시면 그것이 원칙이고 법도가 될 것이오. 이렇게 정성스러운 제사는 내가 일찍이 보지 못하였소!"

이 이야기는 하나의 우화와 같은 것이지만, 제사의 정신과 마음가짐을 보여 주고 있다. 그리고 제사에는 지나친 형식보다는 항상 그 정신이 중요함을 일깨워 준다. 또 자기가 옳다고 믿으면 과감히 실천하는 것도 나쁘지 않음을 보여 주는 이야기이기도 하다.

9. 정성되지 않은 제사로 부정탄 이야기

제사에는 모든 준비와 절차에서 정성이 가장 중요하게 여겨지고 있지만, 특히 제수(제사 음식)의 마련에는 각별한 주의가 필요하다. 정결하지 않은 음식은 귀신이 흠향하지 않으며 자칫하면 부정이 탄다고 한다. 이와 관련해서 여러 가지 이야기들이 있지만 그 가운데 가장 유명한 소금장수 이야기를 들어 본다. 이는 우리 나라 도처에서 구전되고 있는 설화이다.

옛날에 한 소금장수가 소금 가마를 지고 가다가 양지 바른 곳에 쌍봉 무덤이 있어 그 가운데서 쉬게 되었다. 날은 저물고 해서 소금장수가 자고 갈 요량으로 쌍봉의 가운데에 드러누워 있을 때 무덤에서 이야깃소리가 들려 왔다. 그 쌍봉은 어느 부부의 묘였는데 그들이 나누는 대화가 들리는 것이었다.

"영감님."

"왜 그래?"

"오늘이 영감 제사 아니유? 제사 받아 먹으러 갑시다."

"난 귀찮아. 안 가. 당신이나 갔다 와."

"아이, 그러지 말고 같이 갑시다."

"귀찮다니까. 당신이나 가서 젖은 건 먹고, 마른 것은 싸가지고 와."

"알았어요. 그럼 나 혼자 다녀 올게요."

할머니 귀신은 휙익- 소리를 내며 갔다. 한참 뒤 할머니 귀신이 돌아오자 두 귀신의 이야기가 다시 들려 왔다.

"어이, 잘 먹고 왔나?"

"영감, 내 얘기 좀 들어 보소. 글쎄 며느리년이 제사도 늦게 준비하는데다가 제사 음식도 제멋대로 하는 것이 아니겠소? 그래서 내가 그년이 업고 있는 손주애를 아궁이에 쳐넣고 왔소."

"저런, 그렇게 하면 되나?"

"영감, 며느리년이 아궁이에 불을 때는데도 정성 없이 발로 나무를 분질러서는 이 나무 저 나무를 툭툭 차넣으면서 음식이라고 합디다. 그리고 제삿상의 밥에는 바위가 들어 있고, 국에는 구렁이가 들어 있는 게 아니겠소!(바위가 들어 있다는 말은 돌이 들었다는 뜻이고, 구렁이가 들었다는 말은 머리카락이 빠져 있다는 뜻이다) 그래 화가 나서 업고 있는 애를 아궁이에 쓸어 넣어 버렸소."

"아, 그러면 쓰나? 그건 잘못한 일이지. 먹기 싫으면 슬며시 오면 됐지 왜 그리 분탕질을 해놔? 그저 여자는 귀신이 되어도 속이 좁아서 탈이란 말이야."

"어쨌든 손주 녀석이 불에 데어서 큰일이네. 묵은 집 안방 헐어낸 곳에 나 있는 가시풀을 찧어서 약으로 바르면 금방 나을 텐데……."

소금장수는 두 무덤에서 주고받는 소리를 유심히 듣고 있다가 날이 밝자 짐을 꾸려 그 마을로 들어갔다. 마을에서는 사람들이 모여 수선스럽게 떠들고 있었다.

"아무개는 엊저녁에 제사지내다가 어린애를 아궁이에 빠뜨려서 등이 모두 데었다고 하네. 애가 살지 못하겠어."

소금장수는 그 제사지낸 집을 찾아갔다. 아기가 다친 연유를 묻자 며느리는 울상을 지으며 말했다.

"엊저녁이 우리 시아버지 제사인데, 어쩌다 보니 제사가 늦어서 애기를 업고 서두르다가 그만 아기가 아궁이로 뚝 떨어졌어요. 그래서 크게 데었는데 암만 해도 살진 못하겠어요."

그 말을 들은 소금장수가 말했다.

"내가 이 아기를 살릴 약을 가르쳐 주겠습니다."

그러고는 쌍봉에서 엿들은 대로 가르쳐 주었다. 그래서 주인이 묵은 집터를 찾아 가시풀을 구해 약으로 발랐더니 정말 아기는 금세 낳았다.

이 이야기는 제사를 받는 귀신의 입장에서 느끼는 감정들을 의인화하여 표현한 것이라 하겠다. 부부 귀신의 성격 묘사도 재미있지만, 제사를 준비하면서 범하기 쉬운 실수를 교훈적으로 가르쳐 주고 있다. 발길로 불을 때면서 성의 없이 허둥지둥 준비하느라 밥에 돌이 들어가고 국에 머리카락이 빠지는 꼴을 보고 제사를 받으러 온 귀신이 재앙을 내린 것이다. 시아버지 귀신은 미리 그럴 줄 알고 아예 제사를 받으러 가지도 않는다. 여간 재미있고 의미 심장한 설화가 아니다.

이와 비슷한 이야기를 하나 더 들어 본다.

옛날에 대감 벼슬을 지내다 죽은 사람이 자기 제삿날에 집으로 제사를 받으러 가다가 도중에 주막에 들렀다.

"주모, 내가 지금 목이 컬컬한데 술 한 잔 주오."

"아이고, 대감님이 어인 일이십니까?"

주모는 술 한 잔을 대접했다.

"아! 잘 먹었네. 나 인제 가봐야겠네."

대감이 주막을 떠나 자기집에 이르러 제삿상을 보니 상은 진수 성찬이었으나 탕에 머리카락 하나가 들어 있었다. 귀신에게는 머리카락이 구렁이로 보여서 도저히 제사 음식을 받아 먹을 수가 없었다. 결국 그 좋은 음식들을 먹어 보지도 못하고 그냥 돌아가던 대감이 다시 그 주막에 들렀다.

"나 술 한 잔만 더 주오. 우리 집 제사는 구렁이가 있어 못 먹었소. 그리고 돈은 내일 우리 자식들에게 받으시오."

대감은 그렇게 말하고는 술 한 잔을 맛있게 들이키고 돌아가는 것이었다. 이상하게 생각한 주모가 다음날 제삿집에 가보니 아주 잘 차린 제삿상이 아직 철상도 안한 채로 남아 있었다.

"내가 대감님을 오실 적, 가실 적 모두 만났는데 구렁이가 있어 음식을 드시지 못하고 그냥 가신다고 하셨습니다."

주모가 그렇게 말하며 제삿상을 둘러보니 긴 머리카락 하나가 탕에 빠져 있었다. 주모는 그 집 아들에게 대감이 술을 마시고 간 일을 설명하고 술값을 청구했다.

"암, 술값 드려야지."

아들은 기꺼이 값을 후하게 주고 좋은 날을 받아 제사를 다시 지냈다고 한다.

10. "씨는 못 속인다?"는 이야기

　동양 사회에서 남아 선호 사상이 특히 심한 이유는 바로 제사를 받드는 문제 때문으로 생각되고 있다. 대가 끊어지면 사후에 제사를 받들 사람이 없어지기 때문에 전근대 사회에서는 아들을 두고 싶은 욕망이 치열하였다. 이 때문에 종종 씨받이를 데려오거나 씨 자체를 얻어 속이는 등의 일이 일어나기도 하였다. 남의 씨를 얻어 올 경우에는 제사에 어떠한 영향을 주게 되는 것일까? 이것은 우리 조상들이 꽤나 심각하게 생각하였던 문제인 듯하다. 그래서 이와 관련된 설화들이 적잖이 전해지고 있는 것이다. 그 중 몇 가지를 들어 보자.

　옛날에 부족할 것이 없는 정승 한 사람이 있었는데 그에게는 유독 아들이 없었다. 하루는 집안을 둘러보다가 하인 녀석이 자기 아들을 데리고 놀며 웃는 소리를 들었다.

　"저 녀석은 자식을 두고 저렇게 웃는데 우리는 자식이 없으니 어떻게 하나?"

　정승 내외는 부러워하며 탄식을 하다가 마음을 돌려 이렇게 말했다.

　"우리는 돈이나 내놓고 세면서 웃어 봅시다."

　그러나 돈을 세면서 웃어 보려 해도 그다지 웃음이 나오지 않았다. 아들 자식의 재롱을 보고 웃는 데 비하면 돈은 아무것도 아니었던 것이다.

　날이 새자마자 정승이 그 하인에게 가서 물었다.

　"너는 아들을 더 볼 자신이 있느냐?"

　"그럼요, 아들 만드는 일은 자신있습죠."

　하인이 자신있게 대답하자 정승이 말했다.

　"그러면 너에게 말하기는 좀 미안하지만 부탁을 하마. 오늘밤에 내가 의복을 뒷방에 벗어 놓을 테니 어두워질 무렵에 내 의복을 입고 안방으로 들어오너라. 나는 다른 방으로 가겠다."

　그날 밤 정승의 부인은 대감이 오셨거니 하고 안심하며 잤고 하인은 정승의 말대로 자고 갔다. 그 뒤 정승의 부인은 정말 아들을 낳았다.

　세월이 흘러 정승도 죽고 하인도 죽었다. 죽은 정승은 자기의 제삿날이 되자 아들이 올리는 제사를 받으러 갔다. 정승이 막 자리에 앉으려 할 때 옛날의 하인이 나타났다.

"저 아이는 당신 자식이 아니야, 내 자식이지."

하인은 그렇게 말하며 정승을 툭 밀쳐 버리고 대신 제사를 받아 먹었다는 것이다.

이와 유사한 설화는 중국에도 있다. 어느 지방의 유력한 관리가 늙도록 자식이 없어 남의 아이를 데려와 양자로 길렀는데, 그 아이의 아버지는 도살을 직업으로 하는 사람이었다. 그 관리가 죽어서 자신의 제사에 가보니 어떤 험상궂게 생긴 사람이 도살용 큰 칼을 들고 나타나 그 관리를 밀쳐 버리고 제사를 대신 받아 먹더라는 것이다.

이러한 설화들은 모두 제사에서 핏줄이 중요하다는 점을 강조한 이야기이다. 조상의 제사는 혈통을 이어받은 친자손이 받들어야 하며, 남의 자식이 받드는 제사는 흠향하지 않는다는 전통적 관념이 배어 있다. 또한 키우지 않은 자식일지라도 자식이 올리는 제사는 친부모가 제사를 받는다는 세속의 관념을 보여 주는 것이다. 그러나 성호 이익 선생 같은 분의 해설에 의하면 이는 귀신의 이치로 말하더라도 별로 신빙성이 없는 이야기요, 편견이라는 것이다. 귀신은 반드시 혈통을 따라 감응하는 것은 아니며 정성이 지극하면 누구에게나 나타난다는 것이다.

11. 제사에 개고기 올린 이야기

제사 음식은 대체로 표준화되어 있고 또 일정한 이론 체계도 있지만 실제로 지방이나 가문에 따라서는 꽤 다양한 변례들이 활용되고 있었다. 제사 음식에는 반드시 차려야 할 것이 있고 차려서는 안 되는 음식도 있으며 심지어는 금기시되는 음식들도 있다. 논쟁의 핵심은 돌아가신 이가 생전에 좋아하던 음식을 모두 제사 음식으로 사용할 수 있느냐 없느냐 하는 문제였다. 개고기에 관한 설화들은 그것을 단적으로 보여 주는 것이다.

옛날에 어떤 농부가 논에 물을 대러 나갔다가 평소 친하게 지냈던 사람의 혼령을 만났다.

"아니, 자네가 어쩐 일인가?"
"응, 오늘 저녁이 내 제사라네. 제사 받아 먹으러 오는 길일세."
이렇게 몇 마디를 주고받고 혼령과 헤어졌던 농부는 논에 물을 다 대고 집으로 돌아가는 길에 그 친구의 혼을 다시 만났다.
"아, 우리 자식들이 자네를 찾더군."
"나를 뭐하러 찾지? 그런데 자네 제사는 잘 받아 먹고 가는가?"
"그럼, 나 개고기에다가 잘 먹고 가네."
농부는 귀신이 개고기를 먹고 간다는 말이 이상하여 제사를 지낸 집으로 가보았다. 들어가서 술상을 받았으나 개고기는 없었다.
"내가 자네 아버지를 올 때 만나고 갈 때 만났는데, 자네가 개고기를 놓고 제사를 지냈다고 하던데 사실인가?"
"예, 생전에 선친께서 좋아하셨기 때문에 개고기를 사다 놓고 제향을 모셨습니다."
아들은 할 수 없이 이야기를 하고는 개고기를 가져왔다.
"아, 내가 이걸 꼭 먹으려고 하는 것이 아니라 정말 개고기를 놓고 제사를 지냈는가 하여 들렀다네."
"아닙니다. 잡숫고 가셔요."
그리하여 농부는 제사 음식으로 차린 개고기를 얻어먹고 갔다고 한다.
이 이야기는 개고기를 놓고 제사지내는 집이 없지는 않으며, 생전에 좋아하던 음식으로 제사지낸 정성이 나타난 경우라고 할 수 있다.
이와 비슷한 이야기는 여러 지방에서 전해지고 있다. 한 가지만 더 들어 보자.
어떤 사람이 고갯마루를 넘어가다가 이미 죽은 친구를 만났다.
"어이! 어디 갔다 오는가?"
"아, 잠깐 고개 너머 동네에 다녀오는 길일세. 그런데 돌아가신 자네가 이렇게 나타나다니 어인 일인가?"
"어허, 오늘 저녁이 내 제삿날 아닌가? 가보았더니 나 먹을 것은 없고 저희들 먹을 것만 잔뜩 해놓았더군. 자네를 만나려고 했는데, 마침 잘되었네. 나와 같이 가세."
그 사람이 귀신 친구를 따라 그 집 사립문으로 들어가서는 능청갓을 씌워 놓고 둘은 제사술과 음식을 먹기 시작하였다. 능청갓은 다른 사람에게는 보이지 말라고 씌워 놓은 것이었다. 그 제삿상에는 이상한 현상이 일어났다. 술과 음식이 자꾸 사라지는 것이었다. 아침이 되자 귀신 친구는 능청갓을 걷어가 버렸다. 그러자 함께 있던 그 친구의 모습이 드러나, 그를 알아본 그 집 아들이 물었다.

"어르신, 이 이른 아침에 어쩐 일이십니까?"

"자네 선친이 엊저녁에 나를 만나 한 가지 부탁을 하고 가셨네. '내가 살아 생전에 개고기를 좋아했는데 제상에 개고기가 없어 먹지 못하였다.'고 하셨으니, 내년 제사에는 개를 잘 잡아 지내도록 하게."

"알았습니다."

이듬해 제사에 그 집 앞을 지나던 그 사람은 귀신 친구를 다시 만났다.

"자네 만나서 반갑네. 자네 덕분에 내 아들이 개고기를 차려 줘서 잘 먹고 간다네."

귀신 친구는 그렇게 말하고는 떠나가더라는 것이다.

이 이야기는 의례적으로 표준화된 제사 음식과 실제 생활 속의 상용 음식 사이에서 느끼는 갈등을 표현한 설화이다. 또한 개고기가 제사 음식이 될 수 있는지 여부가 서민들 사이에 고민거리였음을 알려 주는 이야기이기도 하다. 생전에 개고기를 좋아했다면 죽은 후에 그가 좋아했던 개고기를 차려 드리는 것이 혼령을 위하는 정성이라고 여겼던 서민들의 의식을 볼 수 있다. 그러나 이는 어디까지나 우스갯소리일 뿐 예법이 될 수는 없는 것이다. 참고로 말한다면 개고기를 기피하는 것은 불교적 관념에서 온 습속이며 유교의 제사에는 특별히 기피 음식이 아니다. 고대 중국에서는 개고기도 제사에서 훌륭한 희생물로 사용되었다.

이상의 설화들은 대부분 정신문화연구원에서 펴낸 『한국구비문학대계』에서 간추려 모은 것들이다.

제 2 부 제사의 원리와 정신

12. 현대 사회에서 제사의 의미
13. 귀신은 있는가?
14. 제사의 역사와 전통
15. 사당(祠堂)의 유래와 제도
16. 신주, 위패, 지방의 차이
17. 제사를 올리는 정신 자세 : 신을 받드는 도리
18. 목욕 재계
19. 제사의 수칙 10조
20. 가정의 제사에는 어떤 종류가 있는가?
21. 제사를 지내는 날짜와 시각
22. 강신과 참신의 순서
23. 제사는 몇 대 조상까지 지내는가?
24. 제사의 담당자는 누구인가?
25. 가문과 제사의 계승법 : 종법
26. 우리 나라 종법의 전통
27. 제사의 상속과 입후 제도
28. 여성의 제사 참례
29. 제사의 경비는 누가 부담하는가?
30. 「가정의례준칙」의 문제점
31. 『주자가례(朱子家禮)』는 어떤 책인가?
32. 요긴한 우리나라의 예서(禮書)들

제사에서 축문을 사르는 모습. 제사는 거룩한 종교 의식이다. 그것은 신을 불러 제향하는 의전인 동시에 축복을 기원하는 의식이다.

12. 현대 사회에서 제사의 의미

　　제사는 우리가 돌아가신 조상을 추모하고 그 은혜에 보답하는 최소한의 성의 표시이다. 이것은 다하지 못한 효도의 연장이고, 한 집안의 작은 종교 의식이며 동시에 우리 민족의 정신 문화이기도 하다. 제사는 또한 자신의 뿌리를 돌아보며 생명의 근본과 맥락을 확인하는 의식이기도 하다. 그 의식을 통하여 조상의 축복을 기구하며 가문의 전통과 정신을 배운다. 아울러 같은 뿌리를 가진 친족들을 집합시키고 동족 의식을 고취함으로써 화합과 우의를 가져다 준다.

제사는 거룩한 종교 의식이다. 그것은 신을 불러 제향하는 의전인 동시에 축복을 기원하는 의식이다. 정성이 지극하면 제사를 행하는 도중에 조상의 강림을 몸으로 느끼기도 하고 음성을 듣기도 한다. 우리의 조상신은 비록 전지 전능한 위력을 갖고 있지는 못하지만 우리를 창조해 주신 신이며 나와 가장 가까운 신이며 우리 가문의 수호신이다. 귀신의 존재나 위력은 참으로 알 수 없다. 공자 같은 분도 그것에 대해서는 가부간 딱 부러지게 말하지 않았으나, 제사를 드리는 데는 공경과 정성을 다하였다.
　신을 응접하는 일은 우리 자신의 마음을 경건케 하는 일이다. 만약 신의 존재를 인정하지 않는다면 사람은 얼마나 방자하게 될 것인가? 그리고 얼마나 허전하게 될 것인가? 어디에 마음을 의탁하고 위급할 때와 늙고 병들었을 때는 어디로 돌아갈 것인가?
　제사는 우리 조상이 오랫동안 지켜오며 발전시킨 문화이기도 하다. 거기에는 우리 민족의 마음이며 정신이 깃들여 있다. 그것은 우리의 역사요 전통이며 현재 살아 있는 우리 자신의 혼이기도 하다. 제사의 영험은 알기 어려운 것이지만 우리는 수천년 동안 지속해 왔던 이 거룩한 의식의 문화를 사랑한다. 이 문화를 지키는 일에 대하여 우리는 공자가 말한 '애례존양(愛禮存羊)'의 정신을 되새겨 볼 필요가 있다. 공자 당시의 춘추시대에는 왕실의 권위와 전통 질서가 무너지고 제후들이 발호하여 사회가 혼탁해져 있었다. 주공(周公)이 제정했던 전통적인 성대한 제례도 피폐되고 말았는데, 다만 거기에서 희생물로 양(羊)을 바치던 의식만은 그때까지도 남아 있었다. 당시 사람들 사이에서 쓸데없이 양만 축내는 이 의식을 폐지하려는 논의가 있었으나 공자는 그 화려했던 제사 문화의 전통을 사랑하여 이 의식이나마 존속시키고자 하였다.
　제사를 통해 우리가 과연 무슨 축복을 받을지는 알 수 없지만, 수천년간 이어져 온 이 전통적인 의식은 이미 우리에게 소중한 문화가 되었다. 그 신성한 의식을 통해 우리는 선조의 정신을 몸으로 체득하고 마음으로 느끼게 될 것이다. 이것은 또한 우리가 이어받은 정신을 우리의 후손들에게 전해 주는 일이기도 하다. 제사를 통하여 우리의 전통인 예속과 문화가 길이 계승되고 발전되어 갈 것이다.
　제사는 또한 우리 사회의 삶의 현실이다. 우리는 실제로 그 속에 살고 있다. 우리는 모두 크고 작은 제사들을 모시며 살고 있는 것이다. 설이나 추석 명절의 귀성 인파를 보라. 고향에서 제사를 모시기 위해 떠나는 그 인파들 중에는 단순히 늙은 부모님과 고향을 찾아가는 사람도 있지만, 대다수는 조상의 제사를 모시기 위해 가는 것이다. 이 세상에서 우리 민족만큼 제사를 숭상하는 민족도 드물 것이다. 그것이 바로 우리의 현실인 것이다. 어떻게 제사를 지내지 않을 수 있겠는가? 어떻게 부모님의 기일을 제사 없이 그냥 넘길 수 있으며, 할아버지, 할머니의 제사를 마다할 수 있겠는가?

우리가 해마다 때가 되면 몇 번씩 불러 제사를 올리는 멀고 가까운 조상들은 우리에게 무엇인가? 우리는 왜 수백년 동안 그들에 대한 향화(香火)를 그치지 않는 것일까? 또 이미 돌아가신 지 오래되어 혼백이라도 있을까 말까한 그 이름 모를 많은 조상들은 어디에서 살아 숨쉬고 있는 것일까? 그리고 우리 자신은 죽어서 어디로 갈 것이며, 누가 우리를 기억해 줄 것인가?

많은 영웅과 위인 그리고 악당들이 역사책에 기록되고 사람들의 마음속에 새겨져 영원히 살고 있지만 우리의 조상은 다만 가족 몇 사람의 마음속에 그것도 일년에 몇 번만 살아 있을 뿐이다. 내가 죽으면 다만 나의 자손 몇 사람만이 해마다 그날에 나를 기억하여 술과 음식을 올리고 절할 것이다. 오늘 나를 존재하게 한 이는 나의 조상들이며 미래에 내가 존재케 하는 것은 나의 자손들이다. 무엇이 이보다 더 귀하겠는가?

우리가 알고 있는 그 많은 사람들, 죽은 사람, 산 사람들이 나와 무슨 상관이겠는가? 누구를 흠모할 것인가? 나에게 글을 가르쳐 배우게 하신 이, 거북선을 만들어 우리 땅을 지켜 주신 이, 큰 공장을 지어 오늘의 풍요를 누리도록 하신 이, 우주의 신비한 이치를 깨닫게 하신 이, 우리에게 아름다움의 즐거움을 알게 하신 이……. 그들은 모두 내가 존경하는 이들이요 많은 사람들이 존경하는 이들이다. 모두 나를 조금씩 살게 하신 이들이기도 하다. 그러나 이들을 어찌 나에게 온전한 생명을 주신 이에 비할 수 있겠는가? 무엇이 나의 생명보다 귀할 수 있으며, 세상의 어느 누가 우리 어버이보다 더 귀할 것인가? 어찌 그 은혜를 까마득히 잊을 수 있겠는가?

어린이들은 배가 고플 때 본능적으로 부모를 찾는다. 아플 때도 역시 부모를 부른다. 우리는 어른이 되어서도 갑자기 위급한 일을 당하면 비명 중에 부모를 소리쳐 부른다. 우리가 병으로 신음할 때, 심지어는 늙어 죽는 고통의 순간에도 아버지, 어머니를 중얼거린다. 어느 시장 골목에서인가 어머니의 치맛자락을 놓치고 자지러지게 울부짖는 어린이의 비명 소리를 들어 본 적이 있을 것이다. 어느 병원 한 병상에서 70세를 넘긴 늙은 환자가 염불처럼 어머니를 부르는 모습을 보기도 했을 것이다. 이처럼 사람들이 위급할 때 본능적으로 찾는 대상이 바로 부모이다.

고구려를 건국한 고주몽이 젊은 시절 의붓아버지의 박해를 피하여 말을 달려 부여를 탈출할 때 갑자기 큰 강이 앞을 가로막았다. 추격하는 적군의 말굽 소리가 다급하게 들려 오고 진퇴 유곡에 빠져 목숨이 경각에 달렸을 때 그는 "나는 하느님(天帝)의 아들이요, 하백(河伯)의 외손자이다. 어찌하면 좋겠는가?" 하고 부르짖었다. 그러자 갑자기 강물에서 거북떼가 몰려와 다리를 놓아 그를 건너게 하였다. 필사의 위기에 처하면 혼신의 힘을 다해 어버이를 부르게 되고, 그 정성이 지극하면 이렇게 알 수 없는 기적이 생기기도 하는 것이다. 그 위급한 순간에 누가 그를 구원해 줄 것인가? 전능하신 이가 과연 있는지, 설사 있다고 하더라도 어느 여가에 그 많은 생령의 구원 요청을 다 들겠으며, 어느 여가에 그 많은 생령들을 다 구원하러 올 것인가? 어느 전능한 대통령인들 그 많은 백성을 다 보호하겠는가? 그 전능하신 이들이 전능하지 않으신 나의 부모만하겠는가? 어느 전능하신 신이 나를 편애하시는 조상신만 하겠는가? 이 세상의 그 많은 사람들 중에 누가 나에게 쌀 한 톨인들 아낌없이 사랑으로 나누어 주겠는가? 오직 우리의 부모가 있을 뿐이다. 그 많은 신령들 중에 누가 나의 간절한 소망을 듣고 달려오겠는가? 오직 우리의 조상신뿐이다.

대체로 이러한 관념과 의식이 우리 전래의 조상신에 대한 믿음을 형성하고 있었다. 생명의 계승에는 형언할 수 없는 비밀이 있다. 그것은 다만 조상에서 자손으로 전해질 뿐이다. 현대 생명 과학에서는 그것을 염색체에 새겨진 유전 정보라고 말하고 있으나 그 복잡하고 오묘한 내용들을 도저히 다 알 수는 없다. 우리는 생명 계승의 비밀을 다 알 수는 없지만, 그 비밀에 대한 본능적인 도리는 익히 알고 있다. 그것은 자손에 대한 사랑과

어버이에 대한 효성이다. 어버이의 사랑보다 크고 넓은 것은 없을 것이며 마찬가지로 자손보다 더 소중한 것은 없을 것이다.

　우리가 몇천 년 동안 계속해 온 조상에 대한 제사는 이러한 생명 계승의 신비와 그 맥을 같이하는 것으로 보인다. 제사는 내 생명의 근본이신 어버이에 대한 은혜에 보답하는 뜻을 담고 있고 그 근본의 근본인 먼 조상에 대한 추은의 의미를 담고 있다. 누가 부모의 사랑을 알지 못하겠는가? 아무리 부모의 사랑을 받지 못한 사람이라도 3년 정도는 부모의 품안에서 자라지 않았겠는가? 이 단순한 사실마저 깨닫지 못한다면 진정 사람의 머리와 사람의 심장을 가졌다고 할 수 없을 것이다.

　이 때문에 옛날 사람들은 부모가 돌아가시면 빈부 귀천을 막론하고 3년간(실제로는 만 2년) 상복을 입고 산 부모를 모시듯 조석으로 상을 차려 올렸던 것이다. 세월이 가면 슬픔은 잊혀지지만 그 추모의 정은 새 계절이 번갈아 오고 또 한 해가 돌아올 때마다 새로워진다. 이 때문에 계절의 제사(時祭)가 생기고 기일의 제사(忌祭)가 생기게 된 것이다. 그러므로 제사 의식의 첫째 의미는 효도의 완성에 있다 하겠다.

　제사는 일종의 작은 종교 의식이다. 그것은 나의 가장 친근한 조상신에 대한 예배 의식이요 성찬식이며 축제이기도 하다. 나의 조상이 왜 나의 신이 아니겠는가? 그분들은 내 생명과 영혼 속에 살아 있고, 내가 늘 공경하며, 나를 사랑하시는 이들이요, 늘 나에게 용기와 희망을 주시며, 내가 절대 절명의 위기 속에서 부를 때마다 나를 구원하시는 우리 자손들의 수호신인 것이다. 그 신은 비록 권능이 크시지는 않지만 나를 사랑하고 보살핌에 있어서야 어느 신에 뒤지겠는가? 이른바 신이라는 것이 있다고 한다면 말이다. 신의 존재, 신의 권능, 신의 은혜는 진실로 알기 어렵고 말하기 어렵지만 그래도 우리는 수천년 동안 그렇게 알고 믿고 살아 왔다. 그리고 참으로 믿는 이는 선하게 되고 지혜롭게 되며 약하지 않게 된다. 누구에게 배울 것인가? 바로 어버이에게서 배우고 조상을 본받으라 하지 않았던가? 진실로 조상을 알고 배우는 이는 나쁜 길로 빠지지 않는다. 적어도 그는 악의 길로 떨어지지는 않는다. 세상에 악의 길을 열어 자손을 파멸시킬 조상이 어디 있겠는가? 조상의 선한 행적을 알고 선한 가르침을 배우며 그것을 본받고자 한다면 어찌 선한 사람이 되지 않겠는가?

우리는 모두 우리 집안의 제사를 집전하는 작은 사제요, 제사장이다. 우리는 우리 가문의 신을 부르고 경배하며 그들과 대화한다. 우리는 그 제사 의식을 통하여 말할 수 없는 경건함과 신비함을 체험한다. 그것을 통하여 천년 동안 이어 온 우리 가문의 교훈과 전통을 세례받으며 나의 사명을 계시받는다. 경건하게 제사를 올리고 있노라면 어떤 때는 이런 소리를 들을 수도 있을 것이다. "부디 형제간에 정답게 살아라."라는.

제사는 전통이요, 습속이다. 그것은 우리 조상이 오랫동안 지키고 발전시킨 정신 문화이기도 하다. 여기에는 우리 민족의 마음이며 정신이 깃들여 있다. 오늘날에도 우리 나라 사람들은 대부분 의식적이든 무의식적이든 간에 돌아가신 조상들과 함께 살고 있다. 아마 어떠한 종교도 우리의 조상신들처럼 우리 가까이에 있을 수는 없을 것이다. 그것은 우리의 역사요 전통이며 현재 살아 있는 우리 자신이기도 하다. 귀신의 존재와 제사의 영험은 실로 알기 어려운 것이기 때문에 딱 부러지게 그 진실과 실효를 말하기는 어렵지만, 그래도 우리는 수천년 동안 지속해 왔던 이 거룩한 예속의 문화에 대해 긍지와 애착을 가지고 있다. 공자님이 말씀하신 '애례존양'의 정신이다. 이 제사를 통해 우리는 선조의 정신을 몸으로 체득하고 마음으로 느끼게 된다. 우리가 제사에 정성을 다하는 것은 한편으로 우리의 후손이 우리의 정신을 배우고 미래에 전해 주기를 바라기 때문이기도 하다. 이리하여 우리의 전통적인 정신과 문화는 계승되고 발전되어 나가는 것이다.

13. 귀신은 있는가?

제사는 그것이 천지 자연의 귀신이든지 사람의 귀신이든지 간에 귀신을 공양하고 경배하기 위한 행사이다. 따라서 귀신이 존재하지 않는다면 제사를 드릴 이유가 없다. 그렇다면 귀신은 과연 존재하는 것일까? 귀신의 존재를 과학적으로 증명했다는 보고는 아직 들어 보지 못했다. 그것을 보았다는 사람들의 이야기는 간혹 있으나, 그러한 이야기들은 대부분 그다지 믿음직스럽지 않다. 귀신의 존재를 실험적으로 인식하거나 감각적으로 체험하는 일은 쉬운 일이 아니다.

    그러면 귀신은 존재하지 않는 것일까? 많은 사람들은 그렇게 믿고 있다. 자연 과학이 발달하고 합리적인 사고가 보편화되면서 무신론은 점점 더 많은 지지를 확보하고 있다. 과학과 합리주의는 인류를 허무 맹랑한 미신으로부터 해방시키고 귀신의 공포로부터 구제한 측면이 많았다. 귀신의 작용이라고 생각되던 많은 현상들이 과학적으로 규명되기도 했다. 천둥, 번개와 같은 위협적인 자연 현상들과 전염병을 비롯한 질병들은 100여 년 전까지만 하더라도 대부분의 사람들이 그것을 귀신의 노여움이라고 생각했으나 오늘날에는 그렇게 믿는 사람들이 없다. 이것이야말로 근대 자연 과학의 공헌이라고 할 수 있다.

    전근대 사회에서는 귀신의 이름으로 사람들을 오도하거나 사회적 부조리를 자행하는 일들이 많았고 이 때문에 희생된 사람들도 적지 않았다. 단순히 자연 현상들에 대한 공포나 얕은 술수로 이루어지는 불합리한 귀신 놀음들은 문명 사회에서 마땅히 척결되어야 한다. 귀신의 존재나 그 작용은 실로 아득하고 신비한 것이어서 보통 사람들의 지각으로 구명되기는 어렵지만 건전한 정신과 과학적 상식에 위배되는 터무니없는 미신이나 술수와 같은 것은 단호히 비판하고 타파하여야 할 것이다.

    그러나 정밀한 과학적 측정이나 합리적 사고로 생각해 보아도 도무지 설명되지 않는 현상들도 있다. 시퍼렇게 날을 세운 작두 위에서 맨발로 유연하게 춤추는 무당들을 어떻게 합리적으로 설명할 수 있겠는가? 최신의 의학적 검진과 치료를 통해서 완전히 소생할 가망이 없다고 판정된 환자들이 기도로 완치되었다는 사례들도 있다. 비록 종교적인 체험이나 증언이 아니더라도 이 세상에는 많은 기적적 현상들과 신통한 일들이 실제로 일어나고 있다. 이 때문에 신의 존재 여부에 대해서는 예로부터 많은 연구와 논쟁들이 있어 왔다. 그러나 그 많은 연구에도 불구하고 정답은 아직 없다.

    신의 존재 여부는 단순히 그 물리적 현상의 문제에 그치는 것이 아니라 사람들의 관념과 정신 작용 그리고 사회적 관습이나 문화와도 밀접하게 결부되어 있기 때문에 그 존재에 대해 가부간 단언하는 일은 쉽지 않다.

문제는 아직도 신의 존재를 믿는 사람들이 믿지 않는 사람들보다 많다는 데 있다. 여러 교파의 종교인들은 말할 것도 없고, 훌륭한 지성인들과 보통 사람들, 심지어는 최첨단 과학자들까지도 신의 존재를 경건하게 믿고 있다. 신을 믿는 사람들의 형태도 매우 다양하다. 우주의 주재자인 오직 하나의 절대신만을 존재하는 것으로 믿는 사람들도 있고, 우주의 삼라만상에 모두 귀신이 깃들여 있다고 믿는 사람들도 있다. 또 귀신은 늘 인간 가까이에서 존재한다고 믿는 사람들도 있고 인간과 다른 전혀 별도의 세계에서만 존재한다고 믿는 사람들도 있다. 귀신을 자연 현상과 동일시하는 사람들도 있으며, 반대로 그것을 사람들의 정신 작용과 동일시하는 사람들도 있다. 또한 신의 존재를 초월적이고 절대적으로 믿는 사람들이 있는 반면 그것이 사람들의 마음속에서만 상대적으로 존재한다고 인정하는 사람들도 있다. 이와 같이 귀신의 존재에 대한 사람들의 믿음은 매우 다양하여 보편 타당한 하나의 결론을 내리기는 쉽지 않다.

  귀신의 존재에 대하여 확실하게 알고자 하는 일은 어떻게 보면 매우 부질없는 짓이거나 현명치 못한 일일지도 모른다. 그것은 과학적으로 증명되지도 않고, 명쾌한 논리로 결론지을 수 있는 일도 아니기 때문이다. 그래서 공자 같은 분은 귀신의 존재 여부, 귀신의 조화 능력, 귀신의 영험 여부, 사후의 세계 등에 대해서는 잘 이야기하지 않았다. 더구나 괴력적 존재나 맹랑한 귀신 이야기 같은 것은 아예 언급치 않았다. 이것은 공자가 미신적 사술을 인정치 않았다는 것을 뜻한다. 그렇지만 그 존재의 확실성에 대한 검증의 노력을 하지 않았을 뿐 공자는 신에 대해 경건하였고 그를 섬기는 제사에 정성을 다하였다. 귀신에 대한 공자의 이런 태도야말로 우리가 귀신에 대하여 취할 수 있는 유일한 모범이라고 하지 않을 수 없다. 어떻게 꼭 증명이 된 후에야만 믿을 수 있겠는가? 귀신의 오묘한 조화를 얕은 지식을 가진 우리가 어떻게 명확히 인식할 수 있겠는가? 우리 자신이 전지 전능한 존재란 말인가? 우리는 스스로에 대하여 교만하기보다 신비롭고 아득한 신의 존재 앞에서 좀더 경건해져야 할 것이다.

  우리는 귀신에 대한 관념이 한 민족과 사회의 전통이 담긴 문화적 유산이라는 점에 유의할 필요가 있다. 거기에는 우리 조상의 얼이 융화되어 있고, 우리 자신의 정신적 뿌리가 담겨 있다. 우리가 관습적으로 지내고 있는 조상신에 대한 제사에는 이루 다 헤아릴 수 없는 정신적·문화적 가치들이 내포되어 있다. 만약 어떠한 독재자가 나타나 어느 날 갑자기 모든 제사를 폐지하는 일이 생긴다면, 우리 국민들의 정서와 가치관 그리고 사회 생활에 형언할 수 없는 혼란과 재앙이 야기될 것임에 틀림없다. 따라서 우리는 우리 민족의 얼과 종합적 전통이 담겨져 내려오고 있는 제사 문화를 잘 계승하고 보존할 필요가 있다.

14. 제사의 역사와 전통

제사는 만물의 영장인 사람만이 지내는 것으로 인류 문화의 중요한 한 요소이다. 제사는 동서 고금의 어느 사회에서나 행해져 왔고 원시적인 미개 사회에서나 현대 문명 사회에서나 형태만 다를 뿐 지속적으로 행해지고 있다. 문명 사회에서는 고급 종교의 형태로, 미개 사회에서는 주술의 형태로 저마다 정성을 다해 행해지고 있는 것이다. 제사는 인류의 정신 작용에서 비롯된 것으로 사람을 다른 동물과 구별하게 하는 중요한 하나의 잣대가 된다.

제사는 사람들의 인지가 상당히 진화된 단계에 이르렀을 때, 즉 그들의 의식 속에 귀신의 관념이 형성되기 시작한 때부터 행해져 온 것으로 생각된다. 그것은 문명의 동이 트는 것과 때를 같이하였다. 신석기시대에 이르면 도처에 거대한 바위들을 세워 제단이나 숭배의 대상으로 삼은 흔적들이 남겨지게 되었다. 그리고 청동기시대에 이르러 지구의 4대강 유역에서 인류의 고대 문명이 발생하면서부터 제사를 위한 대규모의 신전들이 만들어지게 되었다. 이집트, 메소포타미아, 인도, 그리스 등지에 남아 있는 신전들이 그것이다. 황하 문명의 유적인 중국 은허 지방의 땅속에서도 거창한 종묘의 흔적들과 유물들이 발굴되었다.

동서 고금의 제사 역사를 모두 이야기하는 것은 쉬운 일이 아니다. 따라서 여기서는 우리 동양의 제사 특히 중국과 한국의 제사에 대해서만 간략히 살펴보기로 한다.

중국의 문명은 제사와 함께 시작되었다고 하여도 과언이 아니다. 문헌에 기록된 중국 최초의 국가는 하(夏)나라이지만, 이는 전설 속의 국가이며 아직까지 확실한 고고학적 유적이나 유물이 발견되지 않았다. 그 다음의 국가는 상(商) 또는 은(殷)나라라고 하는데 지금의 은허 지방에 방대한 신전과 제사의 흔적들을 남겨 놓았다. 여기에서는 종묘의 자리에서 희생물로 바쳐졌던 수많은 사람과 짐승들의 유골이 발견되었고, 또 그 신전에서 행하였던 점복(占卜)의 기록인 갑골(甲骨)들이 발견되었다. 갑골에 기록된 문자들은 한자의 원시 형태로서 오늘날에도 대부분 판독하여 읽을 수 있다. 점괘의 대부분은 제사의 날짜를 받는 일과 시행 여부 그리고 제사에 바칠 희생물의 종류와 숫자를 묻는 내용으로 되어 있다. 이것들을 통하여 우리는 상나라의 제사 문화를 잘 알 수 있다.

상나라 때에는 천지 자연에 대한 제사도 있었지만 조상신에 대한 제사가 특히 성행하였다. 이를 위하여 대규모의 왕실 종묘가 건설되었는데 직계의 조상 신주들을 모신 대종(大宗 : 큰 종묘)과 방계의 조상 신주를 모신 소종(小宗 : 작은 종묘)이 있었다. 후대의 대종·소종 제도는 여기에서 유래한 것이다. 제사는 소목(昭穆)에 따라 거행하는 날짜가 달랐고 올리는 희생물의 종류에 따라 제사의 명칭이 달랐다. 그 중 벌제(伐祭)라는 것은 사람을 희생물로 삼아 머리는 베어 버리고 몸통만 올리던 제사였다. 상나라의 제사에는 벌제가 아니더라도 사람을 희생물로 바치는 것이 많았다. 또한 왕족이나 귀족들의 무덤에도 사람을 순장하던 풍습이 있어 수십 명의 노예를 함께 묻는 경우도 있었다. 이렇게 제사나 무덤에 희생물 또는 순장으로 사용되던 사람들은 대부분 전쟁에서 잡혀온 강족(羌族 : 이민족의 하나)의 노예들이었다. 임금들이 지나치게 점과 제사에 몰두한 나머지 상나라는 결국 백성들의 원성을 사서 망했다. 그런데 제사에 사람을 희생물로 바치던 의식은 고대의 여러 신정 국가(神政國家)나 중남미의 중세 제국 또는 미개 사회에서 흔히 행해지던 습속이었다.

상나라를 치고 건국한 주(周)나라는 사람을 희생물로 바치지는 않았으나 무수한 종류의 제사들을 받들고 있었다. 천단(天壇)이라고도 하는 원구단(圓丘壇)에서 행하는 하늘에 대한 제사, 방택(方澤 : 네모나게 만든 연못)에서 행하는 땅에 대한 제사, 사직에서 행하는 국토와 곡식의 신에 대한 제사, 종묘에서 행하는 조상신에 대한 제사, 선농단(先農壇)에서 행하는 농사를 위한 제사, 영성단(靈星壇) 등에서 행하던 별자리들에 대한 제사, 학궁(學宮)에서 행하던 선현에 대한 제사 그리고 풍(風), 운(雲), 뇌(雷), 우(雨)와 명산 대천에 대한 제사 등 이루 헤아릴 수 없이 많은 제사들이 있었다. 이러한 제사들은 이후 근세에 이르기까지 중국의 역대 왕조에서 그대로 답습하여 행했다.

중국에서는 한나라 이후에 도교(道敎)가 발달하면서 도교식의 제사 곧 초제(醮祭)가 크게 성행하게 되었고 오늘날에 이르기까지 많은 영향을 주게 되었다. 그리고 후한-남북조시대에 불교가 전래하여 크게 발전하면서 불교식 제사인 재(齋)가 신분과 계층을 불문하고 성행하게 되었다. 우리나라에서도 삼국시대부터 이러한 중국식 제사의 풍습이 전래되어 조선시대까지 국가와 일반 사회에서 행해졌다.

삼국시대 이전의 제사에 관해서는 중국의 단편적인 문헌 자료 이외에는 남아 있는 기록이 없으므로 자세한 내용을 알기 어렵다. 다만 이 시기에는 신명을 받들어 복을 빌고자 하는 의례로서 천지, 일월, 성신을 비롯하여 풍사, 우사, 사직, 산악, 하천 등을 대상으로 한 자연 숭배의 제사 의식을 행하였을 것으로 생각된다. 이러한 자연신에 대한 제사가 자신의 조상을 제사지내는 의례로 발전하기 시작한 것은 삼국시대부터인 것으로 생각되는데 일반 민중들에서보다는 왕가에서 먼저 행해졌다.

고구려에는 일찍부터 국조(國祖)인 시조를 모시는 신묘(神廟)가 있었다. 또 시조묘 외에 종묘가 있었던 것으로 보아 왕가에서는 일찍부터 조상에 대한 제사를 행하였음을 알 수 있다. 또 왕족이 아닌 유력한 귀족들의 집에도 종묘가 있었다고 한다.

백제 역시 시조묘로서 동명왕묘(東明王廟)를 세우고 역대 왕을 제사지낸 기록이 보인다. 또 중국 역사서에는 백제의 시조묘로서 구태묘(仇台廟)가 있어 춘하추동 사시에 제향했다고 전하고 있다. 백제의 시조가 누구인지 애매하지만 어떻든 시조묘를 통해 조상에 대한 제사가 행해졌음을 알 수 있다.

신라도 박혁거세를 제사지내는 시조묘가 있었고, 후대에 김씨 왕족이 왕위를 독점하면서부터는 김씨들의 시조를 따로 제사지내는 신궁을 설립하기도 하였다. 또한 신문왕 때는 중국식의 종묘 제도인 5묘제가 완성되었다.

삼국시대의 제사 의례는 중국 문물의 영향을 크게 받았다고 할 수 있다. 그러나 이러한 의례가 외형상 중국의 제도를 모방했다 해도 중국의 제도가 수용될 수 있었던 것은 우리 민족에게도 나름의 제사 관행과 습속이 있었기 때문이라고 할 수 있다. 상고 시대에 우리 조상은 사람이 죽어도 이 세상에서와 똑같은 생활을 저 세상에서 한다고 믿었다. 사람이 죽어 저 세상에 가더라도 죽은 사람은 이 세상과 마찬가지로 육체와 영혼을 그대로 유지하면서 생활한다고 생각했던 것이다. 이러한 계세 사상을 바탕으로 하여 삼국시대에 중국과의 문화적 접촉이 빈번해지면서 고도로 세련된 의식을 수용하여 제사 의례가 정착되었던 것으로 생각된다.

신라 왕실은 적어도 687년 이전에 이미 5묘제가 갖추어진 종묘의 제사를 운영하고 있었고, 이 5묘제는 시대에 따라 조금씩 변모하기는 하였으나 신라 말기까지 그대로 유지되고 있었다. 신라의 종묘 제도는 언제부터 시작되었는지 명확하지 않으나 아마도 통일 전쟁 과정에서 당(唐)과의 밀접한 교류를 통해 도입된 것으로 생각된다. 신라에서 중국식 종묘 제도인 5묘제는 『삼국사기』 '제사지'에는 36대 혜공왕 때부터 시작된 것으로 기술되어 있으나, 『삼국사기』 신문왕 7년조(687)에 처음으로 종묘의 제사 기록이 보인다. 신문왕 때는 신라가 숙원의 삼국 통일을 이룩하고 당과 밀접한 관계를 맺어 그 영향을 받은 시대였던 만큼 중국의 5묘제가 전래되고 실시될 수 있는 시기였다고 하겠다. 그리고 이 5묘제는 직계 조상을 제사하는 가묘제로서 자신의 조상을 중시했던 그 시대 왕족들의 성향이 잘 나타나 있다고 하겠다.

고려시대에도 왕가의 종묘인 태묘가 있었고 그 뒤에 다시 별묘를 설치하여 역대 왕의 신주를 모셨다. 따라서 태묘와 별묘는 조선의 종묘와 같은 것으로 역대 임금을 제향하는 곳이다. 왕가의 제사에 대해서는 기록에 나타나고 있으나 일반 서민의 제사에 관한 기록은 거의 보이지 않고 있다. 고려가 불교를 숭상했던 시대임을 감안할 때 조상에 대한 제사는 절에서 재(齋)를 거행하는 형태로 치러졌을 것이다.

고려 말에 이르면 성리학의 수입과 더불어 『주자가례』에 따라 가묘를 설치하려는 운동이 사대부 사이에서 활발해졌다. 이는 조상에 대한 제사를 사회적 관습으로 정착시키고자 한 운동이라고 할 수 있다. 그러나 고려시대에는 사실상 가묘가 그다지 보급되지 않았고, 조선시대에 이르러서도 상당히 우여곡절을 겪은 후 중기 이후에 이르러서야 정착되었다. 다만 사당을 비롯한 『가례』의 예법을 하나의 사회적 규범으로 정착시키려고 한 점에서는 그 의의가 크다고 하겠다.

조선시대는 제사의 전성 시대라고 할 수 있다. 왕실과 민간에서는 수많은 형태의 제사들이 행해지고 있었다. 조선시대 예법의 표준은 왕실의 경우 『국조오례의』였고, 민간의 경우에는 『가례』가 절대적인 권위를 가지고 있었다. 그러나 조선 초기에는 불교 의례의 전통이 강하게 남아 있어 『가례』식의 유교 의례가 사회 전반에 쉽게 보급되지 않았다. 그러나 성리학이 심화되기 시작한 16세기 중엽부터 비로소 양반 사대부 사회에서 『가례』가 정착하게 되었다. 그렇다고는 해도 조선시대의 가정 의례가 모두 『가례』대로 시행된 것은 아니었다. 특히 혼례는 우리의 고유 전통이 강하여 조선 말기까지도 『가례』의 예법이 그대로 행해지지 못하였다. 제사에 있어서도 『가례』에서 규정된 사시제, 시조제, 선조제, 부모 제사인 이제, 기일제, 묘제 등이 실제로 모두 실행되었던 것은 아니다. 『가례』를 비롯한 예서에서는 정규 제사인 사시제를 가장 중시하였지만, 우리의 관습적인 제사에서는 기제와 속절제(명절의 차례)가 중시되었다.

조선 말기 이후 우리의 제사 관념에 큰 변화가 나타나게 된 것은 기독교가 도입되면서였다. 기독교는 무엇보다도 우리의 전통적인 제사에 대한 관점에서 유교와 상치되어 계속 마찰을 빚었다. 기독교를 필두로 들어오게 된 서구 문물과 생활 양식이 보급되면서 제사를 미신으로 배척하는 풍조가 일어나 일제시대까지 계속되었다.

특히 일제 침략으로 조선 왕조가 무너지고 왕조를 지탱하였던 양반 계층이 몰락하자 양반 중심의 예법이 동시에 붕괴하였고, 유교식 제사 또한 그 사회적 존재 가치와 의미를 많이 상실하게 되었다. 그리고 일제가 공출을 강요하여 사당의 제기를 대부분 회수해 간 뒤로는 사당을 중심으로 한 전통 제례가 큰 손상을 입고 사라져 가는 계기가 되었다. 현대의 제례는 대부분 유교 예법에 근거를 두고 있기는 하나 많이 간소화되었고, 특히

1973년에 반포 시행된 「가정의례준칙」은 전통 예법의 모습을 크게 변질시켜 많은 문제를 낳게 되었다.

15. 사당(祠堂)의 유래와 제도

　사당이란 조상의 신주를 모시고 제사하는 곳이다. 이는 곧 조상의 영혼을 모신 곳이라고 할 수 있다. 황제국의 선조들을 모신 사당을 태묘(太廟), 제후국의 선조들을 모신 사당을 종묘(宗廟)라고 한다. 그리고 사대부들의 선조를 모신 사당을 가묘(家廟)라고 한다. 일반 서민들은 사당을 세우지 못하고 정침에서 부모의 제사만 올리게 되어 있었다. 또 공자와 여러 유교 선현들을 모신 사당을 문묘(文廟)라고 하는데 서울의 성균관과 지방의 향교에 설치되어 있었다. 그 밖에 지방의 저명한 학자들이나 명사들을 모신 사당을 향사당(鄕祠堂) 또는 사우(祠宇)라고 불렀다. 이들 중 특별히 규모가 크고 교육 시설이 부설되어 있는 곳을 서원이라고 불렀다. 사당에는 목제 신주나 위패를 모시는 것이 보통이지만 초상화를 모신 사당도 있었는데 이를 특히 영당(影堂)이나 진전(眞殿)이라고 불렀다. 국가에 특히 큰 공을 세운 공신들은 생전에 초상화를 그려 모신 사당을 건립하도록 하였는데 이를 생사당이라고 한다. 사당 중에는 서울의 관왕묘처럼 동상이나 소상(진흙으로 만든 인물상)을 봉안하는 곳도 있었다.
　사당은 제사를 올리기 위해 설립된 곳이다. 따라서 제사는 원래 사당에서 올리는 것이 원칙이지만 장소가 협소한 경우에는 신주를 정침으로 모시고 와서 제사할 수도 있었다.
　사당은 기원전 12세기 이전 중국의 은(殷)나라에서부터 건립되었다. 은나라의 왕실에는 선조들을 제사하는 종묘가 있었는데 직계 조상들을 모신 큰 사당과 방계 조상들을 모신 작은 사당이 있었다. 그들은 전자를 대종(大宗), 후자를 소종(小宗)이라고 하였는데, 종법 제도는 바로 여기서 나온 것이다. 은나라의 사당에서는 나무로 만든 신주를 봉안하였다. 은을 이은 주(周)나라에서는 사당 제도가 매우 잘 정비되어 천자의 태묘는 7개

「가례도」에 수록된 가묘도(家廟圖)

의 사당을, 제후의 종묘는 5개의 사당을, 대부급의 가묘는 3개의 사당을, 사(士)급은 1~2개의 사당을 세울 수 있었다. 중국 고대의 종묘는 후대에서와는 달리 선조마다 각각의 사당을 지었다. 사당은 보통 궁궐 옆이나 집안에 짓는 것이 보통이었지만 한나라 때부터는 능이나 묘 앞에 세우는 일이 많았다. 그러다가 당나라 말기부터 사회가 혼란해지고 5대 10국의 전란을 겪으면서 왕실을 제외한 일반 귀족들의 사당은 대부분 허물어졌으나, 송나라 때부터 중소 지주 출신의 사대부 계층이 정치 사회의 주도 세력으로 등장하면서 영당이나 사당을 세우는 일이 크게 유행하게 되었다. 이것이 사마광(司馬光)의 『서의(書儀)』와 주자(朱子)의 『가례(家禮)』에서 장려되어 이후 중요한 유교 예법으로 자리 잡게 되었다.

우리 나라에서는 삼국시대에 나라마다 시조왕들을 제사하기 위한 사당들이 세워져 역대의 왕들을 모시는 종묘로 발전하였다. 신라에서는 문무왕 때 전형적인 제후국의 5묘제 종묘가 설립되었고 가야에서는 시조의 사당(수로왕묘)에 역대 왕들이 함께 모셔졌다. 이후 우리 나라의 왕실에서는 종묘를 세우는 것이 불변의 전통이 되었다. 일반 귀족들 사이에서도 사당을 모신 집이 있었을 것으로 생각되나 문헌에는 잘 나타나 있지 않다. 또 삼국시대나 고려시대에는 불교가 성행하여 유교식 사당은 그다지 많이 보급되지 않았을 것으로 생각된다. 그러나 고려 말기에 원나라에서 성리학이 수입되면서 사대부들 가운데 가묘를 세우는 사람들이 생겨나게 되었고, 조선시대에는 국가 시책으로 문무 관료들에게 가묘를 세우도록 하였다. 조선 초기에는 이러한 국가 시책에도 불구하고 가묘가 잘 세워지지 않았으나 성리학이 크게 발달하게 된 조선 중기부터는 대부분의 양반 가문에서 가묘를 건립하게 되었다.

사당에 모시는 조상의 범위는 자신이 제사하는 조상의 범위와 일치한다. 가령 4대를 장자 장손으로 내려온 집의 경우에는 4대 봉사하게 되므로 고조부모, 증조부모, 조부모, 부모까지의 신주를 사당에 모시지만 부모의 제사만 지내는 집에서는 부모의 신주만 사당에 모신다. 대종가의 경우에는 이 4대조 외에 시조의 신주를 모시는 불천묘(不遷廟) 사당이 따로 있다.

사당은 보통 정침(살림집)의 동북쪽에 짓는다. 그 구조는 사당 안의 북쪽에 시렁을 메고 4칸으로 격판을 세워 감실(龕室)을 만든다. 죽은 이는 서쪽이 상위이므로 서쪽에서부터 조상의 신주를 순서대로 모신다. 제사를 지내지 않는 조상의 감실은 비워 둔다. 각 세대의 감실 앞에는 각각 제상을 놓으며 중앙에 향안(香案) 하나를 놓고 그 위에 향로와 향합을 올려 놓는다. 사당에는 신주 외에 각종 제기와 제복, 선조들의 초상화나 족보 그리고 문집과 같은 집안의 귀중한 문헌들을 적당한 용기에 담아 보존하기도 한다. 화재나 수해 같은 비상 상태가 벌어지면 먼저 신주와 문헌들을 반출하고 그 다음에 제기들을 안전한 곳으로 대피시킨다. 만일 사당이 모두 불탔을 경우에는 사흘 동안 곡을 한다고 되어 있다. 퇴계 선생은 신주가 불에 타버렸을 때는 사당이 있던 자리에 신위를 설치하고 신주를 새로

양동 마을 손동만 씨 가옥의 가묘

만들어 모신 다음 분향하여 고제를 올리며 때로는 그 장소를 정침으로 하는 것도 무방하다고 했다.

사당에는 두 개의 계단이 있는데 동쪽 계단을 조계(阼階), 서쪽 계단을 서계라고 한다. 조계는 오로지 주인만이 오르내릴 수 있으며, 주부나 다른 사람들은 중문 안으로 오르내릴 때 오직 서쪽 계단만을 이용한다. 비록 주인보다 항렬이나 나이가 높은 어른일지라도 조계로는 오르내릴 수 없다. 사당에서 절을 할 때 남자는 재배하지만, 여자는 4배한다.

사당(가묘)을 모시고 있으면 그에 따르는 여러 가지 예법이 있다. 사당을 건립하여 돌아가신 조상들을 모시는 것은 그들을 살아 있는 어른 모시듯 섬기기 위함이다. 따라서 사당을 모시는 것은 마치 집안에서 살아 있는 어른들을 모시는 것과 같은 격식과 절차로 행해졌다. 사당의 예법에는 신알례(晨謁禮), 출입례(出入禮), 천신례(薦新禮), 참례(參禮), 고사례(告辭禮) 등이 있다.

신알례는 주인이 매일 새벽에 일어나 예복 곧 심의(深衣)를 입고 사당의 문 안에 들어가 뵙는 것을 말한다. 주인은 두 섬돌 중간의 향탁에 분향하고 재배하며 다른 가족들은 주인을 따라서 함께 재배한다. 주인 외의 다른 가족은 원칙적으로 혼자서 사당의 신알을 할 수 없다.

출입례는 주인이나 주부가 집 바깥을 출입할 때에 반드시 사당에 고하는 것을 말한다. 주인이나 주부가 근처에 나갈 때는 사당의 문에 들어와서 단지 사당을 쳐다보는 첨례(瞻禮)를 행한다. 그리고 바깥에서 밤을 지내고 돌아올 때에는 두 섬돌 사이에 있는 향탁에서 분향하고 재배를 한다. 만일 먼 곳으로 가게 되어 열흘 이상 걸릴 만하면 향탁 앞에서 재배한 다음 분향하고 앉아서 사유를 고하고 나서 재배하며 돌아와서도 마찬가지로 한다. 또 외출했다가 한 달이 지나서야 돌아오게 되면 중문을 열고 섬돌 앞에 서서 재배한 다음 동쪽에 있는 조계로 올라 향탁 앞에서 분향한다. 그 다음 무릎 꿇고 엎드려 고사를 올린다. 고사를 읽고 나서 다시 재배하고 조계로 물러난 뒤 제자리로 돌아와 또 재배한다. 주인 이외의 사람들은 섬돌 밑에서 단지 재배만 한다.

참례는 매달 초하루와 보름의 삭망, 설날(正朝)과 동지에 사당에 참례하는 것으로 술과 과일만 올리는 약식 제사와 같다. 이때는 하루 전에 사

안동 하회 마을 풍산 류씨 겸암파 대종댁 사당의 감실

안동 하회 마을 풍산 류씨 겸암파 대종댁 사당의 내부

당을 깨끗이 청소하고 재계한 다음 하룻밤을 지낸다. 이튿날 감실의 탁자마다 과일 접시와 잔대를 놓고 향탁 앞에는 모사와 주전자, 술병 등을 놓는다. 준비가 끝나면 주인 이하 모두가 성복(盛服)하고 외문으로 들어가 자리를 정렬하여 제사를 올린다. 먼저 신주를 감실에서 내어 탁자에 모신 후 신 내리기(강신降神), 참배(참신參神), 잔 올리기(헌작獻酌), 신 보내기(사신辭神) 순서로 진행한다. 참례가 끝나면 신주를 다시 감실로 봉안한다.

　천신례는 명절을 맞아 그때에 나는 음식을 사당에 올리는 것을 말한다. 명절에 대해 『가례』는 청명, 한식, 단오, 중양을 들고 있으나, 율곡은 정월 15일, 3월 3일, 5월 5일, 6월 15일, 7월 7일, 8월 15일, 9월 9일, 그리고 12월 납일 등 우리 나라에서 지내는 모든 명절에 천신을 행했다. 그 예는 대체로 참례 때와 같고, 계절과 명절에 먹는 별미 음식을 큰 접시에 담아 올린다. 명절에 따라 특별히 하는 계절 음식으로는 떡국, 약밥, 쑥떡, 시루떡, 경단, 기장떡, 대추와 밤을 섞어 찐 백설기, 무시루떡, 팥죽 등이 있다. 율곡은 명절의 음식으로 약밥, 쑥떡, 수단과 같은 음식을 들고 이러한 음식을 만들어 먹지 않을 때는 떡, 과일들을 사용해도 괜찮다고 하였다. 또한 새로 나는 음식은 반드시 삭망과 속절에 사당에 올린다고 하였다. 그리고 오곡으로 햅쌀밥을 지어 올릴 때도 제찬을 몇 가지 준비하여 함께 차려 올린다고 하였다. 이렇게 새로 나는 음식이나 별미는 사당에 천신하기 전에 먼저 먹어서는 안되지만, 만일에 타향에 가서 사당을 모시지 않을 때는 그렇게 하지 않아도 된다.

　고사례는 집안에 무슨 특별한 일이 있으면 사당에 고하는 것을 말한다. 절차는 설날, 동지, 삭망일의 참례와 똑같다. 다만 잔 올리기가 끝난 다음에 고사를 읽는다. 고사례는 주로 돌아가신 조상에게 추증(追贈)이 내렸을 때, 주인이 아들(적자나 장자)을 낳았을 때, 벼슬을 제수받거나 관리가 되어 부임할 때, 돌아가신 조상의 생일을 맞았을 때, 늙어서 가사를 아들에게 위탁할 때, 사당을 수리할 때, 집을 사서 옮겨 살게 되었을 때 등에 각각 올린다.

　사당을 모시고 제사를 받들던 사람이 죽어 3년상이 끝난 후 그를 새로이 사당에 모실 때가 되면 사당의 신주를 체천(遞遷)한다. 즉 세대가 바뀌었으므로 5대조의 신주를 사당에서 내보내고 그 자리에 고조부모의 신주를, 고조부모의 자리에 증조부모를, 증조부모의 자리에 조부모를 옮긴다. 그리하여 비어 있는 맨 오른쪽 감실에 새로이 부묘하는 부모의 신주를 모시는 것이다. 가묘에서 내보낸 5대조의 신주는 가장 항렬이 높은 후손의 집으로 모시거나 묘소에 묻는다. 그리고 제사를 받드는 사람이 바뀌었으므로 신주마다 표제를 다시 쓴다. 이를 개제(改題)라고 한다. 즉 신주를 고쳐서 쓰는 것은 1세대를 지날 때마다 행하고 그때마다 체천을 한다. 그러나 대종의 시조인 경우에는 4대가 지났다고 하더라도 체천하지 않으며 시조뿐만 아니라 입향조의 경우에도 체천하지 않는 것이 관례이다. 대종가에서는 또한 시조의 묘소에 사당을 세우고 신주를 모시며 대종손이 그 묘전을 관리하고 해마다 후손들을 거느리고 한 번씩 묘제를 받들어 올린다.

16. 신주, 위패, 지방의 차이

모든 제사에는 향사 대상자를 상징하는 신위(神位)를 설치하게 된다. 신위는 돌아가신 조상의 형체를 표상한 것이다. 신위에는 예로부터 시동(尸童), 신주(神主), 위패(位牌), 사판(祠板 : 위판位板이라고도 함), 소상(塑像), 동상(銅像), 초상화, 지방(紙榜) 등이 사용되었고, 현대에는 사진도 사용되고 있다. 제사 중에는 이들 신위에 신이 깃들이는, 즉 의빙(依憑)하는 것으로 믿어졌다.

시동은 고대 중국의 풍습으로 어린아이에게 죽은 이의 옷을 입혀 제상 앞에 앉혀서 신위를 삼는 것이었다. 시동은 죽은 사람처럼 꼼짝도 하지 않고 앉아 있어야 하였으므로 시위 소찬(尸位素餐)이라는 말이 생겨나게 되었다.

신주는 나무 위를 둥근 직육면체로 다듬어 그 위에 죽은 이의 친속 관계, 관작과 봉사자의 이름 등을 쓴 것으로 중국 고대 이래 현재까지 사용되고 있는 대표적인 신위의 상징이다. 신주에 사용되는 나무는 중국의 하(夏)나라 때는 소나무를, 은(殷)나라 때는 잣나무를, 주(周)나라 부터는 밤나무를 사용하였다. 이들 나무는 각기 그 나라의 사당이 있던 지역의 토양에서 잘 자라던 나무를 사용한 것이라고 한다. 신주는 두 쪽의 나무판을 맞대어 제작하는데 앞판에는 한가운데에 죽은 이의 친속, 관작, 시호 등을 쓰고 그 왼쪽에 봉사자의 친속과 이름을 쓴다. 뒤판에는 한가운데 아래로 길게 홈을 파고 거기에 죽은 이의 관작과 성명을 쓴다. 뒤판의 좌우에는 바람이 통하도록 둥글게 구멍을 뚫어 둔다. 신주는 이 두 판을 맞붙여 받침대에 꽂아 세워 나무 상자 속에 담아 보존한다. 신주는 장례식 때 묘지에서 제작되어 3년간 빈소에 모셨다가 담제(禫祭)를 지낸 후 사당에 모신다.

위패는 그 형태가 신주와 비슷하지만 제작법은 간단하다. 단순히 한 토막의 직육면체 나무를 다듬어서 그 위에 죽은 이의 친속과 관작 등을 쓴 것으로 약식 신주라고 할 수 있다. 이는 주로 불교 사찰에서 사용되고 있다. 위판이라고도 하는 사판은 신주 형태의 넓적한 목판에 죽은 이의 관작이나 호 등을 쓴 것으로 성균관, 향교, 서원, 사우 등에서 주로 사용하고 있다.

지방은 중국의 송나라 때부터 신주 대신에 일회용으로 사용되기 시작한 것으로 우리 나라에서는 조선 초기부터 사용되었다. 사당의 건설이나 유지가 쉬운 일이 아니었기 때문에 조선시대에도 웬만한 집이 아니면 신주를 모시지 못하고 그 대신 지방을 사용했다. 지방은 제사 직전에 만들었다가 제사를 마치면 소각하는 것이기 때문에 그 제작이나 관리가 매우 간편하다. 지방의 제작이나 문안을 쓰는 법은 본서의 '36. 신주의 봉안과 지방 쓰는 법'을 참고하기 바란다.

이 밖에 신위로 사용되는 것은 흙으로 만든 소상이나 동상, 초상화 등이 있었다. 소상은 중국에서 문묘의 공자 이하 성현들의 신위로 많이 사용되었고, 동상은 관왕묘 등에서 신장의 신위로 많이 사용되었다. 요즘에는 사진을 모시고 제사를 지내는 가정이 늘고 있는 바, 이러한 방법도 아주 근거가 없는 것은 아니라고 할 수 있다. 그러나 사진이나 초상화는 신주나 지방처럼 제사를 위해 고안된 의물(儀物)이 아니고 경건하게 관리하기도 어려우며 제사 후에 소각할 수도 없는 만큼 제사의 신위로 사용하기에는 적절하지 않은 것으로 본다. 다만 제사 중에 신주나 지방 옆에 함께 세워 두는 것은 무방할 것이다. 그렇게 함으로써 추모하는 마음이 더욱 크게 우러나온다면 나쁠 것이 없기 때문이다. 그러나 귀신이 강림하는 것은 형상과 무관한 것이므로 예법에 없는 일을 장려할 수는 없다. 지방을 쓰는 것이 무엇이 어렵다고 사진을 쓰겠는가?

신위가 바로 조상 자체는 아니다. 신위는 다만 조상이 깃들인 표상에

신주

全式

5分
1寸
顯高祖考某官府君神位
孝玄孫某奉祀

分式

12分
4分
顯高祖考某官府君神位
孝玄孫某奉祀

前

12分
1尺 2寸
故某官某公諱某第幾神位
1寸 2分
8分

後

趺

4寸
4寸
1寸 2分

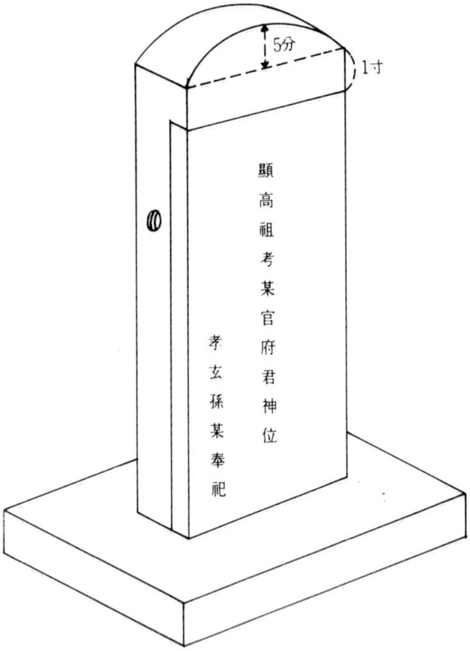

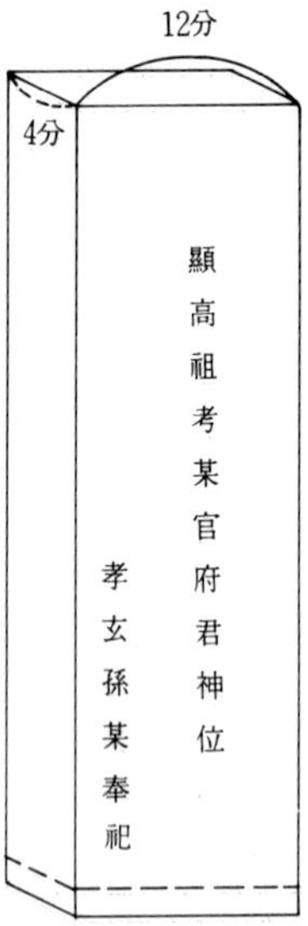

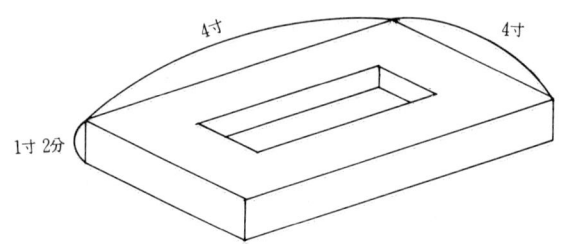

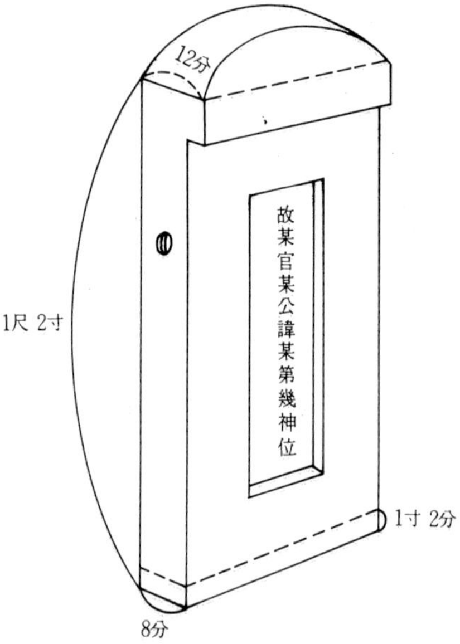

함의 구조

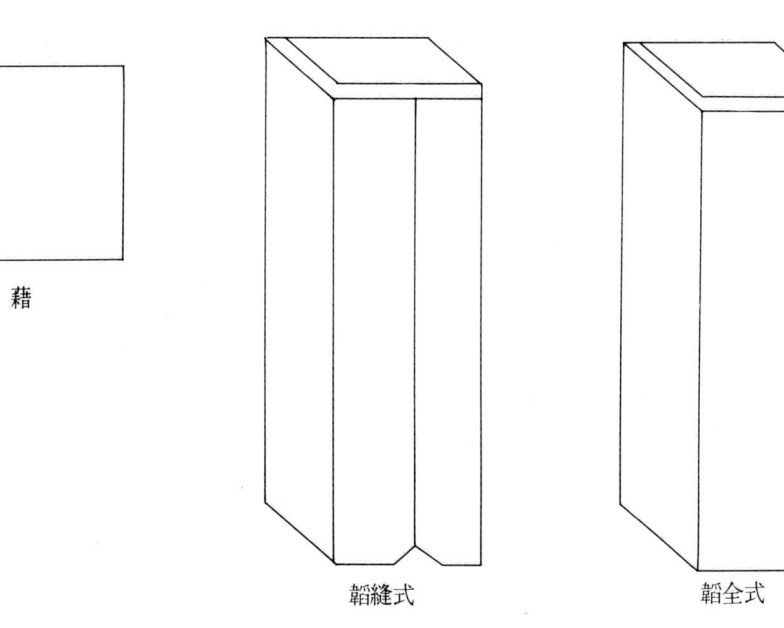

불과하고 그 자체가 제사의 대상은 아닌 것이다. 그러므로 지방을 사용하여 제사를 지내는 경우에는 그 절차가 강신(降神 : 신의 강림을 위해 향을 피우고 술을 따라 모사에 붓는 일)을 한 다음에 조상을 알현하는 참신(參神 : 조상에 대한 참배)을 하게 되는 것이다. 강신의 절차가 끝나야 비로소 조상의 신이 지방에 깃들였다고 간주하는 것이다. 다만 신주의 경우에는 평소에 조상의 혼령이 깃들여 있는 것으로 간주하기 때문에 참신을 먼저 하고 강신을 하게 된다. 강신 절차가 끝나면 신주나 지방이 바로 조상으로 간주되고, 신을 떠나 보내는 사신(辭神)의 절이 끝나면 신주나 지방은 다시 조상이 아닌 단지 표상으로 돌아간다.

17. 제사를 올리는 정신 자세 : 신을 받드는 도리

　제사지내는 격식은 제사가 성행했던 조선시대에도 다양한 학설이 있었고 실제로 지방마다 문중마다 지내는 절차가 달라 공통된 규칙이 없어 '가가례(家家禮)'라 일컬어지기도 하였다. 이처럼 제사 절차가 집집마다 달랐던 것은 제사의 기본 지침서라고 할 수 있는 『주자가례』가 기본적으로 중국적 문화와 생활 관습을 토대로 한 것이어서 우리 관습에 그대로 적용되기 어려웠다는 데에 큰 원인이 있었다. 『주자가례』의 이러한 문제점은 그 당시에도 이미 심각하게 논의되고 비판되었으며 이에 따라 『주자가례』를 보완하려는 많은 이론과 학설들이 나왔다. 그런데 이들은 제사의 절차와 방법에 있어서 저마다 조금씩 견해와 주장이 달랐다. 지방이나 가문에 따라 제사의 방법과 절차가 다양한 것은 바로 예법 자체에 불확실함과 미비점이 있었기 때문이었다. 또 일반 서민은 번다하기 이를 데 없는 각종 제사의 절차를 유교식 예법대로 다 배우고 행할 수가 없었다. 경제적 능력이나 또 한자를 해독하는 문화적 능력 면에서도 예법 절차를 다 갖춘 제사는 불가능했다. 따라서 서민들의 제사는 나름대로의 신념과 형편 그리고 각 지방의 전통적인 습속에 따라 변형된 채 행해졌고, 이에 따라 제사는 각양 각색의 형태를 지니게 되었다.

　지방과 계층에 따라 또 집안마다 다양한 형식이 있었음에도 불구하고 제사의 근본 정신은 다르지 않았다. 그것은 바로 조상을 공경하는 것이며 각자의 정성을 다하는 것이었다. 예법과 습속의 차이에 따른 제사 절차의 다양한 형식은 제사의 근본 정신인 공경을 실천하는 방법의 차이였을 뿐이었다고 할 수 있다. 그러므로 어떻게 제사를 지내는 것이 옳은 것인가 하는 질문에는 명확한 정답이 있을 수 없고 다만 그것이 역사와 문화의 소산인 만큼 전통적인 관례를 따를 수밖에 없을 것이다. 우리 나라 제사 의례의 전통은 대부분 유교에서 온 것이며, 그 중에서도 특히 『주자가례』의 영향이 컸다. 오늘날에도 이러한 유교 예법의 요소가 광범하게 우리의 예속 생활을 지배하고 있으므로 우리도 이를 기초적인 예법으로 삼지 않을 수가 없는 것이다.

　물론 제사라는 의례를 지탱하는 기본 규범을 이루는 원칙과 격식은 있다. 이 기본 원칙 이외의 세부 사항들은 예서(禮書)마다, 또 지방마다, 문중마다, 사람마다 다를 수 있다. 그러나 제사는 하나의 의전이기 때문에 나름의 엄격한 격식이 있을 수밖에 없다. 공경이라는 내용을 담은 그릇의 기본 모양새는 같다. 그 기본틀이 같기 때문에 제사는 오늘날까지 이어져 내려올 수 있었다. 전근대 시대의 그 많은 제사는 오늘날에 이르러서는 대부분 그 의미와 중요성들이 잊혀지고 있다. 조선시대는 말 그대로 제사의 전성 시대라고 할 수 있지만, 오늘날까지 행해지는 가정의 제사는 완전히 관습화한 몇 종류만이 변형된 모습으로 전해진 것이다. 오늘날에 보통 행해지는 제사로는 기일제, 차례, 묘제를 들 수 있다. 실상 이 세 종류의 제사가 현대 제사의 주종을 이룬다고 할 수 있다.

유교 예법에서 제사를 드리는 기본적인 자세는 첫째, 귀신의 강림에 대한 확신이다. 즉 귀신이 그 제사의 자리에 있는 것처럼, 마치 제단 위에나 좌우에 있는 것처럼 확신이 있어야 되는 것이다. 이는 단지 마음속으로 그렇게 생각하는 정도에 그치는 것이 아니라 실제로 몸으로 느낄 만큼 절실해야 하는데 이러한 경지에 이르기 위해서는 그 준비 과정을 겪어야 한다. 그 준비 과정이 곧 재계이다. 재계는 제사하기 며칠 전부터 몸과 마음을 깨끗이 하고 바르게 앉아 제사할 대상을 마음속에 생각하고 그리는 일종의 명상이다. 그 재계가 극치에 이르면 제사의 대상이 눈앞에 나타나고 그 숨소리를 느끼기도 한다. 일종의 환각 상태와 같은 이 과정을 통해 제사에 대한 확신과 신의 강림을 체험하게 되는 것이다. 사실 귀신이 흠향한다는 자기 확신이 없으면 그 제사는 헛일이나 마찬가지일 것이다.

둘째, 조상에 대한 제사는 돌아가신 이를 산 사람과 똑같이 섬기는 정신이다. 『중용』에서는 "죽은 이를 섬기기를 산 이와 같이 하며, 없는 이를 섬기기를 있는 이와 같이 하는 것이 효성(孝誠)의 극치이다."라고 하였다. 제사에 올리는 음식이나 절하고 예를 표하는 방법은 기본적으로 산 사람에게 하는 것과 흡사하다. 물론 귀신은 음도를 따르기 때문에 양도를 따르는 산 사람과는 그 형식과 절차에 있어서 서로 다른 면이 있기도 하지만, 섬긴다는 그 정신은 같아야 한다는 것이다. 그러므로 제사는 가능한 한 제사의 책임 당사자가 직접 주관해야 하고 다른 사람에게 시켜서는 안 된다. 공자님도 그러한 경험을 들어 "남에게 제사를 대신 시키고 나니 마치 제사를 지내지 않은 것과 같았다."라고 말한 적이 있다.

셋째, 공경과 정성이다. 이는 제사에 임하는 자의 기본적인 성실성 문제라고 할 수 있다. 그것은 또한 신의 강림을 확신하고 산 사람을 섬기듯이 생각하는 그 마음에서 저절로 우러나는 것이기도 하다. 공경은 예의 근본이다. 모든 예식과 예절은 공경하는 마음이 바탕이 되어야 하지만, 신을 응접하는 제사에서는 그것이 더욱 중요하게 생각되고 있다.

넷째, 아무 귀신이나 함부로 제사해서는 안 된다. 귀신에게도 주인이 있다. 예컨대 천지의 귀신이나 태묘에 모신 황제의 귀신은 황제가 직접 제사하는 귀신으로서 다른 사람은 감히 제사할 수 없다. 제후국의 종묘나 경계 안에 있는 명산 대천의 귀신은 제후가 제사하는 귀신이며 대종의 시조는 대종의 종손만이 제사할 수 있을 뿐 다른 자손들은 제사할 수 없다. 아버지의 제사는 적장자만이 받들 수 있는 것이며 다른 형제들은 다만 그 제사에 참례만 할 수 있을 뿐이다. 하물며 남의 조상에 대한 제사는 말할 것도 없다. 이는 자기의 귀신 즉 자기가 마땅히 제사해야 할 책임과 권한이 있는 귀신에게만 제사해야 한다는 것을 뜻한다. 그 밖의 귀신에 대한 제사는 정당한 제사가 아니며 이른바 음사(淫祀)라는 것이다. 음사는 잡귀신 또는 아무 귀신에게나 제사하여 복을 받고자 하는 일종의 귀신에 대한 아첨이지만, 음사는 복이 없고 오히려 재앙을 받는 수가 있으므로 매우 경계하여야 한다.

다섯째, 제사는 예법대로, 예법에 맞게 해야 한다. 예법이란 사실 모든 인간의 행위에 다 요청되는 것이다. 공자는 가르치기를, "부모가 살았을 때 섬기기도 예법으로 하며, 돌아가시면 장례도 예법으로 하고 제사도 예법대로 하라."고 하였다. 예법은 공경하는 마음을 근본으로 하여 우러나는 것이지만, 여기에는 또한 일정한 절차와 형식이 있다. 착한 마음만 가지고 있다고 저절로 예법에 맞는 것은 아니다. 예법은 교육을 통해 이루어진다. 즉 그것은 일정한 학습과 꾸준한 훈련을 통해 터득되고 몸에 배게 된다. 따라서 예법에 맞는 제사를 드리기 위해서는 평소에 예를 배우고 연습할 필요가 있는 것이다.

18. 목욕 재계

　재계는 제사에 참석하는 사람들이 신을 맞아들이기 위해 정신을 가다듬는 준비 과정이다. 이는 또한 신을 불러오기 위한 예비 과정이라고 할 수 있다. 제사에서 가장 중요한 것은 신의 강림에 대한 자기 확신인데 이는 재계를 통한 관조의 상태에서 이루어진다. 어떻게 보면 재계는 제사 의식 그 자체보다 더 중요할지도 모른다. 신의 강림이나 영접이 이루어지지 않은 상태의 제사 의식이란 아무런 영험이 없는 무의미한 형식적 절차에 지나지 않을 것이기 때문이다. 필자의 생각으로는 신은 결국 마음속에 있는 것으로 여겨지는데, 신의 강림은 곧 내 마음속에서 우러나오는 것이라고 할 수밖에 없다.

　따라서 재계는 매우 엄숙하게 이루어져야 하고 기피하는 일들이 많아지게 된다. 이때는 주위를 정돈하고 심신을 청결히 하며 행동을 절제하여야 한다. 목욕하고 옷 갈아입고(이 옷을 명의明衣라고 한다), 단정히 앉아 정신을 오롯이 하여 돌아가신 이를 생각한다. 재계가 지극하면 돌아가신 이의 모습을 보기도 하고 그 숨소리를 듣는 것과도 같은 몰입 상태에 빠지게 된다.

　재계에는 산재(散齋)와 치재(致齋)의 두 종류가 있다. 산재는 일종의 준비 단계와 같은 것으로 제사에 참여하는 사람들이 각자의 집에서 편의대로 행하는 것이며, 치재는 제사에 참여하는 모든 사람들이 한 곳에 모여서 합동으로 행하는 재계이다. 큰 제사의 경우 산재는 나흘, 치재는 사흘이다. 이때 남자들은 주인이 인솔하여 외실(사랑채)에서 행하고, 여자들은 안주인이 인솔하여 내실(안채)에서 행한다. 산재 동안에는 술은 취하지 않을 만큼 마셔야 하고 고기를 먹을 수도 있지만 마늘, 파 등과 같이 냄새가 심한 식품은 가까이 하지 않는다. 치재 기간에는 이 모든 것이 금지된다. 『가례』에서는 재계를 산재와 치재로 구분하지 않고 제사 사흘 전부터 하도록 하였다. 즉 산재를 생략한 것이다.

　재계 중에는 남녀가 가까이하지 않으며, 남의 장례식에 조문을 가지 않고, 음악을 듣지 않으며, 무릇 흉하고 불결한 일에는 일체 관여하지 않도록 한다. 또한 집안에 잡인이 출입하거나 부정한 물건 같은 것들이 반입되는 것도 금기 사항이다. 이 때문에 옛날에는 대문에 금줄을 치고 잡인이나 흉한 물건들이 들어오지 않게 하였던 것이다. 치재 기간 중에는 더욱 품행을 조심하여 일체 출입을 금하고 말을 삼가며 오직 돌아가신 이를 생각한다.

바쁜 현대인의 사회 생활에서 옛날처럼 엄격한 재계를 실천하기란 쉽지 않을 것이다. 그러나 제사에 임하는 사람들은 이러한 절차가 있다는 사실을 명심하고 가능한 한 사흘 전부터는 행동을 근신하고 단 한 번이라도 돌아가신 조상을 추모하는 명상의 시간을 갖는 것이 필요할 것이다. 그리고 최소한 제사 하루 전날인 입제일에는 아무리 바쁘더라도 재계하는 자세로 하루를 근신하는 것이 좋다.

19. 제사의 수칙 10조

제사는 어떻게 하는 것이 잘 봉행하는 것일까? 훌륭한 제기를 장만하여 성대한 제수를 차리고 절차와 법도에 한치의 오차도 없이 숙달된 진행으로 마친다면 그것도 잘 올린 제사이기는 할 것이다. 그러나 간소한 준비와 지극한 정성으로 신의 흠향을 체험하는 신인 합일의 경지에는 미치지 못할 것이다. 물론 제사에는 형식이 중요하다. 그러나 자주 하는 상식적인 말이지만 제사도 역시 봉행하는 사람의 마음에 달려 있는 것이다. 예를 들어 제사 도중에도 복잡한 사업 문제가 뇌리를 떠나지 않았다든지, 또는 불안하고 근심되는 일이 마음을 짓누르고 있었다든지 하면, 그것은 남이 보기에는 제사이지만 당사자에게는 전혀 제사가 아닌 것이다. 제사는 다른 종교 의식들과 마찬가지로 신을 영접하고 신과 교감하고 신과 대화할 수 있어야 한다. 그렇게 해야만 신의 축복을 느끼고 수용할 수 있는 것이다. 그리하여 제사를 마치면 충만한 감동에 젖어 있어야 한다. 이러한 참다운 제사를 위해서는 다음과 같은 준비들이 필요하다.

1. 마음을 재계하라

　마음의 정돈을 위해서는 재계가 필요하다. 제사에 들어가기 전에 일체 부정한 일을 멀리하고 심신을 정결하게 하며 바르게 앉아 일체의 잡념을 떠나 오직 돌아가신 이를 생각하며 그가 강림하기를 기다린다. 그것은 불교의 입정이나 참선의 경지와도 같으며, 또는 기독교의 간절한 기도와 같다. 이는 신을 맞이하기 위한 스스로의 준비이며 나를 잊고 신의 세계로 몰입하는 일이기도 하다. 이 때문에 옛날 사람들은 재계를 제사 못지않게 중시하였던 것이다.

2. 예법을 확실하게 알라

　제사는 예법에 맞게 진행하여야 한다. 그것은 공자님이 가르치신 기본적인 원리이다. 그런데 제사를 진행하면서 그 차례가 제대로 맞는지, 절차를 건너뛰었는지, 축문을 제대로 끊어 읽었는지, 또는 제상의 진설은 예법에 맞았는지 늘 의심스럽고 자신이 없다면 그 제사는 귀신이 흠향하지 않았다고 하겠다. 이렇게 갈팡질팡하는 제사에는 귀신도 마음놓고 무언가 먹어 볼 엄두가 나지 않을 것이기 때문이다. 이렇게 제례에 자신이 없다면 차라리 예라는 형식은 알지도 못하고 마음 하나만을 가지고 제사지내는 사람들만 못 하다. 예를 모르는 사람은 모르는 대로 자신의 관습에 따라 자신있게 귀신을 불러 제사할 것이기 때문이다. 그리고 그 귀신은 배불리 잘 드시고 갈 것이다. 귀신이 강림하는 데는 오직 하나의 방법만 있는 것이 아니기 때문이다.

　제사를 주관하는 당사자가 당황하고 불안하다면 그 제사가 무슨 영험이 있겠는가? 이 때문에 제례는 미리 잘 배우고 확실하게 연습해 둘 필요가 있는 것이다. 그리고 예법을 잘 아는 사람이라고 할지라도 메모지에 중요한 진행 절차와 준수 사항을 적어 놓고 제사 봉행시에 보아 가며 진행하는 것이 좋다. 이 메모지를 옛날 사람들은 홀기(笏記)라고 하였고, 그것을 낭독하는 집사가 따로 있었다. 지금은 간소한 제사에 집사를 두기도 어렵고 매번 낭독하기도 번거로우니 다만 그것을 메모지에 적어 놓고 제사를 주관하는 사람이 보아 가며 진행하는 것이 좋을 듯하다.

또 제사의 진행 중에도 의심스러운 것이 있으면 알 만한 사람에게 물어 가며 행하는 것도 나쁘지 않다. 공자님은 노(魯)나라 당시에 예법의 대가로 알려져 있었지만, 그가 종묘 제례를 집전할 때는 매사를 옆 사람에게 물어가며 진행하였다. 이 때문에 어떤 사람이 "누가 공자더러 예를 잘 안다고 했는가? 매사를 남에게 묻기만 하는데……."라고 빈정거렸다. 그러자 공자가 말했다. "아는 것도 물어가며 신중히 하는 것이 예법이다!"라고.

예법의 상세한 절차와 횟수는 일정 불변하게 정해진 것이 아니다. 누구라도 시세와 형편에 따라 적당하게 변용할 수 있다. 사실 집집마다 가옥의 형태나 제기의 수나 제사 관습이 다르기 때문에 아무리 구비된 예서라도 다 언급하지 못한 사항이 있으므로 그때마다 제사 당사자가 결단하여 진행하지 않으면 안 되는 일이 있게 되는 것이다. 그러나 이렇게 변통을 할 수 있으려면 예법의 근본 정신과 기초적인 절차에 대하여 깊이 이해하고 있어야만 한다. 그래야만 예를 변통할(변례) 수 있는 자신이 생기는 것이다. 제사를 봉행할 때는 모름지기 의심이나 불안이 없어야 한다.

3. 조상 전래의 관습을 준수하라

자기 집안의 예법은 조상 전래의 관습을 따르는 것이 무방하다. 특히 가법(家法)이 엄하고 고유의 전통을 가진 집이라면 그것을 변경하기가 더욱 어려울 것이다. 집안의 예법 중에는 명백히 『가례』를 비롯한 예서의 규정과 다른 것이 있을 수 있다. 이렇게 된 데는 아마도 특별한 사정이 있을 것이므로 예법의 대의에 크게 해롭지 않으면 그대로 인습할 수 있다. 이 때문에 송시열 같은 예학의 대가들도 오래 전해져 온 가문의 관습은 고치지 않았다. 그는 제사에 날고기(血肉)를 올리는 것이 옳다고 보았으나 그 집안에서는 대대로 익힌 고기(熟肉)를 써왔기 때문에 고치지 못한다고 한 적이 있다. 이러한 것을 일러 "예 아닌 예(非禮之禮)"라고 하는 것이다. 그러나 조상의 예속이 중요한 전통이기는 하지만 이 역시 불변으로 고집할 것은 아니다. 만일 자기가 예를 주관할 위치에 있고 집안에서 내려오는 관습이 잘못된 것이라는 확신이 있다면, 그 근본 정신과 형편에 따라 참작하여 변경할 수도 있을 것이다. 그러나 웬만한 정도의 일이라면 옛법을 그대로 준수하는 것이 좋을 것이다.

4. 확실한 자신이 있으면 단연코 행하라

가문에서 관행으로 내려오던 예법을 그대로 준행하거나, 그것을 시의와 형편에 따라 변통하거나, 『가례』를 그대로 시행하거나 아니면 다른 예서를 참작하여 실정에 맞게 응용하거나 자기가 옳은 것이라고 확신하게 되면 단연코 행하는 것이 좋다. 집안의 예속이 틀린 것을 알고 불안하게 여기면서도 고쳐 나가지 못하거나, 『가례』를 준행하고자 하면서도 다른 사람들의 눈치를 보느라고 우왕좌왕하거나, 이 사람 말도 들었다가 저 사람 말도 들었다가 하면서 중심을 잡지 못하는 것은 예를 행하는 바른 태도가 아니다. 바르다고 믿는 것은 주위에 아랑곳하지 않고 오직 행할 뿐이다. 중국의 전국시대에는 천하 사람들이 모두 부모의 상을 기년(朞年 : 만 1년)으로 하는 풍습이 있었으나, 등문공(藤文公)은 맹자의 권유에 따라 과감히 3년상으로 고쳤다. 송시열 같은 사람은 당시에 우리 나라의 습속이었던 부인들의 땋은 머리를 야만적이라 하여 집안 부인들의 머리를 중국식 계(筓 : 틀어 올린 머리)로 고치게 하였다. 그 별난 모양에 온 고을 사람들이 다 웃었으나, 그는 눈도 깜짝하지 않았다. 자신의 믿음이 그만큼 확고했기 때문이다. 확신이 없으면 예를 행할 수 없는 것이다.

5. 귀신을 속이려고 하지 말라

귀신을 속일 수 없는 것은 나 자신을 속일 수 없기 때문이다. 귀신은 결국 내 마음속에 있다. 경제적인 여유가 있음에도 불구하고 제수를 준비할 때 2등품 과일이나 생선을 산다든지, 축문을 쓸 때 잘못 그은 획을 그냥 두는 등 무엇이든 적당히 넘어갈 수 있으리라고는 생각하지 않는 게 좋다. 귀신은 영험하여 속지 않기 때문이다. 그러나 귀신보다 더욱 영험한 것은 내 마음이다. 귀신은 설사 속일 수 있다 하더라도 내 마음속에 드리운 한

가닥 불안한 그림자를 지울 수 있겠는가?

6. 제사의 준비는 정결하게 하라

제사는 성심을 주로 하고 성심은 정결에서 비롯된다. 제사 때가 되면 집 안팎을 깨끗이 청소하고 의복이며 제구들을 모두 정결하게 수선하여야 한다. 제사에 참여하는 사람들 자신의 정결은 말할 필요도 없다. 목욕과 재계를 통하여 심신을 모두 정결하고 안정되게 해야 하며 제수의 마련과 조리는 특히 정결을 요한다. 일체의 부정한 것이 끼여들지 않도록 유의하여야 한다. 제수의 부정에 대한 신령의 거부는 많은 구전 설화들에서 볼 수 있다(앞의 설화 참조). 제사에서의 청소와 정결은 곧 우리 마음의 정성을 가다듬는 일이기도 하다.

7. 제수는 분수에 맞게 준비하라

제수를 준비할 때는 인색하지 않게 해야 하지만, 집안의 경제 형편에 맞게 준비하는 것이 좋다. 옛날에는 가세가 기울어지는 한이 있더라도 제사는 풍성하게 지내려는 경향이 있었지만, 오늘날의 제수는 기초적이고 필수적인 것만 마련하고 과도하게 준비할 필요가 없다. 더구나 제사에 쓴 음식은 반드시 그날 중으로 소비하여야 하고 날을 넘겨서는 안 된다. 신이 남긴 음식을 하룻밤이나 재워서는 안 되기 때문이다. 그래서 옛날에는 제사에 쓴 음식은 사람들을 초대하여 나누어 먹고 그날 중으로 소비하였다. 이는 냉장 시설이 없던 고대에 음식을 변질 손상케 하지 않기 위한 배려에서 나온 예로 생각되기도 한다.

예전에는 제사가 끝나면 이웃과 친지를 초대하여 잔치를 벌이는 예속이 있었기 때문에 자연히 음식도 많이 준비하였으나, 지금은 이렇게 큰 잔치가 없으므로 많이 준비할 필요가 없다. 제수는 잘 요량하여 참가자들이 먹고 남기지 않을 만큼 준비하도록 하는 것이 좋다. 그러나 이것이 인색을 조장하는 일이 되어서는 안 된다. 제수는 모름지기 경제적 여유가 허락하는 한 성의를 다해 최상품으로 준비해야 하지만 형편이 어려운 집은 분수에 맞게 하여 제수 비용 때문에 귀신을 원망하는 일은 없도록 해야 할 것이다. 더구나 제사로 인해 부채를 안게 되면 조상의 마음이 편안하겠으며 그 제수를 흠향하겠는가? 신에 대한 도리는 사람에 대한 도리와 크게 다르지 않다.

8. 수입 식품을 쓰지 말라

원래 시장에서 파는 술과 안주(賈酒市脯) 등속은 공자님 같은 분이 살아 생전에도 드시지 않던 음식이다. 제수는 원래 자기 집에서 생산하고 마련하여 올리는 것이 바른 일이다. 그러나 이는 전근대의 자급 자족의 경제 생활에서나 가능한 일이다. 오늘날은 산업 사회가 되어 사람들의 생활이 교환 경제 체제 속에 놓이게 되었으므로 부득이 대부분의 제수를 시장에서 구입하여 쓸 수밖에 없다. 그렇더라도 최소한 우리 고장, 우리 나라에서 산출되는 것만큼은 써야 할 것이다. 외국에서 들여온 식품이 어찌 우리 조상들의 구미에 맞겠는가? '신토불이(身土不二)'는 '신토불이(神土不二 : 귀신과 풍토는 서로 다른 것이 아니다)'라고도 할 수 있다. 무엇 때문에 비싼 돈을 낭비하여 예법에도 근거가 없고 귀신도 흠향하지 않는 진귀한 외국의 과일이나 음식물을 준비하겠는가? 만약에 경비를 절약하기 위해 값싼 수입 식품들을 준비하였다면 이는 귀신을 대접하는 성실한 정성이 아니다. 일년에 한 번 조상을 모시는 제사에 이렇게까지 인색해서야 되겠는가?

9. 제사의 절차는 필수적인 것만을 간단 명료하게 하라

예문이 너무 복잡하고 번다하면 그것을 좇아가는 데 정신이 빠져 예의 근본인 공경과 정성을 잃기 쉽다. 근대의 예법은 오랜 세월을 지내 오는 동안 온갖 학설과 이론이 난무하여 번거로운 치장이 더해진 데다가, 지나치게 형식에 빠져 마침내는 공자님 자신이라도 다 행할 수 없는 지경에 이르게 되었다. 성인이 다시 나오신다면 반드시 이 복잡한 예문들부터 정리하실 것이다. 세상이 바뀌고 문화가 발전하며 습속이 변동하면 예도 그 형편에 맞게 변통해야 한다. 따라서 우리는 각기 집안의 전통과 형편에 맞추어 변통을 강구하되 간소한 것으로 표준을 삼아야 할 것이다. 이것이 주자가 『가례』를 편찬할 때의 정신이었다. 따라서 제사의 진행도 예법의 태두리 안에서 꼭 필수적인 절차만을 간단 명료하게 행할 필요가 있을 것이다. 그러나 우리 나라의 현행 「가정의례준칙」과 같이 너무 생략해 버리면 그것은 아예 예가 아니다. 예는 공경과 정성을 중히 여긴다고 하지만, 그 정신이란 것도 한갓 말만으로 되는 것이 아니고 최소한의 형식을 빌려 구현되기 때문이다.

10. 예를 행할 때는 마음을 비우라

제례를 행할 때는 추호라도 사특한 것이 마음에 남아 있어서는 안 된다. 선한 귀신은 선한 마음만을 받는다. 그러나 착한 마음이라 하더라도 무념 무상의 경지만 같지는 못하다. 오가는 마음이 다 없어지면 그것이 무

자양영당 제사의 모습. 제례를 행할 때는 정성을 다해야 한다.

넘이요, 선악이 다 없어지면 그것이 곧 무상이다. 오직 제사에만 전심하고 자기의 소망을 빌지 말라. 정성으로 올려 흠향한 제사는 저절로 복이 있는 것이요, 신령은 소원을 빌지 않더라도 그 마음을 헤아린다. 특히 사특한 소망을 빌어서는 안 된다. 악한 일을 성취하기를 기원한다든지 남이 못되기를 빈다든지 하는 일은 금물이다. 잡귀가 아닌 다음에야 나쁜 소망을 들어 줄 신령이 있겠는가? 사특한 일은 결국 패망을 부르는데, 자손이 패망하기를 바라는 조상이 어디 있겠는가? 설사 그 조상 자신이 평생에 극악무도한 악한이었다고 한들 자손만은 잘되기를 바라지 않겠는가? 재계를 마치고 제사의 신위 앞으로 나아가면 모름지기 공경하고 정성을 다할 일이다.

20. 가정의 제사에는 어떤 종류가 있는가?

『가례』를 비롯한 전통적인 가정 의례서에 명시된 제사와 우리 나라에서 전통적으로 행하여지던 제사의 종류에는 다음과 같은 것이 있다.

1. 사시제(四時祭)

사시제는 보통 시제(時祭)라고 부르는 것으로서 사계절의 가운데 달(음력 2·5·8·11월)에 고조부모 이하의 조상을 함께 제사하던 합동 제사의 하나이다. 이는 예로부터 중국을 비롯한 동아시아의 상류 사회에서 가장 중요하게 생각된 제사였다. 고대 중국에서는 제사라고 하면 그것은 곧 시제를 말하는 것이었다. 마치 국가의 종묘에서 춘하추동 사계절마다 대향을 올리는 것과 같다. 그러나 일년에 네 번씩 제사를 거행하는 일은 매우 어려워서 실제로 그렇게 할 수 있는 집은 흔치 않았다. 이 때문에 성호 이익이나 다산 정약용 같은 학자들은 일년에 봄가을 두 번만 시행토록 권고하기도 하였다. 실제로는 일년에 한 번만 행하는 집이 많았다. 시제는 조상을 모신 사당에서 거행하는 것이 원칙이나 사당이 협소할 경우에는 정침의 대청에서도 할 수 있었다. 일부 지방에서는 음력 10월에 묘지에서 행하는 묘제를 시제라고도 부르고 있으나 묘제는 그 예법이 다른 것으로 사당에서 행하는 시제와는 전혀 성격이 다른 것이다. 조선시대에는 묘제를 춘하추동 4절기마다 행하는 것이 유행하게 되어 사당에서의 시제가 잘 행해지지 않기도 하였다.

시제는 정제(正祭)라고 불리는 것으로서 제사의 으뜸이며 표상이었다. 또 그것은 일종의 축제와도 같은 것으로서 이날은 제사를 마친 후에 친지와 이웃을 초청하여 술과 음식을 대접하는 잔치를 벌이기도 했다. 제사는 길례이기 때문이다. 이는 주공이 예를 정할 때부터 있던 제도이며, 후대에 생긴 기일 제사보다 훨씬 중요한 것이다. 그러나 조선시대부터 기제가 중시되면서 시제에 대한 인식은 점차 퇴색되어 간 듯하다. 그리고 고조부모 이하 4대조의 기일제를 행하게 되면서 각종 명절의 차례와 합해져 일년에 행하는 제사의 횟수가 너무나 많아지게 된 것도 시제의 중요성을 약화시킨 원인이 되었을 것으로 보인다. 그러나 조선시대의 많은 예학자들은 시제의 중요성을 강조하여 마지않았다.

본서에서도 시제를 중시하는데 그 이유는 다음과 같다. 첫째, 유교 제례의 원형을 유지하자면 제사는 고조부모까지 4대를 모시지 않을 수 없다. 1973년에 반포 시행된 「가정의례준칙」에서 제사의 대수를 일체 부모와 조부모에만 국한한 것은 아무런 예학적 근거가 없는 법의 횡포라고 할 수 있다. 그러나 일년에 최소한 8회에 이르는 기제사를 봉행하기는 여간 어려운 일이 아니다. 정성이 극진한 사람이 꼭 하고자 한다면 물론 좋은 일이기는 하지만 예는 시의성이 역시 중요하므로 이는 변통의 여지가 있는 것이다. 그런데 기일 제사는 원래 고전 예서에는 없는 것이었다. 이는 후대에 이르러 기일을 그냥 넘기기 미안하다는 심정에서 추가된 예일 뿐이었다. 이 때문에 기일제에서는 축문을 읽은 후 곡(哭)하는 절차가 있는 반면 축복을 베푸는 수조(受胙)와 잔치를 벌이는 준(餕)의 절차가 없다. 제사는 원래 축제와 같은 길례였으므로 조상이 돌아가신 슬픈 날 행하는 기일제는 제사의 본래 취지에 어긋난 것이라고 할 수 있다. 그러므로 기일 제사는 사실 행하지 않아도 무방한 것이다. 다만 부모의 기제는 폐할 수 없는 사정이 있다. 예로부터 매년 9월에 이제(禰祭)라고 부르는 부모만을 위한 제사가 있었는데, 이는 부모가 다른 조상과는 현격히 다르기 때문이다. 그러나 오늘날 9월 중에 따로 날을 잡아 부모 제사를 올린다는 것은 아무래도 쉬운 일이 아니다. 따라서 이를 부모의 기일에 행하는 것이 예의 정신이나 인정과 풍속으로 미루어 보아도 타당할 것이다. 따라서 4대조의 제사는 시제에 합설하고 부모의 기일제만은 종전대로 행하는 것이 좋을 것이다.

2. 선조 제사

『가례』의 선조에 대한 제사는 초조(初祖 : 시조)와 그 이후 5대조까지 여러 선조에 대한 제사로 나뉜다. 전자는 시조의 직계 종손만이 행하는 것으로 매년 동지에 거행하고 후자에 대한 제사는 역시 그 선조의 직계 종손만이 제사하는 것으로 매년 입춘에 거행한다. 시조는 가문과 종족을 있게 한 시초이며 동지는 음기 가운데 양기가 처음으로 생겨나는 때이므로 이 때 초조를 제사한다. 입춘은 만물이 소생하는 시작이므로 그 형상이 선조와 같다 하여 이날 제사를 드리는 것이다. 그 절차는 대체로 사시제와 흡사하게 진행된다. 다만 축문이 모시는 분에 따라 다를 뿐이다. 그러나 시조의 직계 종손 외에는 이러한 제사를 드릴 의무가 없고 또한 현대에 이러한 계절 제사를 모두 시행하기는 어렵다. 따라서 본서에서는 이를 생략하였다.

3. 부모 제사 : 이제(禰祭)

부모를 위한 정기 계절 제사는 매년 9월에 거행된다. 이는 부모 이상의 대를 이은 집에서 장자가 주제한다. 다른 형제나 자손들은 제사에 참여하기는 하나 제사를 주관하지는 못한다. 이제(禰祭 : 예제라고도 함, 부모 계절 제사)를 9월에 행하는 것은 이때가 만물이 이루어지는 계절이기 때문이다. 그 대부분의 진행 절차는 역시 시제와 같고 축문의 문구만 조금 다르다. 부모의 제사를 특별히 따로 둔 것은 그 친분이 다른 조상에 비할 바가 아니기 때문이다. 그러나 이 역시 오늘날 따로 날을 잡아 행하기가 용이하지 않고 부모의 기일을 그냥 넘기기도 어렵기 때문에 이를 기일에 행하는 것이 편할 것 같다. 본서에서 부모의 기일 제사를 둔 것은 실상 이러한 부모 제사의 의의를 살리고자 한 까닭이다.

4. 기일 제사(忌日祭祀)

기일 제사는 조상이 돌아가신 날에 올리는 제사이다. 그러나 기일은 슬픈 날이기 때문에 제사와 같은 길례를 행하기에 적당한 날이 아니다. 때문에 공자님 시대만 해도 기일 제사라는 제사는 없었다. 그날은 그저 추모와 근신으로써 하루를 지내기만 하면 되었던 것이다. 공자의 시대로부터 약 2000여 년이 지난 송나라 때 이르러 성리학자들에 의하여 처음으로 기일날 제사를 행하는 관행이 시작되었다. 그러나 이때도 기일 제사는 매우 신중하게 거행되었다. 다른 제사와 달리 극진한 슬픔으로 충만하여 언행에 각별히 근신하여야 되었고 제사의 절차도 다른 제사와는 차이가 있었다. 즉 초헌 후에 곡하는 절차가 있었고, 축복을 내리거나 제사 음식을 나누어 먹는 잔치도 없었다.

그러나 우리 나라에서는 전통적으로 기제사가 중시되어 모든 제사에 우선되었고 제수도 가장 풍성하게 차렸다가 친지나 이웃과 나누어 먹는 떠들썩한 행사가 있었다. 기일 제사에는 다른 제사와 달리 돌아가신 당사자만을 제사하는 것이었으므로 신주나 지방도 당사자의 것만 모시고 제수도 단설로 하여 행하게 되어 있다. 그러나 우리 나라에서는 대부분의 가문에서 제사 당사자와 그의 배우자를 합설하여 행하는 것이 관행으로 되어 왔다. 이는 인정으로 보아 당사자 한 분만을 향사하기가 미안하다는 뜻에서 비롯된 것으로 알려지고 있으며 또한 부모를 함께 제사하는 시제나 이제가 잘 시행되지 않았던 까닭에서 비롯한 풍습으로 생각된다.

기일에는 특별히 근신하는 도리와 처신이 강조되었다. 이날은 술을 마시지 않으며 고기를 먹지 않고 음악을 듣지 않으며 검정 두루마기, 흰옷, 흰띠를 착용하고 저녁에는 안방에 들지 않고 사랑채에서 잔다.

5. 묘제(墓祭)

묘제는 『가례』에서는 매년 3월 상순에 행하는 것으로 되어 있으나 우리 나라에서는 주로 음력 10월에 많이 행하였다. 그러나 이 역시 고전 예서에는 없었던 것인데 주자가 그 당시의 세속 풍습에 따라 『가례』에 수록하면서 중시된 것이었다. 그러나 주자의 친구였던 장남헌(張南軒) 같은 사람은 그것이 예법에 맞지 않는 것이라고 비판하기도 하였다. 조선시대에는 매년 4절일(청명, 한식, 단오, 추석)에 묘소를 찾아가 제사하는 것이 관행이 되어 시제보다 더 중요한 제사가 됨으로써 식자들의 탄식을 사게 되었다. 『사례편람』에서는 4절일의 묘제를 사당에서의 시제로 바꾸고 묘제는 1년에 한 차례만 행하도록 권고하고 있다.

우리 나라에서는 흔히 묘제를 시제라고 칭하며 음력 10월에 기제사를 지내지 않는 그 윗대의 조상, 즉 5대조 이상의 조상에 대한 제사를 1년에 한 번 지내는 것이 관행이 되었다. 그러나 시제와 묘제는 원래 전혀 다른 제사였다. 예법의 시제는 4대조까지 향사하는 제사이며 우리 속습의 10월 시제란 것은 5대조 이상의 먼 조상을 제사하는 것이다. 그러나 10월의 묘제(시제)는 『가례』에서 매년 1회씩 시조나 선조에 대해 집안에서 지내는 정규 제사와 흡사하다. 이 시제는 예서에는 없는 제사이나 우리 나라의 경우 전통적으로 엄격히 지내져 온 것으로 보아 관습적인 제사로 정착된 듯하다.

추석의 성묘

묘제는 그 조상의 묘소에서 지내는 것이 원칙이다. 산소를 잃어버리거나 산소에 갈 수 없을 때는 연고지에 제단을 설치하여 제사를 지내기도 한다. 묘제에는 직계 자손, 방계 자손을 포함하여 누구라도 참사할 수 있다.

묘제는 그 제사의 장소가 산소이므로 그 진행 차례도 집 안에서 지내는 제사와는 다르고 또 산신에 대한 제사가 따로 있었다. 묘제가 끝난 후에도 예문에는 명시되어 있지 않지만 우리의 전통 풍습에는 제사 음식 나누기 곧 준의 풍습이 있었다.

6. 명절날의 차례(茶禮 : 명절제, 속제)

설, 추석 등에 지내는 차례는 오늘날 제사의 상징처럼 중요하게 인식되지만, 예전에는 속절 제사라고 불리던 것으로 예법에 있는 제사가 아니다. 따라서 어떠한 예서에도 이 명절의 차례에 대한 전례가 수록되어 있지 않다. 말하자면 명절의 차례는 산 사람들만 즐겁게 지내기 미안하여 마련한 약식 제사라고 할 수 있다. 이는 아마도 『가례』의 사당편에서 초하루와 보름의 참례 중 보름에는 차를 올리는 의식에서 그 이름이 유래되었을 것으로 생각되고 있다. 그러나 우리의 차례 절차에는 술을 쓰고 차는 쓰지 않는다. 차례가 중시된 데는 우리 나라에서 시제가 쇠퇴하면서 이것이 일면 시제의 기능을 갖게 된 사정과 관련이 있는 것으로 보인다. 『사례편람』 등에서는 시제를 속절(명절)에 올려도 무방하다고 되어 있기 때문이다.

차례는 시제에서와 같이 제사의 대수 안에 있는 조상들을 한자리에서 함께 지낸다. 예를 들어 고조까지 4대 봉사하는 가정에서는 고조부모 이하의 조상들을 함께 제사하는 것이다.

예전에는 설날에는 집에서, 한식과 추석에는 묘소에서 차례를 지내는 것이 보통이었으나 요사이는 모두 집에서 지내는 것이 관례화되었다. 차례의 제사는 일종의 약식 제사로서 그 절차가 매우 간소하였다. 술은 한 번만 올리고 축문도 사용하지 않는다. 또 떡국이나 면, 떡 등 그 계절에 먹는 음식을 올리고 밥과 국은 올리지 않았다. 그러나 근래에는 추석과 설날의 차례에 밥과 국을 올리는 집이 많다.

21. 제사를 지내는 날짜와 시각

　기일제의 제삿날은 조상이 돌아가신 당일이다. 제사는 이날 첫새벽 곧 질명(質明 : 바야흐로 날이 새려는 시각이라고 하나 사실은 한밤중이다) 닭이 울기 전에 행하는데, 보통 밤 0시가 지나 새날이 시작되면 행한다. 조선시대의 모든 왕실 제사는 축시(丑時) 1각(刻)에 시작하였는데, 이는 지금의 1시 15분에 해당한다. 제사를 한밤중에 행하는 것은 귀신이 음도를 따르므로 고요하고 그윽한 시간에 거동하는 것으로 생각되었기 때문이며 또 제사를 그날의 일과가 시작되기 전에 모든 것에 우선해서 행한다는 의미가 있었다. 그 전날은 입제일(入祭日)이라 하여 제사에 들어가는 날로 제구와 제기를 정비하고 제찬을 준비하는 날이다. 제사를 지낸 당일은 파제일(罷祭日)이라고도 부르는데, 흔히 친지와 이웃을 초대하여 제사 음식을 나누어 먹는다.
　「가정의례준칙」에는 제사를 사망한 날 해진 뒤에 지내도록 하였으나 이는 잘못이다. 제사를 사망 당일 첫새벽 그윽한 시간에 지내는 것은 그날이 되자마자 맨 먼저 신을 영접하여 제향하려는 뜻이며, 동시에 날이 밝아 세상이 혼탁해지기 전에 신을 불러 정성을 바치려는 것이다. 그런데 하루가 다 지난 초저녁에 제사를 지낸다면, 이는 산 사람들이 종일 온갖 볼일을 다 보고 하루 세 끼를 다 먹은 후에 귀신을 맨 나중에 대접하는 격이니 성실한 도리가 아니다. 게다가 초저녁은 시끄럽고 번잡해서 귀신을 영접할 시간이 되지 못하고 사람들의 정신도 혼탁하고 피로한 때이므로 생각을 경건하게 통일하기도 어렵다. 그런데 공경과 정성을 제일로 여기는 제사를 어떻게 이러한 시간에 거행할 수 있겠는가?
　어떤 집에서는 하루 전날 즉 입제일 초저녁에 제사를 지내기도 하는데, 이는 원래 제사의 날짜가 아니다. 입제일이란 제사를 준비하는 날이지 제사를 거행하는 날은 아닌 것이다. 초저녁에 제사를 지내게 된 데는 옛날 통행 금지가 있던 시절에 제사에 참여한 친지들이 각자의 집으로 귀가하기 편하게 하려는 목적도 포함되어 있었으나 산 사람이 편하자고 귀신을 불편하게 하거나 굶길 수는 없는 일이다. 지금은 통행 금지도 없어졌으니 초저녁에 제사를 지내는 잘못은 마땅히 시정되어야 할 것이다. 제사는 모름지기 주위가 고요한 한밤중에 경건한 마음으로 올려야 그 신성함을 느낄 수 있는 것이다.

현대에는 잘 지내지 않는 제사들, 즉 매년 일정한 계절에 행하는 합동제사인 사시제(四時祭), 시조와 선조에 대한 제사 및 부모 제사는 일정한 날짜가 정해져 있지 않고 제사지내기 전달 하순에 점을 쳐서 택일을 한다. 점은 사당에서 행하는데 두 개의 윷짝과 같은 점괘를 던져 두 개가 각기 다른 면이 나오는 것을 길하게 여긴다. 먼저 상순 중에 하루를 잡아 점을 치고, 불길하면 중순 중에서 날을 정하여 다시 점친다. 이 역시 불길하면 다시 점을 치지 않고 하순 가운데서 적당한 날을 잡는다. 이러한 제사들도 그 시각은 역시 첫새벽이 된다.

명절의 차례는 속절제(俗節祭) 혹은 절사(節祀)라고도 부르는데, 옛날에 사당을 모시고 있던 집에서 설(음력 정월 1일), 청명, 한식, 단오(음력 5월 5일), 칠석(음력 7월 7일), 추석(음력 8월 15일), 중양(음력 9월 9일)에 그 계절에 나는 음식을 올리던 관습에서 유래했다. 지금은 설과 추석의 차례만 남게 되었다. 차례는 정식 제사가 아니라 인정에서 우러나서 올리는 약식 의례이므로 그 시각은 고정되어 있지 않으나 보통은 이른 아침에 행하는 것이 관례가 되었다. 이날에는 제사를 묘소에서 행하는 집도 있는데, 그럴 경우에는 묘소까지의 거리나 여러 가지 준비를 감안하여 적당한 시각에 행하는 것도 무방하다.

22. 강신과 참신의 순서

일반인들이 제사 의식을 진행하면서 가장 의아히 여기는 것이 아마도 강신과 참신의 순서일 것이다. 『가례』나 기타 여러 예서의 기일제나 시제의 진행 차례에서는 모두 참신(귀신에 대한 참배 : 첫인사로서 제사에 참석한 모든 사람들이 일제히 두 번 절하는 절차) 후에 강신(신을 불러 내리는 절차로 제사의 주인이 향을 사르고 뇌주를 잔에 따라 모사 위에 붓고 두 번 절하는 의식)을 하도록 되어 있다. 그런가 하면 시조와 선조의 제사 및 사당의 삭망 참례에서는 강신 후에 참신을 하도록 규정되어 있다.

『가례』를 비롯한 예서에서 기일이나 사시의 합동 제사에 참신을 먼저 하게 한 것은 옛날에 제사를 올릴 때는 반드시 당사자의 신주를 내어 모셨기 때문인 듯하다. 신주는 평소에 조상의 영혼이 깃들여 있는 표상이기 때문이다. 신주를 의자에 모시면 그 자체를 조상이 좌정하신 것으로 간주하기 때문에 곧장 참신을 할 수 있는 것이다. 그러나 현대에는 사당에서 신주를 모시는 집이 거의 없으므로 제사에 대부분 지방을 사용하게 된다. 이때도 참신을 강신보다 먼저 해야 할 것인가? 지방은 평소에 조상의 혼령이 깃들인 물건은 아니다. 그것은 임시로 종이를 재단하여 글씨로 신위를 써놓은 것일 뿐이다. 그러므로 지방을 사용하는 제사에는 강신 절차를 먼저 행해야 한다. 신이 강림하지도 않았는데 어떻게 참배를 할 수 있겠는가? 아마도 이러한 사정 때문에 『가례』에서 시조나 선조에 대한 제사에 강신을 먼저 하도록 했을 것이다. 그러나 신주를 모신 사당의 참례에 강신을 먼저 하고 참신을 후에 하도록 한 것은 그 의미를 잘 알 수 없다.

『가례』에서 묘제의 선조에 대한 제사는 참신-강신의 차례로, 후토신(后土神 : 지신地神)에 대한 제사는 강신-참신의 순서로 규정되어 있다. 묘제에서는 신주를 사용하지 않지만 조상을 매장한 곳이기 때문에 참신을 먼저 행하는 것이다. 후토신에 대한 제사는 강신을 한 후에라야 신이 강림하기 때문에 참신을 할 수 있는 것이다. 이것으로 미루어 보면 신주를 모신 제사나 묘제가 아닌 경우에는 강신을 한 후에 참신을 하는 것이 바른 예법임을 알 수 있다.

23. 제사는 몇 대 조상까지 지내는가?

제사는 몇 대 조상까지 지내야 하는 것일까? 우리 나라에서는 전통적으로 4대 봉사를 당연시해 왔지만 사실 그것이 만고 불변의 예법은 아니었다. 조상의 제사 대수에 대해서는 예로부터 의견이 분분하였다.

중국 고대에서부터 조선시대 초기까지는 제사할 수 있는 선조의 대수가 제사하는 당사자의 신분과 지위에 따라 한정되어 있었다. 『예기』나 『주례』 등의 고전에 의하면 천자는 7대의 조상(고조부모 이하 직계 4조와 시조 및 특별히 공과 덕이 높은 두 분)을 태묘에서 제사하며, 제후는 5대의 조상(직계 4조와 시조)을 종묘에서 제사한다. 또 대부는 3대의 조상(증조 이하의 직계 조상)을 가묘에서 제사하고, 사(士)는 부모만을 사당에서 제사하며(어떤 경우에는 조부모 이하 2대를 봉사하기도 함), 일반 서민들은 사당을 세우지 못하고 다만 부모만을 정침에서 제사하였다. 조선시대의 『국조오례의(國朝五禮儀)』에는 6품 이상의 관직자들은 3대를 사당에서 제사하고, 7품 이하의 관직자 및 서민들은 부모만을 제사토록 하였다고 기록되어 있다.

그러나 중국의 송나라 시대 이후 사대부의 가문에서는 누구나 4대의 조상(고조부 이하의 직계 조상)을 사당에 모시고 제사하게 되었다. 이것은 주자의 『가례』에 명문화되어 중국과 한국 사회에 보편화하는 계기가 되었다. 우리 나라에서도 조선 후기부터 양반 가문에서는 지위 고하를 불문하고 4대조를 제사하는 것이 일반화되었다. 그런데 조선 초기에는 양반이 전인구의 10% 미만이었지만 19세기(조선 말기) 이후부터는 90% 이상이 자칭 양반이라고 행세하게 되었으므로 제사도 누구나 4대 봉사를 행하게 되었다. 그리하여 조선 말기부터는 가난한 서민들까지도 모두 4대 봉사를 행하게 되었고 그렇게 하지 않으면 상놈이란 소리를 들었다.

그러나 4대조를 제사한다는 것은 4대조의 직계 자손(장자 장손의 가계)의 경우이다. 둘째 아들 이하는 제사를 지내지 않는다. 종법에 의하면 제사는 원래 적장자의 책임이며 그 밖의 아들들은 조상의 제사에 참여만 하고 이를 주관할 수 없다. 따라서 제사를 받드는 대수도 직계 자손을 기준으로 계산하게 되는 것이므로 부모만을 제사하는 집도 있고 조부모 이하를 제사하는 집도 있다. 대종의 종손은 4대조뿐만 아니라 시조의 제사까지도 받들 책임이 있다. 시조는 천년만년을 가더라도 제사를 멈추지 않기 때문이다.

모든 계층의 사람들이 다같이 4대 봉사를 하는 일이 옳은가 하는 점에 대해서는 논란이 많았다. 『가례』는 원래 벼슬하는 사대부 계층의 가정 예법을 확립하기 위해 만든 책으로서 서민들까지 염두에 두고 만든 책은 아니었다. 따라서 『가례』의 예법을 시행하는 데는 적잖은 비용이 들게 마련이었고 가난한 서민들은 이를 감당할 수 없었다. 이 때문에 성호 이익 같은 분은 서민들을 위한 별도의 가례를 만들어야 한다고 말하기도 하였다. 그는 사대부 집안에서도 원래 3대(증조부모 이하)까지만 제사해야 하고, 서민들은 단지 부모만을 제사하는 것이 예법의 정신에도 맞고 경제적 형편에도 적합하다고 하였다. 이것으로 미루어 보면 제사를 반드시 고조부모까지 지내야 한다는 법은 없으며, 그것이 서민들에게는 오히려 예법의 정신에 맞지 않는다는 것을 알 수 있다.

현행 「가정의례준칙」에는 제사의 대수를 조부모까지 2대로 한정하여 놓았다. 이는 어떤 기준으로 정한 것인지 알 수 없으나, 아마도 조부모까지는 가정에서 함께 생활하는 경우가 많으므로 친분이 깊지만 증조부모 이상은 얼굴을 본 사람이 드물어 친분을 느끼지 못하므로 제사를 지내지 않아도 된다고 여긴 듯하다. 그러나 조상의 제사를 면식의 유무나 친분의 여부를 가지고 결정한다는 것은 편의주의적 발상이며 제사의 정신에 어긋나는 일이라고 볼 수 있다. 할아버지의 얼굴을 보지 못한 사람이나 부모와 친분이 깊지 못했던 사람은 조부모나 부모의 제사마저 지낼 필요가 없다는 것인가?

현대 민주주의 사회에 살면서 태고의 예법을 그대로 준수하여 사회적 신분과 지위에 따라 제사의 대수를 달리한다는 것도 있을 수 없다. 모든 예법은 전통과 관습을 중시하는 것이므로 지금으로서는 일반 가정에서도 4대조까지 제사하는 것을 원칙으로 해야 할 것이다. 다만 제사의 방법에는 획기적인 변통이 있어야 할 것으로 생각된다. 본서에서 특히 강조하여 대안으로 제시하고자 하는 것은 수많은 기일 제사(기제사)를 지양하고 합동 제사인 시제를 부활하는 것이다. 기제사는 원래 고전 예법에 없던 것이었으나 중세 이후에 생긴 것이다. 옛날에는 부모에게만 별도로 올리는 제사[禰祭]도 있었던 만큼 부모의 제사는 워낙 중대한 것이므로 기제사를 그만둘 수는 없다. 그러나 그 이상의 조상에 대한 제사는 일년에 어느 한 날을 정하여 합동으로 시제를 올리는 것이 예법에 맞고 현대 생활에도 적합하다. 이는 현재 일부 지방, 일부 가문에서 이미 시행하여 상당히 보편화되고 있는 풍습이기도 하다.

고대에는 제사 중에서 가장 중요한 것이 사당에 모신 조상들을 합동으로 제사하는 사시제(시제)였다. 사실 공자나 맹자의 시대에는 제사라고는 이 시제밖에 없었다. 조상이 돌아가신 날에 올리는 기일제는 중국의 송대 이후에 생긴 것이며 원래의 고전 예법에는 없었다. 따라서 몇 대의 조상까지 제사하여야 할지 당혹스러운 사람들은 본서의 제안에 유의하여 단연코 시행하기 바란다. 곧 기일 제사는 부모에만 한정하며 고조부모 이하의 조상은 일년에 한차례 시제로 봉행하는 것이다. 시제의 날짜는 옛날에는 점으로 결정하였으나 오늘날에는 여러 형편을 고려하여 적절히 정할 수 있을 것이다.

24. 제사의 담당자는 누구인가?
- 봉사 자손의 권한과 책임 -

조상을 받드는 제사는 원칙적으로 적장자의 책임이었다. 제사의 상속자는 그 책임과 함께 여러 가지 권한과 혜택들을 부여받기도 하였다. 그는 조상이 가졌던 신분과 지위와 벼슬을 계승하였고 재산의 상속에 있어서도 다른 형제들에 비해 특별 대우를 받았다. 대종, 소종의 제사 책임자를 종자(宗子)라고 불렀는데, 종자는 모든 종인들로부터 공경을 받았고 그들을 통솔하기도 하였다. 그래서 제사권은 모든 상속권의 기초가 되는 중요한 권한이 되었다. 이 때문에 서로 그것을 차지하기 위하여 암투를 벌이는 일도 흔히 있었다. 오늘날 가능하면 제사의 책임을 회피하려는 경향과 비교해 보면 금석지감이 있다.

적장자 중심의 제사 계승과 친족 편제 제도를 종법(宗法)이라고 한다. 종법은 고대 중국에서 형성되어 오랜 전통을 가진 것으로 유교 예법에서 중요한 요소가 되었다. 그 대강의 원리는 『예기』의 「대전(大傳)」과 「상복소기(喪服小記)」 등에 기록되어 있다. 그 중의 일부를 살펴보면 다음과 같다.

"제후의 별자(別子 : 적장자 이외의 여러 아들)는 한 가문의 시조가 되고 계별(繼別 : 별자의 계승자)은 대종(大宗)이 되며 아버지를 이은 자는 소종이 된다. 영구히 지속되는 친족[宗]이 있고 5대가 되면 탈락되는 친족이 있다. 영구히 지속되는 친족은 별자의 후손들이니 계별자를 낳은 자 즉 시조를 대종으로 하는 친족(가문)은 영구히 지속되는 것이다. 고조를 이은 자를 소종으로 하는 친족은 5대가 되면 친족에서 탈락하는 것이니, 이것은 그 고조를 이은 자이다. 이러한 까닭에 조상은 위에서부터 차례로 옮겨가고(사당에서 5대조가 될 때마다 신주를 옮기는 일을 말함) 친족 관계는 아래로 탈락되어 간다. 조상을 존중하는 까닭에 종자를 공경하니 종자를 공경하는 것은 할아버지와 아버지를 높이고자 하는 것이다. 차자 이하가 조상을 제사하지 못하는 것은 그 종통을 밝히려는 일이다. 종통을 존중하는 것은 조상을 높이는 뜻이다."

이상의 내용을 정리하여 도표로 그려 보면 아래와 같다.

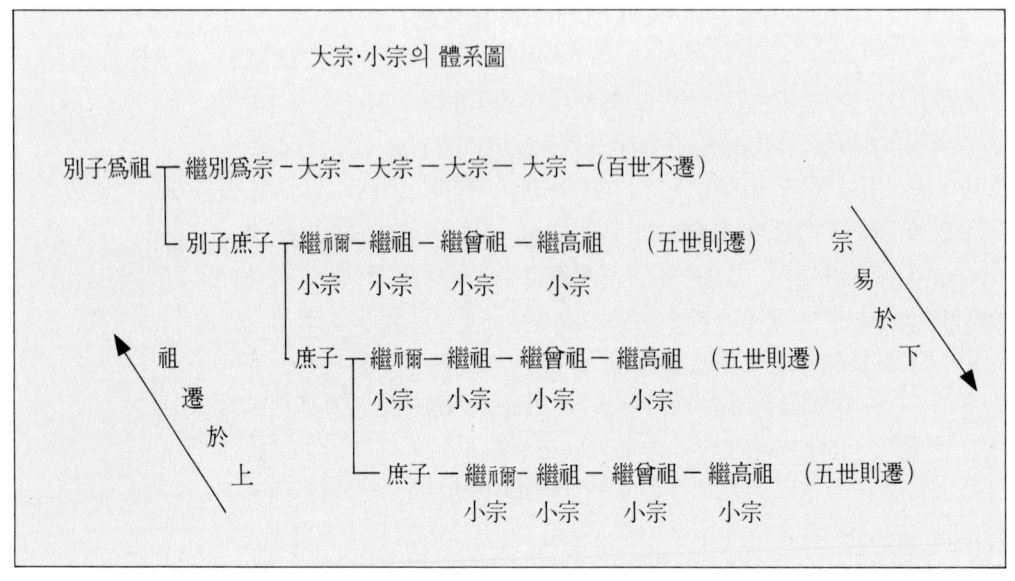

여기서 대종이나 소종은 곧 제사를 받드는 집안을 말하는 것이다. 적장자는 부모의 제사를 받들며, 적장손은 부모와 조부모의 제사를 받들고 적

장증손은 부모, 조부모, 증조부모의 제사를 받들며, 적장의 현손은 부모, 조부모, 증조부모, 고조부모의 4대를 제사할 책임이 있다. 제사의 책임자는 그 가문의 재산과 선조로부터 세습되는 관작을 물려받는다. 특히 사당이 있는 종가는 제사를 받드는 자손의 몫이 된다. 이처럼 제사를 받드는 적장자, 적장손은 무거운 책임을 진 동시에 많은 권한과 특혜를 보장받았고 같은 조상의 후손들인 동족들을 지휘, 감독할 책임도 가지고 있었다. 이 때문에 가문의 종자나 종손은 매우 존중되었다.

우리 나라에서는 고려시대 이래 조선 초까지 재산을 아들딸에게 공평하게 나누어 물려 주는 관습이 있었기 때문에 제사도 공평하게 지내야 한다는 의견이 있었다. 이 때문에 형제들이 해마다 제사를 돌아가며 당번제로 지내던 풍습이 있었는데, 이를 윤회제(輪廻制) 제사라고 한다. 그러나 『주자가례』를 비롯한 유교 의례가 널리 보급되면서 종법 의식이 정착되고 제사도 적장자, 적장손의 집안에서 행하는 것으로 일반화되었다. 이 때문에 재산 상속 때도 장자에게 제사 몫을 더 주게 되었다. 조선 후기에 이르러 제사는 적장자의 가계에서만 지낼 수 있다는 의식이 팽배해지면서 대를 잇기 위해 양자를 들이는 입후 제도가 유행하기도 했다.

현대에 이르러서도 이러한 종법 사상의 영향으로 제사는 장자가 담당하는 것이 당연시되고 있다. 이것은 좋은 전통이라고 할 수 있다. 가문에는 동족의 우의와 결속을 다지기 위한 가문 나름의 중심이 있어야 하고 그것은 자연히 조상의 제사를 받드는 사람이 될 수밖에 없다. 장자의 제사 상속은 오랜 전통일 뿐만 아니라 가문의 질서 유지를 위해서도 필요하다. 형제들이 제사를 서로 미루고 책임을 지지 않게 되면 어떻게 되겠는가? 재산을 공평하게 나누어 주고 제사도 공평하게 돌아가며 지낸다고 하면 누가 그 제사를 책임지겠으며 그 제사가 몇 년이나 지속되겠는가? 아마도 형제간에 분쟁이 심화되고 정과 의리마저 손상될 것이다. 설사 여러 가지 사정으로 장자가 부모를 모시고 살지 못했다고 하더라도 제사만은 반드시 장자의 책임으로 해놓아야 할 것이다.

25. 가문과 제사의 계승법 : 종법

　동양 전통 사회에서 제사의 상속과 계승에는 신분, 관작, 재산, 기타 모든 권리와 의무의 상속이 수반되고 있었다. 제사의 계승에는 그 자체의 고유한 원리가 있었고 엄격한 원칙과 절차가 요구되었는데, 그것이 곧 종법(宗法)이었다. 종법의 계승 원리는 적장자, 적장손으로의 계승 곧 '적적상승(嫡嫡相承)'으로 요약할 수 있다. 춘추시대에 많은 제후와 대부들의 가문에서 이를 위반하는 사례들이 나타났을 때 공자는 이를 비판하는 일로 대의를 삼았다. 이후 유교 국가의 제사에서는 종법이 불변의 대원칙으로 자리잡게 되었다. 이제 중국 역사를 통해 종법의 유래를 이해하고 우리 전통 사회의 종법을 살펴보기로 한다.

　종법은 '대종소종지법(大宗小宗之法)' 혹은 '종자법(宗子法)'이라고 부르기도 한다. 이는 종가를 중심으로 하여 방계 친족들을 결속시키는 독특한 고대 중국의 친족 제도 혹은 전통에 대해 후대 사람들이 붙인 명칭이다. 따라서 그것은 특정한 형식을 갖추어 인위적으로 제정한 이른바 법이나 제도가 아니다. 그것은 기원전 12세기 이전의 은나라 때의 종묘 제도와 친족 제도에 기원을 둔 오랜 습속으로서 장자 상속법을 기초로 한 일종의 친족 제도 혹은 상속 제도라고 할 수 있다. 그것은 수천 년의 세월을 지나면서 시대에 따라 내용이 풍부해지고 성격이 변화하기도 하면서 예법으로 정립되었고 법령에 반영되기도 하였다. 종법이 짜임새 있는 형태로 성문화되어 오늘날에 전해지게 된 것은 『예기』에 편입되었기 때문이다. 『예기』는 실상 중국의 전국시대(戰國時代)에서 진(秦)나라를 지나 한(漢)나라 초기에 이르는 시기에 완성된 것으로 알려져 있으므로, 여기에서 표현된 종법 체제란 대체로 전국시대 당시의 습속, 혹은 진한대에 이르기까지 구전되고 이상화되었던 친족 제도의 한 전형으로 생각된다. 어쨌든 종법이 유교의 중요 경전에 편입되면서 후대 2천여 년간 주공이 제정한 예제로 인식되어 존중되었고 동아시아의 정치와 사회에 막대한 영향을 주게 되었다.

　은의 종법제는 그 형식이나 내용면에서 후대의 종법과는 차이가 있는 것이지만 직계 종통을 대종으로, 방계 종통을 소종으로 편제한 것은 틀림

없는 종법의 원형이라고 할 수 있다. 혈친 관계는 종법 제도의 가장 전형적인 형태로서 조상의 제사와 제사 장소 즉 사당 제도에서 가장 잘 나타난다고 하겠다. 은의 종법에서 대종과 소종은 원래 종묘에 모신 직계와 방계의 조상을 지칭했지만 후에는 그 조상들의 후손 가문을 지칭하기도 했다. 후대의 종족 조직을 의미하는 대종이나 소종은 바로 여기에 근원을 둔 것이다.

 서주시대의 종법도 은대의 종법과 유사한 측면이 많았다. 주 왕(천자)은 왕실의 대종으로서 대대로 적장자가 계승하고, 왕의 방계인 형제나 자손들은 제후에 분봉되어 왕실의 소종이 된다. 제후들은 자신들의 나라에서는 대종이 되어 대대로 그들의 적장자가 계승하고 그 방계의 형제들(별자)은 경대부로 재분봉되어 공족(公族)의 소종이 된다. 서주 종법의 가장 큰 특징은 이것을 통치 체계와 결부시킨 점이라고 할 수 있다. 은대의 종법도 정치적 성격이 없었던 것은 아니지만 종족 조직을 정치적 통치에 배합하여 강력한 통치의 수단으로 제도화한 것은 서주 때부터였으며, 이것이 분봉 제도와 결합하여 이른바 '종법봉건제도(宗法封建制度)'가 만들어지게 되었던 것이다. 주는 원래 부계 가장을 중심으로 한 가족제의 전통을 가지고 있었는데, 이 기초 위에서 국가 통치의 정치적 필요에 맞추어 종법제를 분봉 제도에 적용하여 발전시켰다. 이것이 시대의 진전과 함께 발달하여 정치 제도화하고 더 나아가 사회 전체의 예속 및 윤리로까지 일반화되고 이론화하게 되었던 것이다.

 가계 계승의 측면에서 보면 적적상승을 기본 원리로 삼아 관작의 상속이나 제사권의 승계에 있어서 적장자 상속의 원칙을 수립하였다. 적장자가 죽으면 그의 적자인 적장손이 계승하게 되고, 만약 적장손이 없을 때는 대종의 경우 같은 항렬의 동종 지파에서 입후하는 것이 원칙이지만 중자(衆子: 적장자의 아우들)나 서자가 계승하는 것도 '형망제급(兄亡弟及)'이라 하여 하나의 변형된 예로 인정하고 있었다.

 중국에서는 당나라 말기와 5대 10국의 대혼란을 겪은 뒤 귀족 사회가 해체되고 중소 지주 계층에서 관료로 진출하게 된 사대부 계층이 새로이 사회의 지배 계층으로 등장하게 되었다. 송(宋)나라 때는 우주와 인간을 하나의 철학 체계로 묶은 관념론적 학문 체계를 발전시켰는데, 이것이 성리학으로 불리는 새로운 경향의 유학이었다. 성리학은 송대의 사대부 계층이 발전시킨 새로운 학문 체계이며 그것은 동시에 그들의 정치적·사회적 이념으로 정착되어 갔다. 송대 이후 청대에 이르기까지 중국 사회는 중소 규모의 토지를 경제적 기반으로 하는 이들 사대부 계층이 주도하였고, 그들에 의해 국가 통치와 사회 질서 유지를 위한 제도와 규범들이 마련되고 운영되었다. 동시에 사대부 계층은 그들 자체의 자율 규범과 행동의 지표들을 수립하였고 그것을 사회에 보급시키기도 하였다. 그들이 개발한 규범들이란 물론 전통적인 유교 경전들 속에서 도출된 것이었지만, 또한 그들 계층의 이념과 취향 그리고 계급적 이익에 합치하는 것들이었다. 남송의 주자에 의해 종합된 이들의 사회적 규범들은 『소학』과 『가례』, 『근사록(近思錄)』 같은 책에 잘 반영되어 있다.

『소학』이나 『가례』에서는 종자를 존중하고 종족내에서의 그들의 역할을 강조하였다. 특히 『가례』에서는 5대 이후에 붕괴되었던 사당(가묘)의 설치를 역설하였고, 사당의 제사권이나 문중의 재산 처분을 종자에게 전속시킴으로써 종법의 정신을 진흥시키고자 하였다. 그러나 유교적 전통 의례를 회복시키고자 하는 의지에도 불구하고 사대부 계층은 고전적인 종법을 그대로 부활시킬 수가 없었다. 봉건 제도는 당시 봉작제(封爵制)의 형태로 유지되고 있었지만, 사대부 계층 자신들은 제후의 별자가 아니었으므로 별자를 중심으로 하는 대규모의 고전적 종법을 행할 수는 없었던 것이다. 이에 따라 그들은 고조부 이하의 친족을 그 범위로 하는 소종을 실현 가능한 종법의 규모로 간주하였고 그것을 『가례』의 사당 제도에 반영하였다. 『가례』에서는 부모 이상의 제사를 받드는 사람은 누구나 사당을 세워 4대(고조부)까지의 신주를 모시게 하였고 동족이 공동으로 재산을 출연하여 제사 기반을 마련하게 하였다. 사당은 제사는 물론 관례, 혼례, 상례 등 친족들의 일상 전례의 중심이 되었고 모든 중요한 일들은 사당에 고유(告由)하게 되었다. 사당의 주제자는 종자였고 족인들은 그를 통해서만 의례를 행하고 사유를 고할 수 있었다. 그리하여 송대 이후의 사대부 사회에서는 종자의 역할이 중시되었고, 종법 역시 그들을 중심으로 하는 소규모의 것으로 예속화하게 되었다. 이를 일각에서는 소종법이라고 칭하기도 하는데 『가례』의 보급과 함께 이후 동아시아 사회의 사대부 계층에서 통용되는 가정 의례 또는 친족 제도로 정착하게 되었다.

사대부가의 사당을 중심으로 면모를 일신하게 된 송대 종법제의 핵심은 이 시대에 새로이 지배 계층으로 등장한 사대부들을 소종의 종족 규모로 편제하여 계층 내부의 결속을 꾀함으로써 정치 사회의 주도 계층으로서의 정체성(identity)을 확립한다는 것이었다. 이를 통해 그들이 지배하던 향촌 사회에서 유교적 신분 질서를 확립하려 한 것이었다고 하겠다. 송대 이후 중소 지주 계층을 기반으로 하는 광범위한 사대부 계층의 성장과 이들이 발전시킨 신유학의 학문 체계, 그리고 이들에 의해 고안되고 시행되었던 새로운 사회 질서의 이념들은 확실히 동양 중세 사회의 발전 단계를 보여 주는 것이다. 사대부 계층에 의해 새로이 정비된 소규모의 종법 질서 역시 여기에 담긴 고전 종법의 정신과 유교의 전통적 이념들을 사회 전반에 보급하고 예속화하는 데 기여하였다. 고대 중국의 왕족이나 귀족 사회에서 가계 계승 및 친족 편제의 방편으로 고안되었던 종법은 송대 이후 소규모로 정비되어 점차 일반 사대부 사회에서 기층 사회로까지 확대되어 갔고, 이러한 현상은 다른 여러 문화적 요소들과 함께 사회의 발전에 따른 하향적 평준화 양상을 보여 주는 것이라 하겠다. 이러한 관점에서 은대 이후 지속적으로 변모해 온 종법제의 내용과 정신은 곧 동양 사회의 발전 과정을 단적으로 보여 주는 것이라고도 할 수 있다.

26. 우리 나라 종법의 전통

종법은 친족을 직계(대종)를 중심으로 여러 방계(소종)를 결속시키는 고도의 친족 편제 방법이다. 이러한 동아시아의 전형적인 친족 조직은 시조나 역대 조상에 대한 제사를 중심으로 결합되고 유지, 계승된다. 따라서 제사의 계승은 곧 가계의 계승으로 종법의 혈맥과 같은 것이며 그것이 이루어지는 종묘나 가묘는 종법의 원천이라고도 할 수 있다. 종통이 아래로 계속되는 것과 함께 새로이 종묘에 봉안되고 체천(遞遷)되는 신주는 계승된 가계의 흔적과 같은 것이다. 따라서 종묘나 가묘는 종통의 그림자와 같은 것이며 그것의 계승 원리가 곧 종법이라고 할 수 있다. 그러므로 한 시대 종법의 성격은 그 사당의 제도에서 가장 잘 나타난다. 이러한 관점에서 우리 나라의 종법도 사당의 제도를 통해 살펴볼 수 있다.

종법은 곧 중국 유교 문화의 소산이라고 할 수 있다. 따라서 우리 나라의 종법도 유교와 함께 도입된 것으로 보아야 할 것이다. 그러나 그 이전이라도 조상에 대한 제사가 일정한 원칙에 따라 세습되고 그와 함께 가계가 계승되며, 또 그것이 분명하게 계보화하여 종족의 편제 수단이 되고 일정한 조상 제사의 장소에서 정기적인 제사 의식을 통해 동족 의식이 확립되고 결속되었다면 종법이라는 말의 유무에 상관없이 종법은 시행되고 있었다고 할 수 있을 것이다.

우리 나라에서 조상 숭배 혹은 조상신에 대한 제사의 유래는 그 기원이 국가의 출현 이전으로 소급될 만큼 오랜 것이었고 그 신앙이나 제사의 형태는 매우 다양한 방법으로 나타나고 있었다. 이러한 조상 숭배는 당연히 그들의 후대를 이어가고자 하는 계세 사상을 반영한 것이다. 그러나 삼국 시대 이전까지는 이러한 조상 숭배나 계세 사상(繼世思想) 혹은 동족 의식과 같은 것들이 광범한 씨족(clan) 개념이나 적어도 동족(kin) 개념에서 벗어난 것이라고 보기는 어렵다. 그것이 확실하게 인식될 수 있는 계보를 토대로 동일 조상의 자손이라는 하나의 리니지(lineage : 계보, 친족)를 구성하게 된 것은 신라의 경우 5세기 후반 정도로 생각되고 있다. 고구려와 백제에서는 일찍부터 시조의 사당을 세워 제사한 기록이 있었고 또 성씨들이 형성되고 유력한 귀족 가문들이 활동하고 있었으므로 좀더 이른 시기에 리니지가 형성되었을 것으로 생각되지만 구체적인 자료는 남아 있지 않다.

신라의 리니지 체제를 확실하게 말해 주는 것은 487년(소지마립간 9)의 김씨 시조 신궁 건립이다. 여기서 모셔진 김씨의 시조에 대해서는 다소 논란이 있으나 여러 자료의 분석에 의해 김씨 왕가에서 처음으로 왕위에 올랐던 미추왕으로 보는 것이 통설이며 또 그것이 타당하게 생각되기도 한다. 그러나 4세기 중엽부터 912년 신덕왕 때까지 신라의 왕들과 주요 왕족들은 모두 17대 내물왕(356~402년)의 후손들이었으므로 내물왕이 사실상 김씨 왕족 리니지의 공통된 선조로 인식되고 있었던 것으로 볼 수도 있다. 어떻든 새로이 신라의 왕위 계승권을 독점적으로 장악하게 된 김씨 왕족들은 상징적인 국가의 시조였던 박혁거세를 모신 시조묘 외에 별도로 그들 김씨 시조를 제사하는 신궁을 지어 운영함으로써 주도 왕족으로서의 차별성을 부각시키고 족적 결합을 강화했던 것으로 생각된다.

내물왕의 5세손인 22대 지증왕대(500~514년)에는 중국식 제도가 대량으로 수용되어 시행되었는데, 이때 제정된 중국식의 상복법(5년 4월)이나 시호법, 법흥왕대(514~540년)의 연호 제정(536) 그리고 진흥왕 27년(566)에 시행된 왕태자 제도 등은 중국식의 종법 체제를 왕실에 도입하는 데 커다란 계기가 된 것으로 생각된다. 특히 상복법은 동족적 관계를 명시하는 친족 편제의 핵심적 도구였고 태자를 책봉하는 제도도 왕실의 종통 의식을 반영하는 것이었다. 이러한 제도의 수립은 왕권의 강화와도 밀접한 관계가 있는 것이지만 종래의 토착적 리니지 체제가 중국식(유교식) 종법 체제로 제도화해 나간 양상을 보여 주는 것이라 하겠다.

신라의 종묘 제도가 언제부터 시작되었는지는 명확하지 않으나 아마도 통일 전쟁 과정에서 당과의 밀접한 교류를 통해 도입된 것으로 생각된다. 『삼국사기』의 「제사지」에는 신라에서 중국식 종묘 제도인 5묘제가 36대 혜공왕 때부터 시작된 것으로 기술되어 있으나, 『삼국사기』 신문왕 7년조(687)에 처음으로 종묘의 제사 기록이 보이고 있다. 이때 종묘에 봉안되어 있었던 신주는 추존 문흥 대왕(용춘)을 포함하여 신문왕의 직계 4대조와 태조(미추왕으로 추정)이며 무열왕 이전의 방계 국왕들은 종묘에 봉안되지 않았다. 이는 당시에 완전한 5묘제의 종묘가 운영되고 있었음을 보여 주는 것이다.

신라 및 통일신라에서 왕가 이외의 귀족 가문에서 종법의 흔적을 살펴보기는 쉽지 않다. 그러나 진골의 귀족들이 분명한 가계 의식을 가지고 있었던 것은 확실하다. 신라의 진골 왕족들은 아무리 세대수가 멀어지더라도 왕족에서 탈락하는 제도가 없었으므로 계보가 확인되는 한 진골로서의 특권을 유지할 수 있었다. 이 때문에 그들은 더욱 철저한 가계 계승 의식을 가지고 있었을 것이다. 김씨 왕족들 외의 일반 귀족들 사이에서도 이러한 가계 계승 의식을 엿볼 수 있다. 특히 통일의 원훈이었던 김유신의 가계는 중대 이후에는 왕족에 버금가는 세력으로서 종통을 유지한 것으로 보인다.

　신라의 귀족 가문들은 이른바 35금입택(金入宅)이라고 부르는 큰 저택들을 소유하고 호사스러운 생활을 영위하였던 것으로 알려져 있지만, 이 금입택은 단순히 호화로운 가옥만을 지칭한 것 같지는 않다. 그 중에는 김유신(金庾信)의 조종(祖宗)이라는 주가 붙은 재매정택과 김양종택(金楊宗宅)처럼 명백히 종가를 지칭하는 명칭도 있다. 재매정택이 유신공의 조종(종손가)이라고 한 사례로 보아 다른 금입택들도 대부분 현달한 조상들의 조종이었던 듯하다. 이들 귀족의 대가들도 조상의 제사를 위해 왕실의 종묘처럼 그들 가문의 가묘를 건립하여 유지했을 법하지만 기록에서는 잘 보이지 않는다.

　고려시대의 종법은 종묘 제도와 봉작 제도의 두 가지 측면에서 살펴볼 수 있다. 먼저 고려의 종묘제와 그를 중심으로 일어났던 소목 제도(昭穆制度)의 논쟁을 살펴본다.

　고려는 유교적 정치 이념과 문화 수용에 적극적이었던 성종 7년 12월에 처음으로 5묘의 종묘 제도를 정한 것으로 알려져 있다. 그리하여 성종 8년 4월에 처음으로 종묘 건축에 착수하였고 11년 11월에 그것이 준공되자 왕은 유신(儒臣)에게 명하여 소목의 위치와 제사의 절차를 심의 제정케 하였다. 고려 초기의 왕위 계승은 형제 상속이 많았기 때문에 종묘의 소목을 논의할 때 항상 문제가 되었다. 일반적으로 형제는 소목의 순서에 있어서 같은 세대로 간주되었으나 종묘는 기본적으로 5묘를 기준으로 하였고 또 제사는 4대조까지 행하는 것이었기 때문에 이것은 마치 원을 네모에 맞추려는 것처럼 항상 어긋나게 마련이었다. 이 때문에 고려의 종묘 제도는 많은 논쟁을 초래했다.

　정종 2년 12월에는 종묘의 소목 문제로 심각한 논쟁이 벌어지게 되었다. 이 역시 형제 상속 왕들의 위차와 제사 대수에 대한 인식의 차이에 의한 것으로 이때의 소목 논쟁도 결국 고려 초기에 빈번했던 형제 상속의 왕위 계승 때문에 발생하게 된 것이었다. 당시의 소목 논쟁은 왕실의 묘제와 종법에 대한 이해의 수준이 이미 상당한 정도에 달해 있었음을 보여 주는 것이다. 고려의 종묘 제도는 말기인 공민왕 6년에 이제현에 의해 확정되었다. 고려는 거란족, 몽고족 등 외적의 침입을 받아 여러 차례 수도가 함락되는 수난을 입었기 때문에 종묘의 훼손이 잦았고, 이 때문에 여러 가지 변통이 있었던 것으로 보인다. 또한 초기의 왕위 계승에서 형제 상속이 많았기 때문에 정상적인 5묘제를 유지하기가 어려웠다. 이 때문에 종묘의 소목 제도를 정비하는 데 이견이 많았고 때로는 심각한 논쟁이 일어나기도 했으나 결국 고려 말기의 이제현에 이르러 '동당이실이방(同堂異室異房)'의 체제로 귀결되었으며 이는 조선시대의 종묘 제도에도 영향을 미치게 되었다.

고려시대에는 불교가 성행하여 불교 의례가 예속 생활의 중심이 되었으므로 상례나 제례에서도 유교식 의례가 잘 행해지지 않았다. 왕실 이외의 지배 계층에서는 종법에 대한 인식이 낮아 친족 제도나 가계의 계승에서 종법이 제대로 시행되기는 어려웠던 것으로 보인다. 따라서 고려시대에는 귀족층을 포함한 일반 사회에서 거의 종법을 말하기 어려웠다고 할 수 있겠다.

그러다가 고려 말기에 원(元)에서 성리학이 수입되고 『가례』가 전해지면서 일부 사대부 계층에서는 유교적 가정 의례를 행하는 경향이 나타나게 되었다. 그 결과 공양왕 2년에 이르러 『가례』에 의한 「사대부가제의(士大夫家祭儀)」가 제정, 반포되었다. 이 제의는 당시에 보편화되어 있던 제사의 윤행 관습을 지양하고 종자가 제사를 주관하도록 하였으며 아울러 신분에 따라 제사의 대수를 한정하여 가묘를 건립토록 권고하는 내용을 담고 있었다. 이는 고려 말에 새로운 지배 세력으로 부상한 사대부 계층의 유교 회귀적 취향을 보여 주는 것으로 새로운 예속의 정립에 하나의 표본이 된 조치였다고 할 수 있다. 여기에는 종법이라는 직접적 표현이 등장하고 있다. 이로써 고려 말 이후 정치적·사회적으로 주도 세력이 되는 양반 사대부 계층에서 가계 계승과 친족 조직에 종법이 최고의 원리로 자리잡는 계기가 되었다고 하겠다. 양반 사회에서의 종법은 『가례』의 보급 및 준행과 병행하여 정착되어 갔고 조선시대의 사회 생활에서 막대한 비중을 차지하게 되었다. 조선시대에는 왕실에서나 양반 사대부 계층에서나 종법이 보편화되고 일반화된 나머지 일반 민중들의 예속에까지도 다소간 영향을 미쳤다.

조선시대에는 적장자 상속의 원칙이 엄격하게 확립되어 있었다. 종법의 적장자 계승 원칙은 본래 자율 규범의 하나인 예속에 속하는 문제였기 때문에 준행되지 않는 경우도 많았지만 세월이 지나면서 그 가치가 강조되어 마침내 하나의 강제 규범으로까지 발전하게 되었던 것이다. 이것은 춘추시대인 기원전 651년에 제환공(齊桓公)이 소집하여 성사시킨 유명한 규구(葵丘)의 회맹에서 이미 적자를 서자로 바꾸거나 처를 첩으로 바꾸는 등의 명분에 위배된 일들을 처벌하기로 결의한 데서도 나타나고 있다. 당나라 이래로 역대 중국 왕조에서는 이것이 정식 율령으로 법전화하여 처벌의 대상이 되었다. 『당률』에 의하면 적자를 버리고 서자를 후사로 세우거나 장유의 차례를 위반하는 경우에는 3년의 도형(徒刑)에 처하였는데, 다만 적처의 나이가 50이 넘을 때까지 적자가 없을 경우에는 서자를 후사로 세우는 것을 허용하였다. 『대명률』에서도 같은 내용을 규정하였으나 형벌을 장(杖) 80으로 완화한 것이 차이점이라 할 수 있다. 조선시대에는 형률에 『대명률』을 그대로 사용케 하였으므로 종법의 위배자는 형사 처벌의 대상이 되었다고 할 수 있다. 그러나 형벌이 곤장 80대에 지나지 않았으므로 그다지 중대한 범죄로 간주된 것은 아니었다.

27. 제사의 상속과 입후 제도

고려시대나 조선 초기에는 조상의 제사를 형제들이 돌아가며 지내는 윤회 제도가 있었다. 당시의 이러한 제사 방법은 재산을 자녀들에게 똑같이 나누어 주던 상속 제도 때문이었던 것으로 전해진다. 곧 제사 몫의 재산이 따로 상속되지 않았고 부모의 유산을 똑같이 나누어 받았기 때문에 제사도 돌아가며 공평하게 지내야 한다는 의식이 형성된 것이다. 이 제도는 종법에 대한 인식이 아직 보편화되지 않았을 때의 사회 관습이었다. 그 뒤 유교식 가정 의례가 점차 보급되고 종법 의식이 강화되면서 제사도 장자 상속을 원칙으로 정착되어 갔다. 이에 따라 장자에게는 제사 몫의 재산이 별도로 상속되었고 기타 여러 가지 특권들이 함께 주어지게 되었다.

조선 초기에는 장자에게 후사가 없을 경우에는 입후(入後)를 우선하지 않고 차자를 비롯한 중자에게 봉사토록 하였다. 심지어 적자에게 후사가 없을 경우에는 첩자에게, 또 양첩자에게 후사가 없을 경우에는 천첩자에게라도 봉사케 할 수 있었다. 이때 첩자는 그의 생모를 자신의 대에 한해 사실(私室)에서 제사할 수 있을 뿐 사당에 모시거나 적통에 합칠 수 없게 하였다. 이것이 법전의 원칙이었다. 그러나 조선시대는 적서 차별 관념이 철저한 사회였으므로 『경국대전』에서는 이러한 현실을 인정하여 첩자가 있어도 동생의 아들로 입후하고자 하는 사람의 경우 이를 허가해 주도록 하였다. 그리고 굳이 첩자에게 계승시키고자 하는 사람에게는 그가 종통을 버리고 첩자와 함께 별도로 하나의 지파를 만드는 것을 허가해 주도록 하였다.

16세기 이후 성리학과 예학의 발달이 심화되면서 명분을 중시하고 입후를 선호하는 경향이 나타나게 되어 결국 조선 후기에 입후 선호의 풍조가 만연했다. 이 때문에 양반가의 경우에는 대종가 소종가의 구분 없이 모두가 입후를 당연하게 여기게 되었고, 심지어 장자가 아닌 중자의 경우에도 입후하여 대를 잇게 하는 것이 풍조가 되었다. 또 입후를 위해 원근을 불문하고 동종의 지자(支子)를 얻기 위해 백방으로 힘을 쓰고 이 과정에서 여러 가지 사회적 물의를 야기하는 경우도 있었다. 입후는 원래 남의 지자를 데려와 세우는 것이 도리였으나 어느 때부터인가 동생이나 친족의 장자를 데려오는 것이 풍조가 되었고, 심지어는 남의 독자를 데려와 그 집의 대를 끊는 경우도 있었다. 이것이 입후 제도 말기의 폐단이었다고 할 수 있다.

28. 여성의 제사 참례

오늘날 일반 가정의 제사에서는 여성들이 제수의 조리라든가 기타의 준비에 바빠 제사 예식에는 잘 참례하지 않고 있다. 그래서 제사는 으레 남자들만 참례하는 것으로 알고 있는 경우가 많으나 『예기』에는 "제사는 부부가 함께 올린다."고 명시되어 있다. 그리고 『주자가례』에도 여성들이 남자들과 똑같이 제사에 참례하게 되어 있고 특히 주부는 남편의 뒤를 이어 두 번째 술잔을 올리는 아헌(亞獻)을 담당하도록 되어 있다. 그러므로 여성들의 제사 참례는 명약관화한 이치이다. 이는 현대 사회에서도 반드시 구현되어야 할 제례의 기본 원칙이라 할 것이다.

   옛날에도 이러한 원칙은 누구나 다 알고 있었지만 실제로 제사에서 그렇게 행한 집은 드물었던 것으로 보인다. 예법에는 특별한 사정이 있을 경우 주부가 제사에 참례하지 않아도 되며 아헌은 형제나 친지가 대신할 수 있도록 되어 있었기 때문이다. 이는 초헌은 반드시 남편(주인)이 해야 한다는 규정과 비교해 보면 꽤 융통성이 있는 것으로 부인은 제사에 참례해도 되고 안해도 되는 것으로 인식되게 되었다. 다산 정약용과 같은 당시의 진보적 지식인도 아헌에 주부를 배제하고 다른 형제로 대신케 하였다(『제례고정』참조). 물론 다산도 "제사는 부부가 함께 올린다."는 원칙을 인정했지만 제사를 준비하는 일 그 자체를 곧 제사에 참여하는 일이라고 보았던 것이다.

   대부분의 가정에서 여성이 제사에 참례하지 않게 된 것은 무엇보다도 조선시대의 엄격한 내외법 즉 남녀 유별 사상 때문이었던 것으로 보인다. 제사에는 내외 친척들을 포함한 많은 남자들이 참례하는데 여기에 여인들이 동참하게 되면 혼잡하게 되고 불미스러운 일들이 일어나지 않을까 염려했던 것이다. 실제로 동제와 같은 음사에 남녀가 동참하는 경우에는 불미스러운 일도 없지 않았다. 여성들이 제사에 참례하기 어려웠던 것은 제사 도중에도 계속하여 음식을 준비해야 하고 보살펴야 할 잡일들이 많았기 때문이다. 부엌일을 하면서 제사에 동참하기가 매우 어려운 데다 그때마다 옷을 갈아입기도 어려웠을 것이다. 이러한 여러 가지 형편 때문에 결국 제사는 남자들만 지내는 것으로 고정 관념화한 것으로 보인다.

   그러나 제사는 부부가 함께 지내는 것이 원칙이므로 현대의 가정 제사에서는 이 점에 대한 인식을 새롭게 하여 여성들이 제사에 동참할 수 있는 실제적인 방안을 강구해 보아야 할 것이다.

29. 제사의 경비는 누가 부담하는가?

제사에는 일정한 비용이 따른다. 뿐만 아니라 평생에 걸쳐 또는 자손 대대로 책임을 계승하는 데는 커다란 경제적·정신적 부담이 수반된다. 물론 책임을 진 사람에게는 그만한 권한도 부여된다. 그래서 예로부터 제사의 계승에는 지위와 명예 그리고 재산의 계승이 동반되었다. 경제 사정이 어려웠던 옛날에는 제수의 마련이 여간 큰 부담이 아니었으므로 제사를 받드는 적장자에게는 그(봉사) 몫의 재산이 추가로 상속되었다. 그렇지 못한 경우에는 같은 조상의 자손들이 협력하여 재산을 출연하여 제전(祭田 혹은 祭畓)을 마련하거나 다른 방법으로 재정적 기초를 설립해 두기도 했다.

1990년에 시행된 개정 민법의 재산 상속법에서는 아들딸을 구분하지 않고 모든 형제에게 공평한 분할 상속을 규정하고 있다. 이는 평등의 관점에서는 좋은 것인지 모르지만 우리의 전통적인 제사 관습으로 보면 매우 불공평하고 부당한 입법이라고 할 수 있다. 그렇다면 제사는 누가 받들고 그 비용은 누구에게 부담시킬 것인가? 이러한 상속 제도하에서 과연 장자에게 제사를 받들라고 할 수 있을 것인가? 이는 바로 제사의 정신과 미풍양속을 폐지하라는 것이나 다름없다. 걱정이 아닐 수 없다.

물론 부모가 생전에 특별히 제사 몫으로 일정한 재산을 양도해 놓았다든가 유언으로 제사 담당자에게 특별히 한몫을 추가하여 상속토록 하였다면 모르지만, 우리 나라에서는 유언에 의한 재산 상속이 보편화되어 있지 못하기 때문에 그 실효성에 의문을 품지 않을 수 없다. 우리가 제사라는 의식을 통해 가문을 계승하고 친족의 유대를 도모하는 훌륭한 전통을 유지하고 발전시키자면 정신적·문화적 의식의 계몽과 자각이 필요한 동시에 그 물질적 기초가 되는 재정 문제도 확고하게 제도적으로 뒷받침할 필요가 있다. 그러므로 현행 민법의 재산 상속 조항은 속히 개정되어야 할 것이다.

제사를 받드는 장자에게 제사 몫의 재산을 별도로 나누어 주지 않은 경우는 말할 것도 없고, 설사 조금 나누어 준 경우라 하더라도 제사에 참석하는 형제들은 예의상 조금씩 제수 비용을 분담하는 것이 좋다. 그렇지 않으면 각자가 음식을 조금씩 분담하여 마련해 오는 것도 좋을 것이다. 이것은 조상을 섬기는 도리로 보아서도 그렇고 형제간의 우의를 돈독히 하는 뜻에서도 그러하다.

30.「가정의례준칙」의 문제점

정부는 1973년 5월 대통령령 제6680호로「가정의례준칙」을 제정하여 국민의 가정 의례 즉 혼례, 상례, 제례 등의 전반에 관한 의식 절차와 내용들을 규정하였다. 이는 1975년 5월에 개정되었고, 다시 1980년 12월「가정 의례에 관한 법률」이 제정된 후에 몇 번의 개정을 거쳐 1985년 3월 대통령령 제11671호로 다시 개정, 현행「가정의례준칙」으로 확정되어 오늘날까지 시행되고 있다.

이 '법률'과 '준칙'은 법 제1조에 밝힌 바와 같이 허례 허식의 일소, 의식 절차의 합리화, 낭비 억제, 건전한 사회 기풍 진작을 목적으로 하여 제정되었다. 그러나 이 법률과 준칙이 과연 이러한 입법 취지에 적합하게 제정되었는지, 그 후 실제 시행 과정에서 소기의 성과를 거두고 있는지, 제정 당시 국민들의 상식과 정서 그리고 사회 일반의 관습과 통념에 부합한 것이었는지, 현재와 장래의 국민 의례 생활에서 모범적이고 표준적인 예법이 될 만한지 하는 문제에 있어 허다한 논란과 비판이 제기되었다. 현대 민주 사회에서 국민의 사사로운 의례 생활을 형사 처벌이 전제되는 법령에 의해 획일적으로 규정하겠다는 발상 자체가 놀랍다. 하기는 이러한 법령이 제정, 반포되던 당시의 살벌한 정치 환경을 생각하면 있음직한 일이기는 하지만 말이다.

어쨌든 이들 법령에 의해 여러 가지 사회적인 소동도 있었고 전통 예법을 사랑하는 사람들이 많은 좌절을 겪기도 하였다. 더 심각한 것은 하루아침에 단절된 예법의 전통과 준칙이 안고 있는 문제들로 말미암아 국민 전체의 의례 생활에 심각한 왜곡 현상이 야기되고 도덕과 윤리의 뿌리가 와해되면서 건전한 사회 기풍까지 피폐해지게 되었다는 점이다. 으레 내세우는 그 허례 허식의 일소와 낭비 억제라는 목적마저 제대로 달성하지 못한 채…….

 법과 준칙은 '간소화'라는 미명하에 모든 예법을 허물어 버렸다. 혼례는 10여 분만에 끝나고, 상례는 죽은 사람을 갖다 버리는 절차로 전락했으며, 제례는 산 사람들의 회식에 지나지 않게 되었다. 예법은 상당한 절차와 자기 절제를 통하여 이루어지는 것이다. 그러므로 모든 것을 편의대로 해서는 안 된다. 예법의 기본 정신은 '공경'과 '정성'이다. 「가정의례준칙」도 구구절절이 그것을 강조하고 있다. 그러나 공경과 정성은 말로만 되는 것이 아니며, 그것을 담은 절차와 형식 그리고 각고의 훈련을 통해 이루어지는 것이다. 의례 생활은 예법의 실천을 위한 훈련 과정이기도 하다. 그런데 법과 준칙은 그 모든 것을 생략하고 마음으로만 하라는 것이다. 이는 아마도 요순 임금 같은 사람에게서나 기대해 봄직한 것이다. 그리하여 우리의 아름다운 예속은 황폐해지게 되었다.

 「가정 의례에 관한 법률」과 「가정의례준칙」이 안고 있는 문제점들 중에서 특히 심각하다고 생각되는 몇 가지 사항을 예로 들어 본다.

 첫째, 예법을 형벌로 강제하고 있는 점이다. 예는 교육을 통해 가르치고 의리를 들어 인도해야지 법과 형으로 공포를 준다고 이루어지는 것이 아니다. 국가는 예법을 제정할 수 있으나 다른 형법처럼 강제할 수는 없다. 국가에서 제정한 예법이 훌륭하여 한 시대의 모범이 될 수 있으면 국민은 시키지 않아도 따라갈 것이다. 그만한 자신과 역량이 없으면서 어떻게 예를 만든다 하는가? 그것이 이른바 입법 회의라는 데서 다수결로 결정될 수 있는 사항이겠는가? 국민을 자연스럽게 교화할 수 없는 예법이라면 아무리 법과 형으로 강제하더라도 시행되지 않는다. 실행할 수 없고 실행되지 않는 법은 존재 이유가 없으며 따라서 제정할 필요도 없는 것이다.

 둘째, 「가정의례준칙」은 의례 생활에서 편의주의와 안일만을 추구하게 함으로써 예속을 해이하게 만들었다. 자신을 단속하고 남의 이목을 두려워하면서 어렵게 성취되는 의례 생활 같은 일에 있어서는 어지간히 절제하는 사람이 아니라면 어려운 것은 기피하고 쉬운 쪽으로만 나아가려는 천성이 있다. 그런데 마침 이런 성향에 부합하는 「가정의례준칙」의 제정으로 인해 사람들은 굴건 제복도 하지 않고 축·지방도 쓰지 않고, 심지어는 큰절도 제대로 하지 않고 이른바 가정 의례라는 것을 할 수 있게 되었다. 허례 허식을 일소하고 낭비도 억제할 수 있게 되었다. 호화 약혼식, 호화 혼수, 호화 예식, 호화 돌잔치에는 어떠한 허례 허식도 마다하지 않고 많은 비용을 들이고도 그것을 낭비로 여기지 않으면서 죽은 이에게는 어쩌면 그다지도 박하게 하는가? 이것이 바로 법과 준칙이 만들어 낸 현실이다. 결국 어려운 것은 기꺼이 버리고 쉬운 것에는 마음껏 방자하게 되어 이제 사람들은 예법에 의한 절제와 단속을 훈련할 일이 없게 된 것이다.

셋째, '허례 허식'과 '낭비'의 문제이다. 예는 바로 형식이요 절차다. 어떤 것을 허례 허식이라 하는가? 서양 문화가 들어오면서 우리 사회에서는 유교 예법은 무조건 허례 허식이라고 비난하는 것이 하나의 풍조가 되다시피 하였다. 굴건 제복이 허식인가? 그 속에는 진실한 슬픔과 경건함이 담겨 있다. 혹시 진실하지 않더라도 최소한 그것을 담을 수는 있다. 입던 양복에 상장을 달면 진실한 마음이 저절로 생긴다는 것일까? 예의 의식에는 근본 정신도 중요하지만 일정한 절차와 형식이 요망되고 거기에는 일정한 비용도 들게 마련이다. 그것을 절약하는 것만이 능사는 아니다. 여기에서 조금 절약하고 다른 것에서 크게 낭비한다면 무슨 의미가 있겠는가? 예식에 있어서 허례 허식을 판단하는 기준은 지극히 애매하므로 무조건 배격할 수만은 없다. 근본 정신만 강조하고 최소한의 절차조차 갖추어지지 않는다면 그것은 예가 아니다.

넷째, 「가정의례준칙」은 종교의 자유를 명시한 헌법의 정신에 따라 국민의 의례 생활에 있어서 각자의 종교적 의식에 따른 의례를 허용하고 있으나, 유독 유교의 고유 의례인 굴건 제복의 착용과 만장의 사용에 대해서만 200만원 이하의 벌금형을 규정하고 있다. 이는 「가정의례준칙」이 기본적으로 유교 의례를 바탕으로 구성된 것임에도 불구하고 의도적으로 그것을 배척했음을 뜻한다. 다른 종교의 상복은 허용하면서 유교식 상복에 대해서만 금지 규정을 두는 것은 일종의 종교 탄압이다. 또 같은 논리로 말한다면 상례의 굴건 제복은 제한하면서 왜 그보다 더 비용이 많이 드는 혼례의 사모 관대나 족두리, 원삼 등은 허용하는가? 이는 허례 허식의 문제가 아니다. 그보다 더 심한 사치와 낭비 요소를 가진 의례들은 허용하면서 특정 종교의 복식과 예식을 금지하는 것은 공평한 입법이라고 할 수 없다. 실제로 유교 이외의 종교 의식에 대한 제재는 단 한 구절도 없다. 유교는 종교가 아니란 말인가? 이 법에는 우리의 전통 문화와 예속에 대한 당시 위정자들의 자기 비하와 자기 모멸의 의식이 잠재되어 있는 것이다.

다섯째, 제례에 대하여 말해 본다면 준칙에서 기제(忌祭) 대상을 제주의 2대조까지로 한정한 것은 근거도 없고 사리에 맞지도 않다. 반대로 절사(節祀)의 대상은 직계 조상으로 한다고만 하고 대수를 명시하지 않은 것은 무절제한 것이다. 이는 모두 고조부모까지 4대조로 통일해야 할 것이다. 똑같은 명절의 차례인데 절사와 연시제를 구분한 것도 근거 없는 일이다. 그리고 제수를 간소하게 하는 것은 좋으나 그것을 평상시의 반상 음식으로 한다는 것은 제사의 정신을 망각한 일이다. 제사 음식은 일상의 음식에서 유래된 것이기는 하지만, 이제는 그것이 일정하게 의식화된 전례를 위한 의물(儀物)이라는 사실을 잊어서는 안 된다. 이 때문에 평소의 음식과는 달라야 한다. 그렇지 않으면 산 사람과 죽은 사람의 구분이 없어지게 되어 귀신을 존중하는 정신이 없어지게 된다. 그렇다면 차라리 제사를 지내지 않는 편이 나을 것이다. 또한 참사자(參祀者)를 직계 자손으로 한다는 것도 부당하다. 제사의 참여는 방계 친족, 친지, 친구 누구든지 자유로워야 하며 그것을 제한할 필요도 없다. 고금의 모든 예법이 그것을 허용하고 있는데 「가정의례준칙」은 무슨 근거로 이렇게 불필요한 제한을 두는가?

31. 『주자가례(朱子家禮)』는 어떤 책인가?

『가례』, 『문공가례(文公家禮)』 등으로도 불리는 『주자가례』는 중국의 남송대인 1170년에 주자(1139~1200)가 모부인[祝氏]의 상중에 편찬한 것으로 알려져 있다. 그 뒤 이 책은 한 절간에서 분실되었다가 1200년에 주자가 죽은 뒤 장례일에 다시 발견되어 널리 전파되고 시행되었다고 한다. 그러나 이 책에는 주자의 만년 저술과 다른 내용이 많고 또 주자가

신봉하던 『의례』와도 상이한 곳이 적지 않다. 또 주자의 '가례서문' 외에는 그가 본서에 대해 언급한 문헌이 거의 없어 예로부터 많은 의혹이 제기되었고 특히 청대의 왕무굉(王懋竑) 등 고증학자들은 본서가 결코 주자의 저서가 아니라고 호언하기도 했다. 그러나 『가례』가 비록 주자의 초기 초고본 저술로서 미비한 점과 문제점이 있다고는 하나 그 간결성, 실용성, 시의성, 내용의 일관성 등으로 인해 크게 유행되었으며 특히 주자의 학문적 권위와 명성에 편승하여 대단한 권위를 갖게 되었고 조선시대에는 사서오경에 비견될 만큼 존중되었다. 본서가 과연 주자의 저술인가 아닌가에 대한 고증학적 문제는 차치하더라도 이것이 주자의 이름으로 보급되고 권위가 부여되었다는 점에서 그것은 『주자가례』로 불리기에 충분한 의의를 갖는다 하겠다.

중국의 전통적인 예법 제도는 주나라 때에 마련된 이념과 체계를 바탕으로 한나라 초기에 『의례(儀禮)』 『주례(周禮)』 『예기(禮記)』의 삼례로 정비되어 고전 예학의 토대를 마련하였다. 이후의 예제(禮制)는 주로 국가, 왕실의 의례를 중심으로 발달하였는데 당 현종대에 편찬된 『대당개원례(大唐開元禮)』는 이를 집대성한 것이다. 왕조의 예법은 후에 계속 보완되어 『대명집례(大明集禮)』 『대명회전(大明會典)』 등으로 발전하였다. 조선시대에 편찬된 『국조오례의』도 이러한 종류의 왕조 예서이다.

국가 전례를 중심으로 한 중국의 전통 예제는 기본적으로 천자, 제후 및 왕족, 공족들의 의례를 제도화한 것이었다. 따라서 그것은 봉건 사회 혹은 귀족 사회의 예제라고 할 수 있으며 강한 신분적 차별성을 내포하게 마련이었다. 여기에는 사람의 신분에 따라 그 예가 달라야 한다는 고전 예학의 이념이 깔려 있었기 때문이다. 왕조 예제에는 사대부 혹은 사서인의 예가 일부 포함되어 있기도 하지만 그 분량이 미미하고 주변적인 내용에 지나지 않았다.

그러다가 남북조시대에 이르러서는 이민족의 침입과 이로 말미암은 사회 변동으로 전통 예법에 큰 혼동이 야기된 가운데 『서의(書儀)』라는 형태로 가례를 정리하려는 경향이 나타나게 되었다. 특히 당 말~송대에 이르러 대농장이 붕괴됨에 따라 귀족 사회가 해체되고 중소 지주 출신의 사대부 계층이 중국 사회의 중심을 형성하면서 예제에 있어서도 본격적으로 왕조례와 구별되는 사대부 계층의 고유 예속을 강구하게 되었다. 이러한 욕구와 필요에 의해 연구, 발전된 새로운 예학 체계는 송대에 정리되었는데, 사마광(司馬光)의 『서의』와 주희(朱熹)의 『가례』가 그 대표적 산물이었다. 중국 예학사에서의 이러한 변화는 또한 당시 중국 유학사에서의 대변동 즉 신유학으로 불리는 성리학의 등장과 일치하는 것으로 이 역시 중소 지주층 사대부 사회의 지배 이념 위에서 이룩된 철학 체계였다. 『가례』로 대표되는 중세 예학은 송대 사대부 계층의 신유학이 남긴 유산이라고 할 수 있다. 따라서 『가례』 중심의 중세 예학은 성리학의 보편주의적 이념 위에서 발달하게 되었고 그 자체가 보편적 원리를 중시하게 된 것으로 보인다. 그러므로 그것은 고전 예학의 신분 차별 관념을 극복하여 모든 신분 계층에 동일한 예를 적용할 수 있는 길을 모색하게 되었다.

예의 적용에서 이러한 신분 초월적 관념은 송대 사대부 계층 자신들의 지위를 왕족, 귀족들과 보편시하려는 관념의 소산이었으며, 이들의 경제적 기반이 되었던 소작농층이나 노비들에게까지 확장될 탈신분적 이념에서 우러난 것은 아니었다. 그러나 이러한 보편주의적 예 관념은 사대부례의 보편적 원리를 강조하면서 마침내 왕조례와의 장벽을 허물게 되었다. 주자와 황간(黃榦)에 의해 편찬된 『의례경전통해속(儀禮經傳通解續)』은 바로 이러한 이념 위에서 왕조례와 사대부례를 동시에 추구한 거창한 작업이었다.

우리 나라에 『가례』가 도입된 것은 고려 말경으로 생각되며, 이는 당시 신흥 사대부 계층의 성리학 수용과 함께 새로운 개혁과 사회 질서를 추구하는 이념이 되었다. 유교 국가인 조선 왕조가 건국되자 『가례』는 사대부 관료들에게 필수적으로 권장되었고 국가 전례에도 부분적으로 사용되었다. 그러나 『가례』가 조선 양반 사회에서 독자적으로 연구, 발전되고 생활화된 것은 16세기에 성리학이 심화되고 한국화하게 된 이후의 일이었고 조선의 농업 경제와 사대부 사회의 성장이 송대의 수준에 이르게 된 후의 일이었다. 17세기에 이르러 조선의 예학은 더욱 발달하기 시작하여 김장생, 정구, 김집, 허목 등의 대예학자들을 배출하게 되었고 『가례』 연구도 한층 심화되어 갔다. 이러한 『가례』의 연구와 보급은 자연히 사대부례의 보편성을 강조하고 신분 차별적 왕조례와의 본질적 차이를 부정하려는 경향을 띠게 되었다. 『가례』의 탈신분적 성격은 이를 조선의 모든 사회 계층에 보급시키는 효과를 낳게 되었다. 그것은 이제 왕실의 전례에도 중요한 표준이 되었고 서민들의 예속에도 보급되어 사회 교화의 한 방편으로 여겨지기도 하였다. 그러나 『가례』는 역시 사대부 양반들의 예서였다. 조선 후기에 이르러 양반 계층에서는 이 책이 필수 불가결한 사회 생활의 준칙이 되었고, 그것의 준행은 양반의 체모를 유지하는 최소한의 기준이 되었다. 그런데 17세기 이후 조선의 신분 체제가 문란해져 양반 인구가 늘어나 19세기에 이르면 전인구의 80~90%가 양반을 자칭하게 되었다. 이러한 양반 인구의 비약적 증가와 양반 의식의 확대는 자연히 『가례』의 수요를 증폭시키게 되었고 『가례』적 예속이 전국에서 보편화되는 계기가 되었다. 따라서 조선 말기에 이르면 『가례』는 우리 나라 예속의 유일한 전통이 되다시피 하였다.

1170년에 주자가 초고의 형태로 저술하였다가 유실함으로써 미완성의 예서로 남게 되었다고 하는 『가례』는 실상 그 체제와 내용면에서 대부분 북송의 사마광이 저술한 『서의』를 답습한 것이었다. 여기에 『의례』를 비롯한 고전 예서와 남송 당시의 습속을 참작, 보완하여 이루어진 것으로 볼 수 있다. 현행 『가례』는 판본에 따라 조금씩 차이가 있으나 대체로 '통례'와 '관례', '혼례', '상례', '제례'의 4례 체제로 편차되어 있고 우리 나라 본에는 대부분 앞에 '가례도'가 첨부되어 있다.

『가례』는 하나의 예서로서는 비교적 간략한 편이며 여러 가지 미비점을 가지고 있었다. 따라서 실제 의례 생활에 적용하는 데는 미흡함이 많았다. 이 때문에 중국과 조선에서는 그것을 보충하고 정비하기 위한 주석서와 연구서들이 많이 저술되었는데 양복(楊復)의 『가례고정』, 구준(丘濬)의 『가례의절』, 김장생(金長生)의 『가례집람』, 유계(兪棨)의 『가례원류』, 이의조(李宜朝)의 『가례증해』 같은 책이 이에 해당한다.

『가례』는 이러한 문제점에도 불구하고 그 간결성, 시의성, 보편성, 실용성, 내용의 일관성 때문에 매우 유용하여 널리 보급될 수 있었다. 무엇보다도 이것이 주자의 저술이라는 믿음 때문에 권위를 더하게 되었는데, 특히 조선 후기에 그러하였다. 이제 이 책의 특성을 간략히 정리해 본다.

첫째, 『가례』는 매우 간결하고 요령있게 편집되어 있다. 주자는 서문에서 예의 근본과 실질에 힘쓰고 번다한 문식은 되도록 간략하게 하였다고 하였다. 주자는 예의 근본을 '명분의 수호와 애경의 실천(名分之守 哀敬之實)'이라고 보았고 관혼상제의 의장이나 횟수는 하나의 문식(文飾) 즉 예의 말단이라고 보았다. 그러므로 번다한 의장이나 세세한 절차 같은 것은 비교적 생략되어 있다고 할 수 있다. 이것은 『의례』나 『예기』, 기타 예서들에 비하면 특히 그러하다. 그 절차와 의장이 간결하므로 이해와 실천이 용이하고 물자와 경비가 절약되어 사서인(士庶人)들이 행하는 데 비교적 어려움이 적었다 하겠다.

둘째, 『가례』는 남송 당시의 풍속과 국법을 많이 반영하여 시의성을 갖추고 있었다. 예에는 불변의 원칙과 수시로 고칠 수 있는 지엽적 요소가 있다. 전자는 고금에 변할 수 없는 대원칙 예컨대 삼강 오륜 같은 것이며 후자는 세세한 절차나 의장 비품 같은 것이다. 『의례』나 『예기』 등 이른바 고례는 제작된 지 수천년이 지났으므로 후세에 준행하는 데 많은 어려움이 있었다. 『가례』는 이러한 시대성을 반영하여 당시의 습속을 수용함으로써 당시대인들에게 비교적 친근하게 접근하여 실천을 용이하게 했다. 이 점은 조선시대의 사대부 양반들에게도 그러했을 것이다. 중국과 조선은 풍토가 다르고 남송대와는 400~500년의 시간차가 있었지만 그래도 2~3천 년 전의 중국 고례를 준행하는 것보다는 『가례』의 활용이 훨씬 용이했을 것이기 때문이다. 조선시대의 예학자들은 이러한 『가례』의 시의성을 존중하여 조선의 법전이나 속례를 참작하여 활용코자 하였는데 김장생의 『가례집람』은 이러한 의도를 잘 보여 주는 『가례』 연구서이다.

셋째, 『가례』는 대체적으로 신분 차별 의식을 표방하지 않음으로써 여러 사회 계층에 적용될 수 있는 보편성을 갖추고 있었다. 이 책은 송나라 때 경대부를 지낸 사마광의 『서의』를 기초로 하였고 주자 자신도 대부급에 해당하는 관료 출신이었으므로 중국의 상류 사대부 계층을 위해 저술된 것이었지만 고전 예서나 여러 왕조 예서들과는 달리 신분과 지위에 따른 예의 한계를 철저히 명시하지 않았던 것이다. 예를 들어 사당의 신주 봉안과 제사의 대수는 『예기』나 『경국대전』이나 모두 제후 5묘, 대부 3묘, 사 1묘(혹은 2묘)로 제한하였고, 서인은 사당을 세우지 못하고 정침에서 부모 제사만 행하도록 되어 있었다. 그러나 『가례』에는 대부, 사, 서인의 구분 없이 모두 4묘를 갖추고 고조부모까지 제사토록 하고 있다. 이러한 『가례』의 신분 초월성이 예의 본의에 어긋나는 것이라는 비판을 받기도 하였으나 이것이 여러 계층에 보급되는 요인이 되기도 하였다. 특히 서민 계층에게 유교 예속을 확산시키는 데는 이러한 『가례』의 보편성이 큰 역할을 했던 것으로 보인다.

넷째, 『가례』는 종법의 원리를 강조함으로써 가족의 윤리와 종족의 결속을 중시하였다. 대종과 소종의 편서에 따라 제사권의 상속을 엄격하게 하였고, 종자의 권한과 지위를 존중케 함으로써 명분과 질서를 확립코자 하였다. 『가례』에는 전편에 걸쳐 종법의 이념이 흐르고 있다. 사당, 제사, 관례, 혼례의 주관자는 모두 종손으로 되어 있고, 가문의 공동 재산도 모두 종손이 관리하게 하였다. 이러한 종법의 원리는 성리학적 사회 질서의 기초가 되는 것이라고 할 수 있다. 이에 따라 조선시대에 『가례』가 보급되면서 사회의 여러 분야에 걸쳐 종법적 생활 양상이 나타났는데 대가족 제도, 동족 부락, 제답의 설치, 족보의 편찬 등은 모두 이러한 경향을 반영한 것이다.

다섯째, 『가례』는 그 내용 면에서 일관된 원칙과 통일성을 갖추고 있으므로 신뢰성을 갖게 한다. 예를 들어 신주를 사당에 모시는 부묘(祔廟)의 예는 주나라 예법에는 졸곡(卒哭) 뒤에, 은나라 예법에는 연제(練祭) 뒤에 하도록 하였는데, 공자는 은나라 예법이 좋다고 하였고 주자 자신도 여기에 찬성하였으나, 다만 『가례』에서는 삼우(三虞), 졸곡 등 상례의 대부분에 주례를 따랐으므로 부묘도 주례를 따라 졸곡 뒤에 행하도록 하였다. 이는 주자가 자신의 소신보다는 예의 전체 체제와 일관성을 더 중시했다는 증거가 될 것이다. 이 점 때문에 『가례』는 여러 가지 미비점에도 불구하고 상당한 합리성과 신뢰성을 갖는 것이다.

32. 요긴한 우리 나라의 예서(禮書) 들

조선시대에는『가례』가 양반 계층의 생활 지침서로서 광범하게 보급되었다. 그러나 이 책은 너무 소략하여 가정 의례를 시행하는 데는 미비한 점도 있었고 또 중국 예속과 우리 나라의 전통 예속은 서로 다른 점이 있어서 도저히 그대로 시행할 수 없는 내용도 있었다. 또한『가례』에는 보통 사람으로서는 이해할 수 없는 어려운 곳도 없지 않았다. 이 때문에 조선 중기 이후부터 이 책을 연구하고 번역하고 주석하려는 작업이 많이 나타나게 되었다. 그 결과 예학이 크게 발달하고 많은 연구서와 주석서들이 나타나게 되었다. 이들 중에서 오늘날에 이르기까지 특히 저명하고 예법의 연구와 실천에 도움이 되는 책들을 소개해 본다.

1.『가례고증(家禮考證)』

조선 후기의 학자 조호익(曺好益)이 편찬한『가례』주석서이다. 7권 3책으로 되어 있으며 목판본이다. 1646년(인조 24) 김육(金堉), 민응협(閔應協) 등에 의해 간행되었다. 본서는『가례』본문 중 어려운 부분을 뽑아 고증과 해석을 붙인 것으로 권1·2에 '가례서' '통례(通禮)' 96항목, 권3에 '거가잡의(居家雜儀)' 140여 항목, 권4에 '관례', 권5에 '혼례' 90여 항목, 권6·7에 '상례'와 '제례' 170여 항목을 수록하여 해설하였다. 이 책은『가례』에 대한 최초의 본격적인 주석서라고 할 수 있으며 후대『가례』연구의 표본이 되었으나 일반 사회에 많이 통용되지는 않았다.

2.『가례원류(家禮源流)』

조선 후기의 학자 유계(兪棨)가 편찬한『가례』주석서이다. 14권 8책으로 되어 있으며 목판본이다. 1711년(숙종 37) 손자 유상기(兪相基), 좌의정 이이명(李頤命) 등에 의해 간행되었다.『가례원류』는『가례』본문을 대본으로 하여 여기에『의례』『예기』『주례』등 고전의 근거를 '원(源)'으로 발췌하여 붙이고 후대 여러 학자들의 예설을 '류(流)'로 첨부

한 것이다. 이 책은 『가례』의 조문에 관련되는 경전 근거와 여러 학설을 일목 요연하게 편집하여 연구자들이 참고하는 데 편하게 하였으나 편저자의 개인적인 학설이나 의견이 일체 수록되지 않아 학술적 의의가 적다. 이 책은 원래 유계가 윤선거(尹宣擧)와 함께 편집하였고 후에 윤증(尹拯)이 많이 첨가하여 보완하였으나 간행 과정에 알력이 생겨 유상기가 유계의 단독 저술로 발표하였기 때문에 후에 많은 분쟁이 일어나게 되었다. 이 문제는 또한 노론, 소론의 당쟁과 결부되어 분쟁을 격화시켰는데, 이 책에 붙인 정호의 발문 중 윤증을 비난한 것이 직접적인 도화선이 되었다.『계사유윤왕복서(癸巳兪尹往復書)』에 두 집안의 분쟁 전모가 잘 수록되어 있다.

3.『가례집람 (家禮輯覽)』

조선 중기의 유학자 김장생(金長生)이 편찬한 대표적 예서이다. 10권 6책이며 목판본이다. 1685년 송시열(宋時烈) 등에 의해 간행되었다. 이 책은『가례』를 해설, 보완한 책이기는 하나 단순한 주석서가 아니고 가례에 관련된 여러 자료들을 집성하여 편집한 저술이다. 『가례』는 주자의 저술로 알려져 있으나 소략하고 미비한 점이 많을 뿐만 아니라 주자의 만년 정설과 상반되는 부분도 있어 논란이 많았기 때문에 저자가 이를 보완하기 위해 편찬한 것이다. 권두에 '도설(圖說)', 권1에 '통례(通禮)', 권2에 '관례', 권3에 '혼례', 권4~9에 '상례', 권10에 '제례'를 수록하였다. 이 책은『의례』『예기』등의 경전과『통전(通典)』『대명률(大明律)』『경국대전』등 많은 문헌을 자료로 인용하였고 저자 자신의 독창적인 학설과 견해도 첨부하였으며 또 우리 나라 전래의 예속도 참고하였다.『가례』연구와 가정 의례의 실천에 요긴한 저서로 널리 보급된 이 책은 17세기 조선 예학의 수준과 성향을 보여 준다는 점에서 한국 예학사에서 중요한 의의를 갖는다.

4. 『가례증해(家禮增解)』

조선 후기의 학자 이의조(李宜朝)가 편찬한 『가례』 주석서로 14권 10책으로 되어 있으며 목판본이다. 1792년(정조 16)에 간행되었다. 이 책은 김장생(金長生) 이래 이재(李縡)에 이르기까지 진행된 노론 학파의 『가례』 연구를 집성한 방대한 예서이다. 『가례』 본문을 크게 쓰고 조목마다 자세한 경전의 전거(典據)를 밝혔으며 선유들의 해설과 자신의 견해를 덧붙였다. 또한 서인 학자들의 예설을 주로 다뤘지만 이황(李滉), 정구(鄭逑) 등의 예설도 광범하게 인용하였다. 전체적으로 보아 저서라기보다 편집서와 같은 성격이 강하지만 내용이 풍부하고 해설이 보편성을 띠고 있어 널리 보급되고 활용되었다. 조선 『가례』 연구의 변천사를 보여 준다.

5. 『사례편람(四禮便覽)』

조선 후기의 성리학자 이재(李縡)가 편찬한 관혼상제의 가정 의례서로서 모두 8권 4책으로 되어 있으며 목판본이다. 후손들의 수정과 증보를 거쳐 1844년(헌종 10) 증손 이광정(李光正)이 수원에서 간행하였다. 1900년(광무 4) 황필수(黃泌秀), 지송욱(池松旭) 등이 다시 증보를 가하여 『증보사례편람』을 간행하였다. 이 책은 『가례』에서 특히 실제 생활에 긴요한 관혼상제의 4례만을 모아 해설한 책으로 편의성과 실용성에 치중하여 편집했다. 『가례』를 기본으로 하였지만 미비점을 보완하기 위해 많은 예서들을 참고하였고 특히 상례 부분은 『상례비요』를 근간으로 하였다. 이 책은 예의 원리적인 측면뿐만 아니라 당시 사회에 통용되던 속례(俗禮)를 많이 수용하여 편집하였기 때문에 친근감과 실용성을 높였다. 이러한 이유로 기호 지방에 광범하게 보급 활용되었고, 후대의 『가례』 연구나 해설에 많이 인용되었다.

6. 『의례문해(疑禮問解)』

조선 인조 때의 학자 김장생(金長生)이 지은 예에 관한 문답을 적은 책으로 4권 4책의 목판본이다. 1646년(인조 24)에 간행되었으며 밀양부에서 중간되었다. 편자가 평소 송시열(宋時烈), 송준길(宋浚吉) 등 문인들과 친구들의 질문에 대답하는 형식으로 짜여져 있다. 즉『가례』의 순서에 따라서 제목을 붙였고『가례』에 없는 것은 따로 제목을 달았다. 이 책은 당시 선비들의 모든 처신과 행사를 예에 맞게 하기 위한 목적으로 쓰여졌다. 예가 당시 선비들의 의식과 행동을 지배하던 사회에서 행위 규범인 예를 알지 못하면 사람 대접을 받을 수 없었던 것이다. 특히 예의 절목은 시대에 따라 변한 것도 있어 과거의 예서에 기재되지 않았을 때는 어떻게 처신해야 옳을지 모르는 경우가 종종 생기는데 김장생의 친우와 문인들은 이에 대해 질문하고 김장생이『주례』『의례』『가례』『의례경전통해』『의절』『통전』등을 참고로 자기의 판단을 가하여 대답하였다. 이 문답에 참가한 학자는 송준길, 이경여(李敬輿) 등 11명이다.

7.『상례비요(喪禮備要)』

조선 중기의 유학자 신의경(申義慶)이 편찬하고 김장생, 김집(金集) 부자가 증보하여 간행한 예서이다. 원래는 1권 1책이었으나 후에 2권 1책으로 증보되었다. 목판본으로 1648년(인조 26)에 처음 간행하였다. 이 책은『가례』중에서 상례편의 소략하고 미비한 점을 보완하고 실용에 편하도록 해설하기 위해 편찬되었다.『가례』중 '상례편'의 전문을 장(章), 구(句)로 나누어 단행에 큰 글씨로 쓰고 전거와 해설은 조목마다 쌍행의 작은 글씨로 썼다.『가례』는 비교적 소략하고 미비한 점이 많았으므로 여러 경전에서 고례(古禮)를 추출하고 여러 학자들의 예설을 모아 수록하였고 당시까지 행해지고 있던 속례(俗禮)도 많이 수용하여 넣었다. 또 책머리에 사당, 신주, 의금(衣衿), 상복, 오복제(五服制), 상구(喪具) 등에 관한 도설(圖說)을 수록하였다.『사계전서(沙溪全書)』권31~34에도 도설 부분을 제외하고 같은 제명으로 수록되어 있다. 본서는 김장생, 김집 부자의 명성과 그 실용성 때문에 널리 보급되고 활용되었다.

8. 『상례사전(喪禮四箋)』

조선 후기의 실학자 정약용이 편찬한 예서로서 전 60권(신활자본 전 50권)에 달하는 방대한 저서이다. 필사본으로 전해지다가 『여유당전서』 제3집에 포함되어 1934~1938년에 신활자로 간행되었다. 이 책은 '상의광(喪儀匡)' 17권(1803년 완성), '상구정(喪具訂)' 6권(1807년), '상복상(喪服商)' 6권(1809년), '상기별(喪期別)' 21권(1811년)의 4부작으로 구성되어 있다. 유배지 강진에서 10여 년간에 걸쳐 저술된 다산 예학의 결정판인 이 책은 상례의 의의·절차·기간, 상례 진행시의 비품, 상복의 제도·제작법·종류 등에 대해 광범한 경전 자료를 고증하고 많은 학자들의 예설을 인용하여 집대성하였다. 이 책은 『의례』『예기』『주례』 등 고례 3서를 기초로 하고 『개원례(開元禮)』『통전(通典)』『서의(書儀)』『가례』 등의 중국 예서와 김장생의 『상례비요』 등 많은 예서를 인용하였다. 저자는 이들 예서와 예론에 대한 비판적 분석과 자신의 독창적인 견해도 적잖이 수록하였다. 이 책은 저자의 광범한 고전 연구를 통해 고례의 원형을 확인하고 그것을 실천하는 문제를 추구하였다.

9. 『경례유찬(經禮類纂)』

조선 후기의 학자 허목(許穆:1595~1682년)이 편찬한 예서로 5권 5책의 목판본이다. 허목의 만년 미완성 저술로 오랫동안 간행되지 못하다가 1882년(고종 2) 의령에서 허전(許傳), 허헌(許憲) 등에 의해 간행되었다. 『주례』『의례』『예기』 등 고례 3서 가운데 상례와 제례에 관련된 본문과 주석 1천여 조를 발췌하여 편집한 책으로 조항마다 저자 자신의 간단한 해설을 붙여 놓았다. 이 책은 경전 원문을 편차에 따라 그대로 발췌한 것이므로 제왕례, 사대부례, 서인례가 혼재되어 있으나 그 차이를 명시함으로써 이를 통해 귀천을 분별하고 상하 질서를 확립하려고 한 저자의 의도를 엿볼 수 있다. 그러나 이 책의 편차는 대체로 『가례』의 체제와 흡사하게 되어 있다. 제1책은 초종례(初終禮), 제2책은 상구(喪具)와 복제 등의 흉례 비품, 제3책은 장의의 시행 절차, 제4책은 문상과 거상(居喪) 및 기타 사항 등을 수록하였고, 제5책은 제례로서 미완성 편이지만 주로 국가 왕실의 제례에 관한 경전 조항들을 발췌 수록하였다. 이처럼 그 체제와 편차에서 『가례』와 유사한 부분이 있어 일정한 영향을 받은 것으로 보이기는 하지만 이는 상례의 진행 순서에 따라 편집했기 때문이며 내용은 전적으로 고례에서 인용한 것이다.

10. 『가례언해(家禮諺解)』

송나라 주희의 『가례』를 신식(申湜)이 한글로 번역하여 1632년(인조 10)에 간행한 책으로 10권 4책의 목판본이다. 첫머리에 범례를 두어 언해의 방식을 설명하고 이어 가례도(家禮圖)와 본문을 언해하였다. 이 책의 제1권은 통례(通禮)·사당(祠堂), 제2권은 통례·사마씨거가잡의(司馬氏居家雜儀), 제3권은 관례, 제4권은 혼례, 제5~9권은 상례, 제10권은 제례·사시제·발문 등으로 구성되어 있다. 다른 언해본과 같으나 연호, 인물, 서명 등에서 어려운 단어에 주석을 달아 놓은 점이 특이하며, 『가례』를 널리 알린 공적도 있다. 이 책은 17세기 국어를 연구하는 데도 귀중한 자료가 된다.

11. 『가례주해(家禮註解)』

조선 중기의 학자 이덕홍(李德弘)이 주희의 『가례』를 주해한 책이다. 8권 1책으로 되어 있으며 목판본이다. 1829년(순조 29) 후손들에 의해 편집, 『간재속집(艮齋續集)』에 합간하였다. 이 책은 항목이나 제목에 구애됨이 없이 난해한 부분과 착오하기 쉬운 부분만 가려서 주해했는데 사당도(祠堂圖), 곡거도(曲袪圖), 오복도(五服圖), 팔모도(八母圖) 등 4편의 그림에 대한 해설과 통례, 사당, 견전(見田), 중원(中元), 유사(有事) 등 30여 편으로 구성되어 있다.

12. 『가례질서(家禮疾書)』

조선 후기 실학자 이익(李瀷)이 『가례』에 관하여 여러 학설을 종합, 분석하고 우리 나라의 실정에 맞게 새롭게 해석하여 만든 책으로서 3권 3책의 필사본이다. 일명 『성호가례질서(星湖家禮疾書)』라고도 한다. '질서(疾書)'란 원래 송나라의 유학자 장재(張載)가 사용했던 말로, 그가 공부하는 중에 마음에 떠오르는 것이 있으면 밤중에라도 일어나서 빨리 기록했다는 뜻에서 나온 것이다. 이 책은 권두에 저자 자신이 1731년(영조 7)에 쓴 자서(自序)가 있는 점으로 보아 그의 생전에 필사된 것으로 추정된다. 권1은 도설(圖說)·통례·관례·계례·혼례·상례, 권2~3은 상례·제례 등으로 구성되어 있다. 권두의 자서에서 편찬 동기를 밝히는 가운데 예는 시대의 변천에 따라 변하는 것이니 시의에 맞도록 고칠 필요가 있다고 말하고 있다. 이 책에서 가장 많은 분량을 차지하고 있는 것은 상례인데 대개 종래의 제설에 대해 비판적·실증적 태도를 취하였다. 저자가 예에 관하여 역사적인 관점에서 고찰하여 현실에 맞는 새로운 모형을 추구하려고 하였다는 점에서 그의 실학 사상의 일면을 엿볼 수 있다.

13. 『사례문답(四禮問答)』

조선 중기의 문인 학자인 김응조(金應祖)가 4례에 관하여 선유들의 학설을 모아 엮은 책이다. 4권 2책으로 되어 있으며 목판본이다. 1656년(효종 7)에 처음 간행하였다. 서문은 없고 권말에 편자의 발문과 간기가 있다. 권두에 목록이 있고 이어 권1은 관례·혼례·상례, 권2~3은 상례, 권4는 제례로 구성되어 있다. 편자는 발문에서 이황의 문하에서 예설에 관하여 문답한 내용을 집성하여 만든 『계문문답(溪門問答)』이 체계적으로 편집되어 있지 않아 실용하기에 불편한 점이 있으므로 이를 다시 정리하여 열람하기에 편리하도록 엮었다고 하였다. 편집 내용을 보면 위에 열거한 편속의 순서에 따라 관련된 내용의 서간문을 싣고 있다. 인용된 서간문은 앞에 제목을 달고 그 밑에 발신자를 밝히고 있다. 서간문 이외에 다른 인용 서목은 없다. 주로 이황을 비롯하여 장현광(張顯光), 유성룡(柳成

龍), 정구(鄭逑), 정경세(鄭經世) 등이 그들의 제자에게 보낸 편지로 되어 있다.

14. 『사례홀기(四禮笏記)』

조선 말기의 학자 유중교(柳重敎)가 선비가 행해야 할 의례와 가정에서 지켜야 할 관례, 혼례의 절차를 정리하여 실생활에 참고하도록 한 2권 1책의 필사본이다. 이 책은 본래 저자가 성현의 예악에 관한 저술을 깊이 연구하여 가정에서 시행하기 위한 것으로 '관례홀기'와 '혼례홀기', 사숙(私塾)에서 시행하기 위하여 '사상견례홀기'와 '향음주례홀기'를 지어 놓은 것을 판관 우병렬(禹炳烈)이 모아 '사례홀기'라고 이름 붙여 1904년에 간행한 것을 필사한 것이다. 권두에 유인석이 쓴 서문이 있다. 상권은 '향음주례'와 '사상견습예의'로 되어 있고 하권은 '관례'와 '혼례'로 되어 있다. 유교적인 의례가 민간에 광범위하게 자리잡고 사회 질서가 급격하게 변화하고 있던 시기에 지식인 또는 지배층의 입장에서 당시 행해지고 있던 의례를 학문적으로 정리하려는 노력에서 편찬된 책으로 보인다. 조선 말기 지식인들의 의식과 전통 시대의 생활상을 연구하는 데 도움이 되는 자료이다.

15. 『사례훈몽(四禮訓蒙)』

조선 중기의 정치가인 이항복(李恒福)이 저술한 4례의 정신적인 계몽서로서 1권 1책의 목판본이다. 이항복은 임란 전후의 사회 질서를 바로잡기 위해 가례를 시행하고자 노력하였다. 이 책은 조선 초기부터 국가에서 강요하다시피 해온 가례의 시행 과정에서 생기는 여러 가지 폐단을 계몽하기 위하여 저술한 것이다. 이 책은 고례(古禮)의 정신적 근원인『예기』에서 4례에 관한 적절한 구절을 뽑고 특히 이언적(李彦迪)의『봉선잡의(奉先雜儀)』를 참고하여 가례의 의절보다는 그 속에 숨어 있는 정신적인 예의 본질을 강조하고 계몽하려 했다. 비록 1권 1책에 지나지 않지만 가례의 정신적 길잡이로서 중요한 역할을 한 이 책은 조선 중기까지 조선조의 가례 인식과 그 사용이 어떠하였는가를 방증하는 데 귀중한 참고가 되는 저작물이기도 하다.

16.『상례고증(喪禮考證)』

조선시대 중기의 유성룡이 지은 상례 관계의 책이다.『가례』의 상례를『예기』와 결부시켜 상제(喪制) 3편과 상제에 따른 상복을 도식화한 내용으로 되어 있다. 이 책은『가례』가 중심이 되고『예기』와『의례』가 참고되었기 때문에 뛰어나게 특색 있는 저술은 아니지만, 유성룡이 상중에 직접 체험한 경험을 토대로 엮었기 때문에 이용자들에게 유리한 점이 있다. 이 책과 같은 제목의『상례고증』필사본이 김성일(金誠一)의 찬술로 전해지고 있다.

17.『상제집략(喪祭輯略)』

조선 후기의 학자인 권순경(權舜經)이 상례와 제례에 대하여 저술한 책이다. 4권 2책의 목판본으로서 1863년(철종 14) 그의 5대손인 주신(周新)과 호신(虎新) 등에 의하여 간행되었다. 권두에 김대진(金岱鎭)의 서문이 있고 발문은 없다. 권1~3은 상례, 권4는 제례로 구성되어 있다. 차례의 절목은『가례』에 의거하여 짜여져 있고 부설(附說)은 김장생의『상례비요』를 참고하였다. 각 조목 끝에 중국 학자들의 전기와 우리 나라 선유들의 예설을 주석으로 달았으며, 자신의 의견을 덧붙이기도 하였다. 상세하고 정밀한 체제와 주석은 많은 예서 가운데서도 특히 돋보이며『사례편람』과 비견할 수 있는 책이다.

제 3 부 제사의 준비와 진행

33. 제구(祭具)와 제기(祭器)의 마련
34. 제사 음식(제수)의 준비와 제상 차리는 법
35. 제복의 마련과 입는 법
36. 신주의 봉안과 지방 쓰는 법
37. 축문 쓰는 법
38. 기제사의 유래와 의미
39. 기제사의 준비
40. 기제사의 봉행
41. 시제의 의미
42. 시제의 준비와 택일
43. 시제의 봉행
44. 명절 차례(茶禮)의 유래와 의미
45. 차례의 준비
46. 차례의 봉행
47. 묘제(墓祭)의 유래와 의미
48. 묘제의 준비
49. 묘제의 봉행

33. 제구(祭具)와 제기(祭器)의 마련

제사의 주재자는 입제일에 제사 장소(보통은 정침의 대청) 주변을 청소하고 제구와 제기를 내어 와 깨끗이 닦고 정비하며, 제사에 올릴 제주(祭酒 : 제사에 올리는 술)와 제수(祭需 : 제사 음식)를 준비하게 된다. 오늘날 일반 가정의 제사에서 사용하는 제구와 제기는 대체로 아래와 같이 준비하면 무난할 것이다. 또한 제사에 필요한 모사와 양초, 향 등도 미리 준비하고 지방과 축문도 미리 써 둔다. 준비가 되면 초저녁에 제소에 병풍, 의자, 제상, 향안, 주가, 소탁자 등을 설치한다.

1. 제구(祭具)의 마련

제구는 제례를 올리는 데 필요한 기구를 총칭하는 것이다. 그러나 그릇류는 보통 제기(祭器)라고 부른다. 제례에 사용되는 제구는 제례 이외에는 사용하지 않는 것이 좋다. 오늘날의 제사에 꼭 필요한 제구들을 알아본다.

(1) 병풍(屛風)
제사 지낼 장소의 뒤와 옆 등을 둘러친다. 현란한 그림이 그려졌거나 경사 잔치에 관계되는 내용의 글씨가 있는 것은 피한다.

(2) 교의(交椅)
신주나 위패를 봉안하는 의자로서 제상이 높으면 교의도 높아야 하고 제상이 낮으면 교의도 낮아야 한다. 요즈음에는 신위를 보통 제상 위에 봉안하고 있으므로 따로 준비하지 않아도 무방하다.

(3) 신위판(神位板)
제사 도중 지방(紙榜)을 붙여 놓을 비품이다. 이는 예전의 신주를 대신하는 것이므로 신주 형태의 목패(木牌)로 제작하여 의자나 제상에 세워 놓거나 작은 사진 액자 모양의 목판으로 제작하여 기대어 놓아도 무방할 것이다. 신주는 조상의 신이 의빙한 신물(神物)로서 평소에는 사당에 봉안하여 그 관리와 예법이 대단히 엄격하고 까다롭지만, 신위판은 임시로 지방을 붙여 놓는 기구에 불과하므로 특별히 관리할 필요는 없다.

(4) 제상(祭牀)

제사 음식을 차리는 상이다. 120×80센티미터 정도가 되어야 제수 진설에 적당하다. 옛날에는 제상의 다리가 매우 높게 특별히 제작하였지만 오늘날에는 일반 교자상 형태로 준비하여도 무방하다.

(5) 향안(香案)

향상(香床)이라고도 한다. 향로와 향합, 모삿그릇을 올려 놓는 작은 상이다.

제구와 제기

(6) 주가(酒架)
주전자, 현주병, 퇴주기 등을 올려 놓는 작은 상이다.

(7) 소탁(小卓)
축판을 올려 놓고 신위를 봉안하기 전에 임시로 모시는 작은 상이다.

(8) 소반(小盤)
제사 음식을 진설하기 위해 옮길 때 쓴다.

(9) 촛대(燭臺)
제상에 촛불을 밝히기 위한 도구이다. 좌우 한 쌍을 준비한다.

① 지방을 붙이는 목패
② 촛대
③ 향로
④ 향합

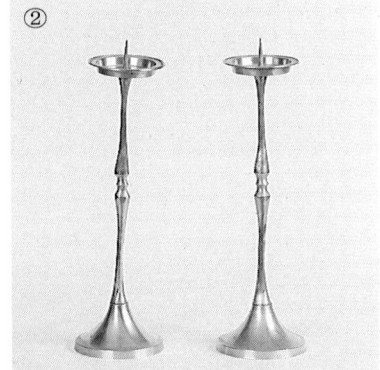

(10) 향로(香爐)
향을 사르는 기구이다. 향을 사르는 것은 강신 때 양지(하늘)에 있는 신(혼魂)을 부르기 위한 의식이다.

(11) 향합(香盒)
향을 담아 놓는 그릇이다.

(12) 모사기(茅沙器)
모래와 띠 묶음을 담는 그릇이다. 강신 때 뇌주를 여기에 붓는다. 이는 음지(땅)에 있는 신(백魄)을 부르는 의식이다. 형태는 보통 굽이 있는 꽃꽂이 수분(水盆)과 유사하다. 여기에 깨끗한 모래를 담고 띠 한 품을 한 뼘 정도로 잘라 가운데를 붉은 실로 묶어서 모래에 꽂는다. 이것은 땅바닥을 상징하는 것이다. 묘지에서의 제사는 땅에다 바로 뇌주를 붓게 되므로 모사기를 쓰지 않는다.

(13) 축판(祝板)
축문을 끼워 놓는 뚜껑이 붙은 판이다. 크기는 사방 30센티미터면 적당하다. 오늘날에는 결재판과 같은 화일이나 흰 봉투로 대체하는 것도 무방하다.

(14) 자리(석席)
마루나 방에서 지낼 때는 하나면 되지만 묘제에서는 바닥에 깔 만큼 준비해야 한다.

(15) 지필묵연함(紙筆墨硯函)
축문을 쓰거나 지방을 쓰기 위한 한지, 붓, 먹, 벼루 등을 담아 두는 함이다.

이 밖에도 전통 제례에는 헌작 때 적(炙)을 굽거나 뜨겁게 올리는 제수를 식지 않도록 데우는 데 쓰는 화로(火爐), 제례를 올릴 장소의 천장에

치는 휘장인 역막(앙장이라고도 함), 제상 위에 까는 기름 먹인 종이인 좌면지(座面紙), 마련된 제사 음식을 제상에 진설하기 전에 임시로 올려놓는 대상(大牀) 등의 제구가 있었으나 지금은 모두 생략하며 꼭 필요할 때는 다른 것으로 대체해도 무방하다. 제사를 올릴 때는 이러한 제구들을 바른 위치에 배열해야 하는데 이를 진기(陳器)라고 한다. 묘제와 같이 석물(石物)이 있을 때는 제상 등은 없어도 된다. 기제사의 제구 배설을 간략히 도표로 보면 다음과 같다.

병 풍

신위

촛대　　제 상　　촛대

| 축 판 | 모사 향로 향합 | 술병 주전자 퇴주기 행주 |

(소탁)　　(향안)　　(주가)

자리

2. 제기의 준비

　제사 음식을 담는 제기에 대해서 알아본다. 고대 중국에서는 유명한 청동제 제기들과 죽제품인 변(籩), 목제품인 두(豆) 등이 사용되었다. 우리 나라에서는 주로 나무로 만든 목기나 놋쇠로 만든 유기를 함께 사용했다. 그러나 현대에는 녹이 잘 나는 유기보다는 스테인리스 스틸 그릇이 사용하고 관리하는 데 편리할 것이다. 전통 제기 가운데 중요한 것을 몇 종류 알아본다.

(1) 시접(匙楪)
수저를 올려 놓는 제기로서 대접과 모양이 비슷하다.

(2) 탕기(湯器)
탕과 국을 담는 제기로서 여러 모양의 것이 있다.

(3) 두(豆)
김치와 젓갈을 담는 그릇으로 굽이 높고 사각형이다.

(4) 떡 그릇(병대)
떡을 담는 제기로서 위판이 사각형이다.

(5) 모삿 그릇(茅沙器)
모래와 띠의 묶음을 담는 그릇으로서 보시기처럼 생겼으며 굽이 높다.

(6) 준항(罇缸)
술을 담는 항아리이다.

(7) 준작(罇勺)
주기로서 사기나 구리로 만든다. 꼭지가 있고 굽이 있는 것을 이(彝)라 하며 준에는 소 모양의 희준(犧罇), 코끼리 모양의 상준(象罇) 등이 있으며 작은 새 부리 모양으로 생겨 술을 따르는 데 쓰인다.

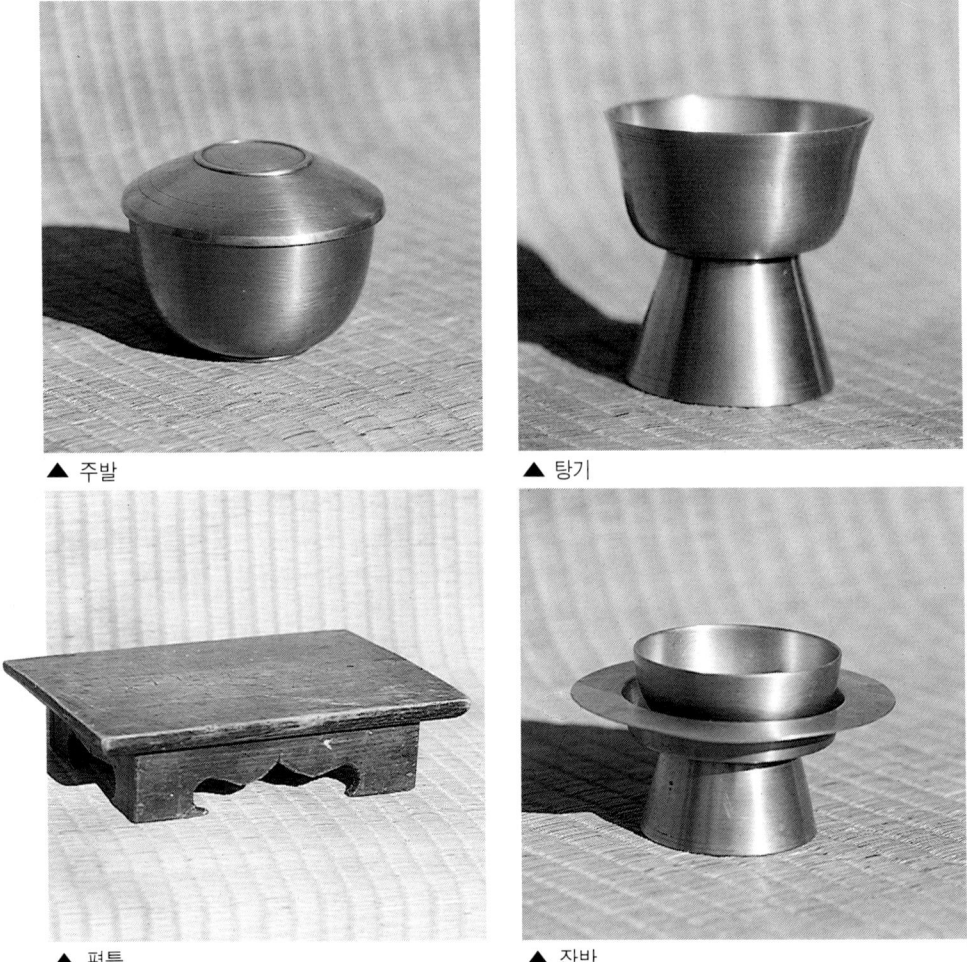

▲ 주발

▲ 탕기

▲ 편틀

▲ 잔반

(8) 변(籩)
과실과 건육을 담는 제기로 받침을 높게 하여 대나무로 엮어서 만들었다.

(9) 조(俎)
고기를 담는 도마 모양의 제기로 받침이 달려 있다.

오늘날에도 이러한 제기가 전해 오는 집은 그대로 사용할 수 있겠지만 그렇지 않으면 반드시 마련할 필요는 없고 적당한 그릇으로 대체하는 것도 무방할 것이다. 오늘날의 제사에도 꼭 필요한 제기로는 다음과 같은 것이 있다.

(1) 수저(匙箸)
숟가락과 젓가락이다. 제사지내는 신위의 수에 따라서 시접에 담는다.

(2) 잔반(盞盤)
잔(盞)은 술잔이고 반(盤)은 받침대이다. 받침대에 받친 술잔으로서 신위의 수대로 준비하고 따로 강신 잔반을 하나 더 준비한다. 내외분을 제사지낸다면 고위 잔반, 비위 잔반, 강신(降神) 잔반 등 세 벌이 있어야 한다.

(3) 주전자(注酒)
주전자를 깨끗이 씻어서 놓는다.

(4) 퇴주기(退酒器)
빈 대접 하나를 준비한다.

(5) 사각 접시
떡을 괴는 편틀, 적을 얹는 적틀, 포와 조기를 담는 접시 등은 사각형의 판 밑에 굽(다리)이 달린 그릇을 쓴다. 대개 떡을 괴는 편틀은 정사각형이고, 기타의 사각 접시는 장방형이다.

(6) 둥근 접시
과실, 전, 나물 등은 둥근 접시에 담는데 이것은 둥근 판에 굽을 단 것이다.

(7) 술병
목이 긴 자기로 된 병이다.

그 외에는 통상적인 식기, 탕기, 대접을 써도 된다. 특별히 제기를 마련할 수 없으면 통상적인 그릇을 깨끗하게 씻어서 쓴다.

▶ 술병

▼ 퇴주기

(8) 변(籩)
과실과 건육을 담는 제기로 받침을 높게 하여 대나무로 엮어서 만들었다.

(9) 조(俎)
고기를 담는 도마 모양의 제기로 받침이 달려 있다.

오늘날에도 이러한 제기가 전해 오는 집은 그대로 사용할 수 있겠지만 그렇지 않으면 반드시 마련할 필요는 없고 적당한 그릇으로 대체하는 것도 무방할 것이다. 오늘날의 제사에도 꼭 필요한 제기로는 다음과 같은 것이 있다.

(1) 수저(匙箸)
숟가락과 젓가락이다. 제사지내는 신위의 수에 따라서 시접에 담는다.

(2) 잔반(盞盤)
잔(盞)은 술잔이고 반(盤)은 받침대이다. 받침대에 받친 술잔으로서 신위의 수대로 준비하고 따로 강신 잔반을 하나 더 준비한다. 내외분을 제사지낸다면 고위 잔반, 비위 잔반, 강신(降神) 잔반 등 세 벌이 있어야 한다.

(3) 주전자(注酒)
주전자를 깨끗이 씻어서 놓는다.

(4) 퇴주기(退酒器)
빈 대접 하나를 준비한다.

(5) 사각 접시
떡을 괴는 편틀, 적을 얹는 적틀, 포와 조기를 담는 접시 등은 사각형의 판 밑에 굽(다리)이 달린 그릇을 쓴다. 대개 떡을 괴는 편틀은 정사각형이고, 기타의 사각 접시는 장방형이다.

(6) 둥근 접시
과실, 전, 나물 등은 둥근 접시에 담는데 이것은 둥근 판에 굽을 단 것이다.

(7) 술병
목이 긴 자기로 된 병이다.

그 외에는 통상적인 식기, 탕기, 대접을 써도 된다. 특별히 제기를 마련할 수 없으면 통상적인 그릇을 깨끗하게 씻어서 쓴다.

▶ 술병

▼ 퇴주기

제수. 밥(메)과 국(갱) 그리고 3탕이다.

34. 제사 음식(제수)의 준비와 제상 차리는 법

1. 제수의 준비

주부는 제사에 사용될 그릇을 깨끗이 씻고 제수(제사 음식)를 장만한다. 제사를 지내기 전에는 제상에 올릴 제수를 먹어서는 안 된다. 마련된 제수는 큰상 위에 올려 놓고 식어서는 안 될 밥, 국, 탕 등은 제상에 올리기 직전에 그릇에 담아야 한다. 현주(玄酒 : 정화수)를 주가 위에 올리려면 기제일 아침에 준비한다. 예전에는 제수의 종류가 많고 조리와 진설하는 법이 매우 까다롭고 복잡하였으나 오늘날에는 가능한 한 간소화하여 제사에 필요한 최소한의 것만을 준비하도록 한다. 오늘날에도 많이 사용되는 제수 중에서 중요한 것을 정리해 본다.

(1) 밥(반飯)

제삿밥으로 신위의 수대로 주발 식기에 수북이 담고 뚜껑을 덮는다. 예전에는 밥 외에도 국수를 올렸으나 오늘날에는 생략해도 무방하겠다.

(2) 국(갱羹)

제사 국이다. 신위의 수대로 대접 또는 주발을 담고 뚜껑을 덮는다. 재료는 쇠고기와 무우를 네모로 납작하게 썰어서 함께 끓인다. 고춧가루, 마늘, 파 등을 쓰지 않는다.

(3) 떡(편)

제사에 쓰는 떡은 현란한 색깔을 피하므로 팥고물을 쓸 때도 껍질을 벗겨 내어 가급적이면 흰 빛깔이 되게 한다. 보통은 백설기나 시루떡을 해서 사각의 접시에 보기 좋게 놓고, 신위의 수에 관계없이 한 그릇만 올리기도 한다. 제사용 시루가 있는 집은 시루째 제상에 올리는 것도 좋다. 떡과 함께 편청이라 부르는 떡을 찍어서 먹을 꿀이나 조청을 한 종지 올린다. 오늘날에는 설탕을 사용하는 것도 무방하다.

(4) 탕(湯)

탕은 오늘날의 찌개라고 할 수 있다. 쇠고기, 생선, 닭고기 중 한 가지만을 택하여 조리한다. 요즘은 간소하게 하느라 한 번에 세 종류의 재료를 넣고 끓여 나누어 담기도 한다. 양념에 파, 마늘, 고추 등은 쓰지 않는다. 예전에는 탕의 수를 1, 3, 5의 양수(홀수)로 하였고 탕의 재료로는 고기, 생선, 닭 등을 사용하였다. 3탕일 경우는 육탕, 어탕, 계탕을 준비하였는데 모두 건더기만 탕기에 담았다. 그러나 국물과 함께 올리는 지방도 있으므로 편리한 대로 한다.

(5) 전(煎)

기름에 튀기거나 부친 것으로 육전(肉煎)과 어전(魚煎) 두 종류를 준비한다. 옛날에는 적과 함께 계산하여 그릇 수를 홀수로 만들기 위해 전은 반드시 짝수로 만들었다. 전과 적을 합하여 홀수가 되어야 하는 것은 재가 고기, 생선 등 천산(天産)이기 때문에 양수인 홀수에 맞춘 것이다. 육전은 쇠고기를 잘게 썰거나 다져서 둥글게 만들어 계란을 묻혀 기름에 부친다. 어전은 생선을 저며 계란에 무치고 기름에 부친다.

(6) 적(炙)

적은 구이로서 제수 중 특별식에 속한다. 옛날에는 육적(肉炙), 어적(魚炙), 계적(鷄炙)의 3적을 세 번의 술잔을 올릴 때마다 그때그때 바꾸어 구워서 올렸다. 오늘날에는 한 가지만 준비하도록 하고 올리는 것도 처음 진찬 때 함께하고 잔을 올릴 때마다 따로 하지 않는다. 육적은 쇠고기를 2~3등분하여 길게 썰어 소금구이하듯이 익혀 사각 접시에 담는다. 어적은 생선 2~3마리를 고춧가루를 쓰지 않고 익혀서 사각의 접시에 담는다. 이때 머리는 동쪽으로 하고 배는 신위 쪽으로 가게 담는다. 배가 신위 쪽으로 가면 음식이 가까이 있는 모습이 되지만 등이 신위 쪽으로 가면 도망하는 모습이 되기 때문이다(지방에 따라서는 반대로 하기도 한다.). 계적은 닭의 머리, 다리, 내장을 제거하고 구운 것으로 등이 위로 가게 하여 사각의 접시에 담는다. 적을 올릴 때는 적염(炙鹽)이라 하여 찍어 먹을 소금을 접시나 종지에 담아 한 그릇만 준비한다.

(7) 나물(숙채 熟菜)

익힌 채소이다. 한 접시에 고사리, 도라지나 무, 배추나물 등 3색 나물을 곁들여 담는다. 또는 각기 한 접시씩 담기도 한다. 추석 때는 배추, 박, 오이, 호박도 푸른색 나물로 쓰는데 역시 마늘이나 고춧가루는 양념으로 쓰지 않는다.

(8) 김치(침채 沈菜)

희게 담근 나박김치를 보시기에 담아서 쓴다. 고춧가루를 쓰지 않은 것이라야 한다.

(9) 간장(청장 淸醬)

맑은 간장을 한 종지에 담는다.

(10) 과일류

전통적으로 제사에 쓰는 과일은 대추, 밤, 감(홍시 또는 곶감), 배였으므로 이것들은 꼭 준비하고 그 밖에 계절에 따라 나는 사과, 수박, 참외, 석류, 귤 등의 과일을 1~2종 준비하면 충분할 것이다. 바나나, 파인애플, 키위 등 생소한 수입 과일은 일체 사용하지 않도록 한다. 옛날에는 과일이 지산(地産)이라 하여 그릇 수를 음수인 짝수(2, 4, 6, 8)로 하였다.

(11) 포(脯)

고기를 말린 육포, 생선의 껍질을 벗겨서 말린 것, 문어나 마른 오징어 중에서 한두 종류를 사각의 접시에 한 그릇만 담는다. 옛날에는 문어 다리나 오징어를 가위나 칼로 왕관, 산호, 공작깃의 형태로 오려서 장식하기도 했으나 오늘날에는 생략한다.

이 밖에도 옛날에는 식초(초첩醋楪), 초장, 생선젓(해醢), 식혜(醯醢), 정화수(현주) 등을 필수적으로 올렸으나 오늘날에는 모두 생략한다. 또 옛날에는 예문에 없는 여러 종류의 떡, 과자, 다식, 기타 별미 등이 사용되었으나 지금은 생략하되 꼭 쓰고자 하면 1~2종 정도는 쓰는 것도 무방하겠다. 제사가 끝나갈 무렵에 올리는 차(茶)는 우리 나라에서는 보통 숭늉으로 대신하였으므로 그대로 한다.

2. 제상 차리는 법 : 진설(陳設)

제사 상차림이란 마련된 제기와 제수를 제상에 격식을 갖추어 배열하는 것을 말하며 이를 제수 진설법(祭羞陳設法)이라 한다. 우리 나라에서는 제사 상차림의 양태가 지방마다 가정마다 각기 달라 일명 '가가례(家家禮)'라 할 만큼 다양하다. 이처럼 제수 진설이 다양한 것은 각종 예서에 나타나는 진설법이 각각 다르다는 데 가장 큰 원인이 있다. 조선시대에 널리 통용되었던 율곡 이이의 『제의초』, 사계 김장생의 『가례집람』, 도암 이재의 『사례편람』, 그리고 『주자가례』 등 각종 예서에 보이는 상차림의 격식이 세부적인 측면에서 다양하게 나타나고 있다. 그러나 이와 같은 다양한

제상 차림. 조상의 제사를 모실 때 배우자가 있을 경우 두 분을 함께 모신다.

의견에도 불구하고 상차림의 기본 원칙은 공통적이며 관행적으로 지켜지고 있는 격식이 있다. 제사 상차림의 공통된 원칙과 관행적인 원칙에 입각해서 살펴본다.

제사의 준비와 진행 *165*

제사 상차림의 기본 원칙은 죽은 사람과 산 사람의 좌우를 바꿔 놓고 좌우의 균형을 잡는 데에 있다. 제사에서는 신위가 놓인 곳을 북쪽으로 한다. 장소의 형편상 북쪽이 아닌 곳에 제상을 차렸더라도 제상이 있는 곳을 북쪽으로 친다. 신위의 오른쪽은 동쪽, 신위의 왼쪽은 서쪽이다. 제사에서는 서쪽이 높은 방위이고 동쪽은 낮은 방위로 본다. 이를 제사지내는 사람의 편에서 보면 오른쪽은 동쪽, 왼쪽은 서쪽이다. 이제 편의상 제사지내는 사람의 좌우를 기준으로 제수의 진설을 설명하고자 한다.

(1) 합설한다

　조상의 제사를 모실 때 배우자가 있을 경우 두 분을 함께 모신다. 즉 아버지의 기일에 어머니도 함께 모신다는 것이다. 그런데 이때는 두 분의 제사를 하나의 제상에 함께 지낸다. 아버지와 어머니의 제사를 함께 지낼 때 제상을 따로 차리면 각설(各設 혹은 단설單設)이라 하고 한 상에 차리면 합설(合設)이라 한다. 각설은 모든 제사 음식을 신위의 수대로 따로 담아야 하고 합설이면 밥과 국, 술잔만 따로 차리고 기타의 제수는 공통이다. 예서마다 각설과 합설이 달리 나타나고 있지만 거의 모든 가정에서 합설

제상 차림의 예

을 하고 있으므로 합설을 하는 것이 무방하다.

(2) 탕을 놓고 5열로 차린다

모든 예서는 제수 진열이 4열로 예시되어 있는데 율곡의 『제의초』에만 5열로 되어 있다. 이는 탕을 놓느냐의 여부에 따라 결정되는 것으로 제수에 탕을 놓게 되면 5열로 배열할 수밖에 없다. 현재는 모든 가정에서 탕을 함께 진설하므로 5열로 상을 차린다.

(3) 밥과 국의 위치 : 반서갱동(飯西羹東)

밥은 서쪽, 국은 동쪽이다. 즉 제사자의 입장에서 밥은 왼쪽, 국은 오른쪽으로 놓는다. 이는 산 사람의 상차림과 반대이다. 따라서 숟가락과 젓가락은 중앙에 놓는다.

(4) 남자 조상, 여자 조상의 위치 : 고서비동(考西妣東)

고위(考位) 즉 남자 조상은 서쪽, 비위(妣位) 즉 여자 조상은 동쪽이라는 뜻이다. 고위의 신위, 밥, 국, 술잔은 왼쪽에 놓고 비위는 오른쪽에 놓는다.

(5) 생선, 고기의 위치 : 어동육서(魚東肉西)

생선은 동쪽, 고기는 서쪽에 놓는 것을 원칙으로 한다. 즉 생선은 오른쪽, 고기는 왼쪽에 놓는다.

(6) 머리, 꼬리의 위치 : 두동미서(頭東尾西)

머리와 꼬리가 분명한 제수는 높은 방위인 동쪽 즉 오른쪽(제사자의 입장)으로 머리가 가고 꼬리는 왼쪽으로 가게 놓는다. 그러나 지방에 따라서는 서쪽이 상위라 하여 머리를 서쪽으로 놓는 집도 있다.

(7) 적의 위치 : 적전중앙(炙奠中央)

적은 상의 중앙인 3열의 가운데에 놓는다. 적은 옛날에는 술을 올릴 때마다 즉석에서 구워 올리던 제수의 중심 음식이었으나 지금은 다른 제수와 마찬가지로 미리 구워 제상의 한가운데 놓는다.

(8) 과일의 위치 : 홍동백서(紅東白西)

과일을 놓는 방향과 순서를 가리키는 말이다. 즉 붉은 과일은 동쪽, 흰 과일은 서쪽에 놓는 것을 원칙으로 한다는 말이다. 그러나 실제 제사에서 반드시 이 원칙대로 놓는 것은 아니다.『사례편람』등의 예서에는 보통 전열의 왼쪽에서부터 대추, 밤, 배, 감(곶감)의 순서로 놓고 있다. 배와 감은 순서를 바꾸기도 한다. 전열의 오른쪽에는 약과, 유과 등의 과자류를 놓는다.

제수는 상 위의 촛대에 불을 켜고 순서에 맞춰 올린다. 제상의 제5열 (신위에서 가장 바깥쪽 즉 향로가 놓인 쪽)부터 왼쪽에서 오른쪽의 순서로 과일과 과자 접시를 올린다. 제상 제4열에는 포, 조기젓, 나물, 김치, 간장의 순으로 제수를 올려 놓는다. 제상의 제1열에는 중앙에 순가락과 젓가락을 담은 시접을 놓고, 시접의 왼쪽에 고위의 잔반을 놓고 오른쪽에 비위의 잔반을 놓으며 비위 잔반의 오른쪽에 초첩을 놓는다. 제상 앞의 주가 위에 오른쪽부터 현주병, 술병, 주전자, 퇴주기를 놓으며 술병 앞에 행주를 놓는다.

제수진설도(1) *『가례』

			신위			
	밥	잔	초첩	시접	국	잔
국수		육류	적	어류		떡
포(건어)		나물(채소)	해(조기젓)	나물	나물	간장
과일		과일	과일	과일		과일

제수진설도(2) *『격몽요결』

			신위			
	수저	밥	잔	국	초	
국수	육류		적		어류	떡
		탕	탕	탕		
자반	포(건어)	나물(채소)		간장	식혜	김치
밤	대추		감(곶감)		배	은행

제수진설도(3) *『사례편람』

			신위			
	밥	잔	수저	초	국	
국수	육류		적		어류	떡
포(건어)	해(조기젓)	간장		생채(나물)	식혜	김치
과일	과일		과일		과일	과일

한 분 제수진설도(4) 「가정의례준칙」

| 신위 | * 사진 또는 지방

```
            밥      잔      국
        채소(나물)   간장    김치
촛대                                촛대
         어류      탕      육류
         과일      과일     과일
```

향로   향합   모사

두 분 제수진설도(5) 「가정의례준칙」

| 신위 | 신위 | * 사진 또는 지방 |

밥　잔　국　　　　　밥　잔　국

채소(나물)　　　간장　　　　김치

촛대　　　　　　　　　　　　촛대

어류　　　　　탕　　　　　육류

과일　　　　　과일　　　　　과일

향로　향합　모사

35. 제복의 마련과 입는 법

고대에는 제사를 위해 특별히 입는 옷(제복)이 보통의 예복과 구별되었고, 제복을 마련하지 않으면 다른 예복이나 평상복을 만들지 않았다. 중국 고대의 정식 제복은 고전 예법으로 정형화되어 근대에 이르기까지 존속되어 왔다. 그 형태나 구성에 대해서는 『경국대전』등에 잘 규정되어 있다. 그러나 이 정식 제복은 그 형식이 매우 복잡하고 사치스러운 것이었기 때문에 주로 왕실이나 국가의 제사에서 사용되었고 일반 사회에서는 잘 보급되지 않았다.

종묘 제례의 제관복

정식 제복은 상의(上衣 : 상복 형태의 소매와 품이 넓고 긴 저고리)와 하상(下裳 : 앞 3폭 뒤 4폭의 치마 형태의 하의)이 분리되어 있으며 푸른 비단(靑綃)으로 만들었다. 이를 청초의 또는 청초상이라고 한다. 상의에는 직사각형 형태의 고리 모양을 한 방심곡령(方心曲領)을 걸치고 하의 위에는 폐슬(蔽膝)이라는 무릎 가리개를 착용하였다. 등에는 품계에 따라 운학(雲鶴), 금환, 은환 등으로 장식한 후수(後綬)를 착용하며 가슴에는 역시 품계에 따라 다른 재질로 만든 각대(角帶)를 착용하였다. 그 아래에는 흰색 비단(白綃)으로 만든 중단을 받쳐 입었는데, 이를 백초 중단이라고 한다. 머리에는 검정색의 양관(梁冠 : 관원들의 조복에 입는 금관으로 품계에 따라 전면에 붙인 양의 수가 다르다)을 쓰고 검정 가죽신(黑皮靴 : 장화 형태의 가죽신)을 신었다.

중국의 송나라 때부터 사대부 계층에서는 제복을 간소화하여 일반 예복과 겸용하는 풍속이 나타나게 되었다. 이렇게 하여 개발된 것이 관직에 있을 때 입는 공복(公服)과 관직에서 물러났거나 벼슬 없는 학자들이 입는 심의(深衣)였다.

공복은 관원들의 표준 예복으로서 단령(團領)이라고도 부르는데 동정 부분의 깃이 둥글고 상의와 하상이 붙은 두루마기 형태였다. 옷 색깔은 정3품 이상은 붉은색, 종3품 이하는 푸른색이었으나, 조선 후기부터는 품계의 구분 없이 모두 암청색 또는 검정색이었다. 여기에 품대(品帶)라고 부르는 각대를 착용하고 머리에는 복두(幞頭 : 사모와 유사하나 턱이 낮고 각이 짐)를 쓰도록 하였는데 후에 사모(紗帽)로 대신하였다. 공복은 관원들이 조회나 공적 의식에서 입던 예복이었지만 사당의 참례나 각종 제사에서 제복으로 활용되기도 하였다.

심의는 가례의 표준 예복이라고 할 수 있는 것으로 원래 벼슬에서 물러났거나 재야의 학자들이 입는 예복이었지만 현직 관원들도 퇴근 후에는 사사로운 예복으로 입을 수 있었다. 심의의 정확한 형태와 제작법은 학자들 사이에 논란이 많지만, 대체로 품이 넓은 두루마기 형태의 옷에 동정 부분과 양쪽 옷깃, 하단, 소매 부분에 검정색 단을 두른 것이다. 심의와 함께 머리에는 복건을 쓰고 가슴에는 대대(大帶)라고 부르는 실띠(도아)를 착용하였다. 심의를 착용한 전체적인 모습은 돌옷을 입은 어린이

심의 제도

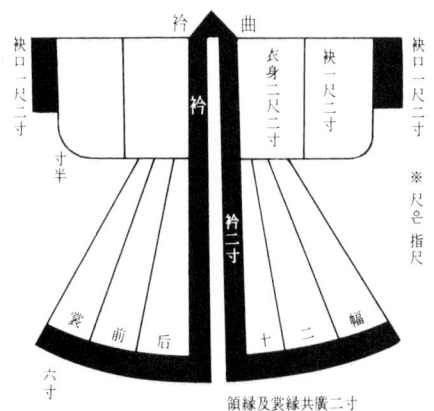

와 유사하였다. 이는 모든 제사에서 남자들이 입는 예복(제복)이었다. 심의는 또한 손님을 접대하거나 연회를 베풀 때 또는 남의 집을 방문할 때도 입는 만능 예복이라고 할 수 있다. 이것은 당사자가 죽은 뒤 염습에 수의의 하나로 사용되기도 하였다. 그러나 심의는 중국에서 유래한 복식으로서 우리 나라의 재래 의상과는 맞지 않았으므로 조선시대 기호 지방의 일부 양반 사대부 계층에서만 사용되었고 사회 전체에 널리 보급되지는 않았다.

심의 대신에 우리 나라에서 예복으로 널리 착용되었던 것은 도포(道袍)라고 불리는 직령(直領)이다. 여기에는 갓, 곧 흑립(黑笠)과 실띠를 갖추어 착용하는데, 갓 대신에 유건을 착용하기도 한다. 이것은 심의와 마찬가지로 제사를 비롯한 모든 예식과 사교적 모임에서 입는 우리 나라 양반 계층의 대표적인 의관이 되었다. 직령은 두루마기와 비슷한 형태이지만 소매가 매우 넓다. 결국 직령이 간소화되어 오늘날의 두루마기가 되었고, 여기에 갓을 착용하면 서민들의 간이 예복이 되었다. 이 역시 약식 제복으로 사용되었다.

여성들의 표준 예복은 큰옷인 대의(大衣)와 긴 치마, 곧 장군(長裙)에 넓은 띠를 착용하는 것이다. 큰옷은 속칭 장삼 또는 원삼이라고 부르는 것으로 당의와 유사하게 생겼다. 품이 넓고 크며 길이는 무릎까지 내려오고 소매가 넓다. 제복으로 입는 큰옷은 혼례의 원삼처럼 화려하지 않다. 긴 치마는 6폭의 천을 12폭으로 재단하여 붙여 만들며 길이가 땅에 닿을 만큼 길다. 그러나 조선시대 이후 여성들은 보통 예복으로 배자(背子)와 긴 치마를 입었는데 배자는 보통 몽두리라고 부르는 소매가 있거나 없는 두루마기이다. 소매가 조금 붙은 것은 반비의라고 하는데 역시 배자의 일종이다.

오늘날의 성인 남자들은 제사 예복으로 도포와 갓 또는 유건을 착용하면 좋겠지만, 없는 경우에는 일반 한복과 흰색 두루마기를 입는 것이 무난하고 양복 등 현대식 정장을 차려 입어도 무방하다. 여자들은 가능하면 옥색 한복으로 차려 입는 것이 좋으나 현대식 정장을 차려 입어도 무방하다. 단 현란한 색깔의 옷은 피한다.

제복은 원래 평상복으로 입는 것이 아니기 때문에 따로 마련하여 잘 보관하는 것이 예법의 정신에 맞는다.

심의 차림의 이재 초상

36. 신주의 봉안과 지방 쓰는 법

『가례』의 제사 절차에는 사당에서 신주를 모셔 내어 제상의 의자에 봉안하는 과정이 있는데 이를 출주(出主)라고 한다. 오늘날에는 지방을 써서 봉안하는 과정이 이에 해당한다고 하겠다. 여기에서는 지방 쓰는 법에 대해 알아보기로 한다.

1. 종이 재단법

지방에는 원래 정해진 규격이 없지만 신주를 약식화한 것이므로 신주의 체제에 유사하게 제작하는 것이 좋을 것이다. 전통적으로 지방은 깨끗한 한지를 폭 8센티미터, 길이 24센티미터 정도의 직사각형으로 절단하여 위쪽을 둥글게 오려서 만들었다. 위를 둥글게 하고 아래쪽을 평평하게 하는 까닭은 천원 지방(天圓地方 : 둥근 하늘과 평평한 땅)을 상징한 것이다.

2. 문안 쓰는 법

지방은 붓을 사용하여 한자로 쓰는 것이 좋다. 이것은 매우 오랜 전통을 가진 것으로 정성을 기울여야 한다. 부득이한 경우에는 적당한 필기구로 쓰는 것도 무방하며 한글로 쓰는 것도 불가할 것은 없다. 그러나 한 분의 지방에는 고작 10여 자의 글자가 쓰일 뿐이므로 가능하면 한자로 쓸 수 있도록 평소에 배우고 익히는 것이 좋다. 한글로 쓰면 우선 보기에 장중하지 않고 깊은 뜻을 담을 수 없어 신을 향사하는 문자로서 적절하지 않다. 한자는 원래가 고대 중국 은(殷)나라에서 신의 뜻을 물어보고 신을 제사하기 위해 만들어진 문자이므로 특히 유래가 깊은 문자이며 또한 표의 문자이기 때문에 단 10여 자의 글자 속에도 조상을 존중하는 깊은 뜻을 담을 수 있다.

한 장의 지방에 한 분의 신위만을 쓸 때는 중앙에 적당한 간격으로 종서한다. 한 장의 지방에 고비(考妣) 두 분의 신위를 쓸 때는 중앙을 기준으로 왼쪽에 남자 조상인 고위를 쓰고, 오른쪽에 여자 조상인 비위를 쓴다. 만일 비위가 여러 분이면 고위의 바로 오른쪽에서부터 차례로 쓴다.

문안은 일반적으로 고위인 경우에는 "顯○考(官爵)府君神位"로, 비위인 경우에는 "顯○妣(封爵)(貫鄕)姓氏神位"로 쓴다. '顯'자는 '皇'자로 쓰기도 하는데 이는 모두 크고 높다는 뜻이다. 예를 들면 "顯曾祖考通政大夫東萊府使府君神位", "顯祖考資憲大夫吏曹判書府君神位", "顯考內務部事務官府君神位" 또는 "顯曾祖妣貞敬夫人東萊鄭氏神位", "顯祖妣淑夫人南陽洪氏神位", "顯妣孺人金海金氏神位" 등으로 쓸 수 있다. 벼슬이 없었던 분의 경우에는 관작 대신에 학생(學生)이라고 쓰는데, 조선시대에는 이 말이 과거 시험을 준비 중이던 예비 관원의 신분을 가진 사람들을 지칭하던 용어이다. 근래에는 "顯考學生府君神位"와 같이 쓰는 것이 관습처럼 되어서 이를 마치 지방 문안의 표준인 것처럼 여겨 관직을 지낸 사람이건 아니건 이렇게 쓰는 경향이 있는데, 이는 매우 잘못된 풍습이라고 할 수 있다. 따라서 오늘날에도 공직에 있었던 분들의 지방에는 당연히 관직을 써야 하고, 일반 사회 단체나 기업체 등에서 중요한 직위에 있었던 분들의 직함도 쓰는 것이 좋다. 현대 민주주의 국가에서는 관존민비(官尊民卑)의 관념이 있을 수 없고 사설 단체나 기업도 모두 공공의 성격을 가지고 있기 때문에 공직에 준하는 것으로 볼 수 있기 때문이다. 다만 관직을 쓸 때는 대표적인 직함 하나만을 간략하게 쓰는 것이 좋다.

또 박사, 석사, 학사와 같은 학위를 가진 분은 그것을 쓰는 것도 좋을 것이다. 예전의 진사나 생원도 일종의 학위로서 신주나 지방에 쓰였기 때문이다. 여성의 경우에는 오늘날은 남편의 벼슬에 따라 봉작하는 법이 없으므로 봉작은 쓸 수 없다. 따라서 남성의 경우에 준하여 쓰는 것이 좋을 것이다. 곧 관직이나 사회적 직함 또는 학위를 쓰는 것이 무방하다. 관직이나 사회적 직함은 전통 시대의 봉작과 같은 성격을 지니기 때문이다. 이는 남녀 평등의 정신을 나타내는 것이기도 하다. 또한 일정한 직함이 없는 여성은 그냥 유인(孺人)이라고 쓰는 것도 좋다. 조선시대에도 봉작을 받지 못한 여성은 모두 유인이라고 썼기 때문이다.

간혹 호사가들 중에는 부인의 봉호를 쓰기 위해 현재 남편의 관직 급수에 해당하는 조선시대 벼슬의 관작을 찾아 그에 준하는 외명부의 봉호를 쓰는 이도 있으나 이는 색은 행괴(索隱行怪)에 속한다 하겠으며 예법의 정신에도 맞지 않는다. 국가에서 주지 않은 봉호를 쓸 수는 없기 때문이다. 고위는 성씨를 쓰지 않지만 비위는 성씨를 쓴다. 이는 아버지는 두 분일 수 없지만 어머니는 아버지가 재취, 삼취했을 경우 두 분 이상일 수 있기 때문에 구분하기 위한 것이다. 어머니가 한 분이라도 의례의 통일성을 위해서 성씨를 쓴다.

이제 지방 문안을 쓰는 실례를 들어 본다.

(1) 벼슬이 없는 고위와 비위를 함께 쓰는 경우

고조부모	증조부모	조부모	부모	아내
顯高祖考學生府君神位　顯高祖妣孺人金海金氏神位	顯曾祖考學生府君神位　顯曾祖妣孺人全州李氏神位	顯祖考學生府君神位　顯祖妣孺人密陽朴氏神位	顯考學生府君神位　顯妣孺人昌寧成氏神位	故室孺人陽川許氏神位

(2) 벼슬을 지낸 조상들의 경우

| 고조부모 | 증조부모 | 조부모 | 부모 | 처 |

고조부:　顯高祖考崇祿大夫議政府左贊成府君神位
고조모:　顯高祖妣貞敬夫人東萊鄭氏神位

증조부:　顯曾祖考通政大夫成均館大司成府君神位
증조모:　顯曾祖妣貞夫人陽川許氏神位

조부:　顯祖考通訓大夫行果川縣監府君神位
조모:　顯祖妣淑人慶州金氏神位

부:　顯考東洋大學敎授府君神位
모:　顯妣文學士淸州韓氏神位

처:　故室淑人慶州金氏神位

(3) 현대의 관직을 쓰는 경우의 예

"顯祖考國會議員府君神位"
"顯考大法官府君神位"

"顯祖考高等檢事長府君神位"
"顯考學術院會員府君神位"
"顯祖考軍團長府君神位" 또는 "顯祖考陸軍中將府君神位"
"顯考海軍中領府君神位"
"顯考陸軍上士府君神位"
"顯祖考金融通貨委員府君神位"
"顯考財務部理財局長府君神位"
"顯祖考安養市長府君神位"
"顯考忠淸北道總務課長府君神位"
"顯考原通面長府君神位"
"顯祖考漢江高等學校長府君神位"
"顯考來城中學敎師府君神位" 또는 "顯考敎師府君神位"
"顯祖考警察官府君神位"

(4) 현대의 사회 직함을 쓰는 경우의 예

"顯祖考大韓赤十字社總裁府君神位"
"顯考靑少年善導委員府君神位"
"顯考辯護士府君神位"
"顯祖考銀星物産會長府君神位"
"顯考南洋紡織株式會社社長府君神位"
"顯祖考文化出版社理事府君神位"
"顯考大西洋海運課長府君神位"
"顯考大成企劃社員府君神位"
"顯考社會事業家府君神位"
"顯祖考農村指導官府君神位"

(5) 학위 등을 쓰는 경우

"顯祖考經濟學博士府君神位"

"顯考名譽政治學博士府君神位"
"顯考文學碩士府君神位"
"顯考理學學士府君神位"

(6) 여성(妣位)의 경우

"顯妣國會議員潘南朴氏神位"
"顯祖妣江東女子大學校總長全州李氏神位"
"顯妣梨花女子大學校教授金海金氏神位"
"顯祖妣保健社會部婦女局長宜寧南氏神位"
"顯妣教師坡平尹氏神位"
"顯祖妣全國女性聯合副會長安東金氏神位"
"顯妣東國銀行代理玄風郭氏神位"
"顯祖妣經濟學碩士豊陽趙氏神位"
"顯妣孺人安東權氏神位"

이상의 여성 직함을 지방이나 축문에 쓰는 일은 매우 생소해 보이지만 예는 시대에 따라 변용할 수 있는 것이므로 봉작제가 없어진 오늘날 생전의 직함을 쓰는 일은 지극히 자연스러운 일이라고 볼 수 있다.

(7) 한글로 쓸 경우

요즘은 한글로 지방이나 축문을 쓰는 가정도 적지 않다. 필자의 관점으로는 이것이 별로 바람직하지 않지만, 시속(時俗)도 무시할 수 없는 것이므로 함께 수록해 둔다. 한글로 쓸 경우에는 한자 문구를 그냥 한글로 표기하기도 하고 그 뜻을 풀이하여 쓰기도 한다. 다음은 한글로 쓸 경우 신위의 서식이다.

어머님 신위 　아버님 신위

높으신 어머님 신위　높으신 아버님 신위

높으신 어머님 문학사밀양박씨 신위　높으신 아버님 김제군수어른 신위

현비유인김해김씨신위　현고학생부군신위

37. 축문 쓰는 법

축문이란 제사를 받드는 자손이 제사를 받는 조상에게 제사의 연유와 정성스러운 감회, 그리고 간략하나마 마련한 제수를 권하는 글이다. 살아계신 어른에게 색다른 음식을 올릴 때 의당 권하는 말씀을 올리는 것처럼

조상에게도 제수를 올리면서 그 연유를 고하는 축문을 작성한다. 축문을 작성하는 과정은 작축과 수축으로 이루어져 있다. 작축은 축의 내용을 짓는 것을 의미하고 수축은 종이에 축문을 쓰는 것을 의미한다.

축문의 내용은 그 제사를 지내게 된 연유를 '언제'-'누가'-'누구에게'-'무슨 일로'-'무엇을'의 형식으로 고하고 제사를 받으시라는 줄거리로 이루어진다.

과거에 사당을 모실 때는 '유사즉고(有事則告)'라 하여 일이 있을 때마다 축문을 작성해서 조상에 고했기 때문에 기제사의 경우에는 추모하는 뜻만 기록했었다. 그래서 일정한 서식이 있어 날짜와 봉사자, 대상만을 사실대로 써넣으면 되었다. 근래는 조상의 신위를 모시는 사당이 거의 없으므로 일이 있을 때마다 고하는 일이 없어서 기제사 때 지난 한 해 동안 있었던 일을 축문으로 고하는 것도 무방할 것이다. 여기서는 『가례』 등에 정해진 표준 축문의 형식을 그대로 사용하기로 한다.

축문도 지방과 마찬가지로 가능한 한 한문으로 쓰는 것이 좋다. 거기에 함축된 오묘한 뜻을 한글로 다 표현하기 어렵기 때문이며 한문으로 된 축문을 근엄하고 낭랑하게 읽으면 제사의 분위기를 더욱 신비스럽고 장엄하게 해주기도 하는 것이다. 현대에는 한문을 이해하는 사람이 드물어 돌아가신 분이나 살아서 제사를 받드는 사람이나 축문의 뜻을 잘 안다고는 할 수 없지만, 귀신은 영험하기 때문에 생전에는 매우 무식했더라도 충분히 알아듣는다고 보기 때문이다.

축문의 글자는 모두 합쳐 보아야 70여 자에 불과하고 중복되는 글자를 빼면 얼마 안 되므로 조금만 학습하면 누구나 쓸 수 있다. 그것은 또한 일정한 양식으로 되어 있기 때문에 표준 문안을 몇 부 작성하여 비치해 둔다면 아무 때나 베껴서 사용할 수도 있다. 부득이한 경우에는 한글 문안을 사용할 수도 있겠으나 그 뜻을 표현하기도 쉽지 않고 읽기도 매우 어색하여 제사의 분위기를 반감시킬 것이다. 물론 모든 제사는 그 형식보다 참다운 정신이 중요하게 여겨지는 것이지만 극진한 정성에 장엄한 형식이 추가된다면 더 좋지 않겠는가?

여기에 오늘날 많이 쓰이는 실제 문안을 예로 들어 본다(한문은 특별한 경우가 아니면 띄어쓰지 않지만 여기서는 이해의 편의상 구절별로 띄어쓰기로 한다).

> 維
> 歲次 甲戌五月朔丁未初七日癸丑 孝子文學士吉童
> 敢昭告于
> 顯考東北面長府君
> 顯妣孺人文化柳氏 歲序遷易
> 顯考諱日復臨 追遠感時 昊天罔極 謹以淸酌庶羞 恭伸
> 奠獻 尙
> 饗

　　이 축문의 뜻은 대체로 "아, 갑술년 5월 초하루는 정미일인데, 초칠일 계축일에 봉사자인 문학사 길동은 높으신 아버님 동북면장 어른과 높으신 어머님 유인 문화 유씨께 감히 고합니다. 해가 가고 세월이 바뀌어 아버님의 기일이 다시 돌아오니, 옛일을 생각하고 은혜에 감동됨이 높은 하늘과 같이 끝이 없습니다. 삼가 맑은 술과 여러 제수를 차려 제향하는 뜻을 펴오니 흠향하시기 바랍니다."는 내용이다. '孝'자를 쓰는 것은 자신이 그 제사의 직계 봉사 자손(제사를 받드는 자)임을 표하는 것이며, 친속의 칭호 앞에 '顯'자나 '皇'자를 붙이는 것은 '크다', '높다', '훌륭하다'는 뜻의 존경을 표하는 것이며 동시에 그분이 나의 직계 조상임을 표하는 것이다.

　　할아버지, 할머니 이상의 선조 기일제 축문도 부모의 기일 축문과 대동소이하다. 다만 '孝子'를 '孝孫' '孝曾孫' 등으로, '顯考'를 '顯祖考' '顯曾祖考' 등으로 고쳐 쓰고 "昊天罔極"이란 문구를 "不勝永慕"로 바꾸어 쓴다. 즉 "維歲次(또는 연호)[年干支] [아무]月朔[초하룻날 간지] [아

무]日[간지] 孝孫[아무 관작][이름] 敢昭告于(於) 顯(皇)[아무 친속]
考某官府君 顯(皇)[아무 친속]妣某封貫鄕姓氏 歲序遷(流)易 諱日復臨
追遠感時 不勝永慕 謹以淸酌庶羞 恭伸奠獻 尙饗"으로 쓴다. ( ) 속의 글
자는 대치해도 되는 글자이다. 또 숙부나 종조부와 같은 방계 조상인 경우
에는 그에 맞게 친속의 명칭을 바꾸고 "不勝永慕"를 "不勝感愴"이라고
고쳐 쓰고 '孝'자도 쓰지 않는다. '孝'자는 직계 조상의 경우에만 쓰는 것
이다. 조부모 기제 축문의 실제 예문을 들어 보면 아래와 같다.

維
　歲次 甲戌五月朔丁未初七日癸丑 孝曾孫行政事務官吉童
　敢昭告于
顯曾祖考通政大夫東萊府使府君
顯曾祖妣淑夫人文化柳氏 歲序遷易
顯曾祖考諱日復臨 追遠感時 不勝永慕 謹以淸酌庶羞 恭伸
　奠獻 尙
饗

　종이에 축문을 쓰는 것을 수축(修祝)이라고 한다. 축문은 전통적인 방
법에 따라 한지에 붓으로 내려쓰는 것이 좋으나 흰 종이에 다른 필기구로
써도 무방하다. 종이의 규격은 축문의 길이에 따라 다르겠지만 대략 18절
지 정도의 크기로 하는 것이 적당하다. 제사를 받는 조상을 표시하는 첫글
자는 다른 줄의 첫글자보다 한 자 정도 높게 쓴다. 즉 신위를 표시하는 첫
자, 신위의 가상적인 행동 등을 표시할 때는 줄을 바꾸고 한 자를 올려 시
작한다.
　다음은 아버지 기일의 고·비위 합사 축문의 형식이다.

維歲次甲戌五月朔丁未初七日癸丑孝
子文學士吉童敢昭告于
顯考東北面長府君
顯妣孺人文化柳氏歲序遷易
顯考諱日復臨追遠感時昊天罔極謹以
清酌庶羞恭伸奠獻尙
饗

維
歲次 甲戌二月朔丁未初七日癸丑 孝玄孫文學士吉童
敢昭告于
顯高祖考通政大夫東萊府使府君
顯高祖妣淑夫人文化柳氏 氣序流易 時維仲春(仲秋 등)
追感歲時 不勝永慕 敢以清酌庶羞 祗薦歲事 尙
饗

시제에서는 고조부모 이하의 여러 조상을 제사하는 것이므로 신위마다 각기 축문을 작성하여 첫잔을 올릴 때, 곧 초헌(初獻) 때 읽는 것이 원칙이다. 먼저 고조부모의 시제 축문 형식을 보면 왼쪽 하단과 같다.

이 축문의 내용은 대개 "아, 갑술년 2월의 초하루는 정미일인 바, 초칠일 계축일에 현손인 문학사 길동은 감히 높으신 고조부 통정대부 동래부사 어른과 고조모 숙부인 문화 유씨께 고합니다. 세월이 흐르고 바뀌어 중춘의 때가 되니 계절과 함께 추념하고 감동되어 길이 사모하는 마음을 금할 수 없습니다. 이에 감히 맑은 술과 갖가지 음식을 갖추어 공손히 정기의 제향을 올리오니 흠향하시기 바랍니다."는 것이다. 증조부모, 조부모, 부모의 축문일 경우에는 친속의 명칭만 바꾸면 된다. 시제에서는 이렇게 4종을 준비하여 고조부모의 신위부터 차례로 잔을 올리고 축문을 읽는 것이 전통적인 예이지만, 오늘날에는 이를 통합하여 아래와 같이 작성하여 한 번으로 마칠 수도 있다.

維
歲次 甲戌五月朔丁未初七日癸丑 孝孫孝子文學士吉童
敢昭告于
顯高祖考通政大夫東萊府使府君
顯高祖妣淑夫人文化柳氏
顯曾祖考通訓大夫行果川縣監府君
顯曾祖妣淑人密陽朴氏
顯祖考江南中學校長府君
顯祖妣孺人慶州金氏
顯考東北面長府君
顯妣理學士文化柳氏 氣序流易 時維仲春(仲秋 등)
追感歲時 不勝永慕 敢以清酌庶羞 祗薦歲事 尙
饗

이때 고조부모나 증조부모의 제사를 받들지 않는 집이라면 물론 그들을 축문에 쓸 필요가 없다.

축문은 가능하면 한문으로 쓰는 것이 좋겠으나 부득이한 경우에는 한글로 쓸 수도 있겠다. 이 경우에도 문안은 한문으로 두고 글자만 한글로 음사(音寫)할 수도 있으며 뜻을 한글로 표현하여 쓸 수도 있다. 이때 어차피 간편한 것을 취하므로 연월일도 양력을 사용하고 연호도 서력 기원을 쓰는 것이 무방하다. 간단한 시제 축문의 실례를 들어 본다.

서기 1994년 4월 7일 효자 문학사 길동은 삼가
높으신 아버님 동북면장 어른과
높으신 어머님 문화유씨께 말씀드립니다. 세월이 흐르고 바뀌어 중춘의 때가 되니 계절과 함께 추념하고 감동되어 길이 사모하는 마음을 금할 수 없습니다. 이에 감히 맑은 술과 여러 음식을 갖추어 공손히 정기의 제향을 올리오니
흠향하시기 바랍니다.

---

38. 기제사의 유래와 의미

기일 제사는 보통 기제사 또는 기제로 약칭되고 있다. 기일이란 돌아가신 날을 말한다. 따라서 기제사는 돌아가신 날의 제사란 뜻이다. 그러므로 기제사는 한 조상에 대해 일년에 한 번만 지낸다. 기제사는 제사의 대명사와 같아서 오늘날의 가정에서 가장 중요한 제사로 인식되고 있다. 그러나 이것은 원래 고대에는 없던 것으로서 공자님도 지내지 않던 제사였다. 기일에 제사를 지내게 된 것은 비교적 후대인 중국 송나라 때부터로 알려져 있다. 당시 유학에 새로운 학풍을 몰고 왔던 성리학자들에 의해 비로소 이

날 제사하는 풍습이 생기게 된 것이다. 북송의 사마광이 지은 『서의』에는 기제가 보이지 않고 남송의 주희가 지은 『가례』에 수록되어 있는 것으로 보아 그 사이에 시작된 듯하다.

 제사는 본래 길례(吉禮)에 속하는 것이다. 이는 귀신에게 음식과 재물과 같은 희생물을 바치고 춤과 음악으로 그를 기쁘게 함으로써 인간이 복을 받고자 했던 일종의 축제 같은 것이었다. 동서 고금에 걸쳐 제사는 떠들썩한 잔치와 같은 것이었으며 또한 이웃 사람들을 불러 음식을 대접하는 하나의 연회이기도 했다. 『맹자』에도 제사를 지내지 못하면 연회를 할 수 없다고 하였다. 따라서 제사는 신을 향사하고 신으로부터 복을 받는 대단히 즐거운 축제로서 각기 일정한 계절에 따라 정해져 있었다. 시제라고 부르는 4대조까지의 합동 제사는 4계절의 가운데 달, 곧 시조의 제사는 동지에, 먼 선조에 대한 제사는 입춘에, 그리고 부모의 제사는 계추(季秋) 곧 음력 9월에 지내도록 되어 있었다.

 송대 이후에 지내게 된 기제사는 매우 조심스럽게 치르도록 되어 있고 친지나 이웃과 음식을 나누어 먹는 절차도 없었다. 이날(기일)은 술을 마시지 않고 고기를 먹지 않으며, 음악을 듣지 않고 검정 포(袍:두루마기 형태의 웃옷)와 흰옷을 입고 흰띠를 두르고 지내며, 밤에는 안방에 들지 않고 사랑채에서 자도록 했다. 이것이 기일을 지내는 도리였다.

 그러나 우리 나라에서는 오래전부터 대부분의 가정에서 시제와 선조 그리고 부모에 대한 계절 제사는 행하지 않았으므로 기제사에 연회의 요소가 합쳐져 이날 손님을 초대하고 이웃과 음식을 나누어 먹는 풍습이 생기게 되었다. 그렇더라도 이날이 조상의 돌아가신 날인 만큼 근신하는 마음가짐이 필요하다 하겠다.

 기제사를 지내는 조상은 조선 전기까지는 신분에 따라 달랐지만 『가례』가 널리 생활화된 조선 후기 이후에는 고조부모, 증조부모, 조부모 그리고 부모에 이르기까지 4대 봉사를 하는 것이 관행으로 되어 있다. 제사를 받드는 봉사자는 물론 적장자, 적장손으로 이어지는 맏이이다. 이는 제사가 직계 계승의 원리에 의해 행해지는 의례이기 때문이다.

 『가례』를 비롯한 모든 예서에는 시제를 가장 중시하여 모든 제사의 앞에 두었고 기일 제사는 시조, 선조, 부모의 제사 뒤에 두었지만 본서에서는 기제사를 가장 앞에서 설명하였다. 이는 고대와는 달리 현대의 가정에서는 기제사를 가장 중요한 제사로 여기고 있기 때문이다. 그러나 우리는 시제의 중요성을 망각해서는 안 되며 그 예법을 현대의 형편에 맞게 부활하는 방법을 생각해 보아야 할 것이다.

39. 기제사의 준비

제삿날이 다가오면 제사를 주관하는 사람은 제사에 참여할 친족들에게 두루 연락을 해야 한다. 기제사의 참석자 범위는 그 조상의 직계 후손들을 원칙으로 하지만 형제나 가까운 친지들도 참석할 수 있다. 고조부모의 제사라면 8촌 이내의 친족까지, 증조부모의 제사라면 6촌 이내의 친족까지 참석하고 조부모의 제사에는 4촌 이내의 친족들이 참석한다. 그리고 가까운 친족이나 외손들 그리고 친한 친구들도 참석할 수 있다. 조상의 제사에 참여하는 친족들은 동참하는 뜻에서 형편에 따라 한두 가지 제수나 기타 제물을 찬조하면 좋을 것이다.

제사의 주재자는 제사 하루 전 입제일에 제소 주변을 청소하고 제구와 제기를 내어 와 깨끗이 닦고 정비하며 제사에 올릴 제주(祭酒 : 제사에 쓰는 술)와 제수(祭需 : 제사 음식)를 준비한다. 또한 제사에 필요한 모사와 양초, 향 등도 미리 준비하고 지방과 축문도 미리 써둔다. 준비가 되면 초저녁에 제사 장소에 병풍, 의자, 제상, 향안, 주가, 소탁자 등을 설치한다. 이들의 준비에 대해서는 앞에서 설명하였다.

40. 기제사의 봉행

제사를 봉행하는 절차는 매우 복잡하지만 크게 3단계로 구분할 수 있다. 도입 단계라고 할 수 있는 식전 의식(式前儀式), 본행사라고 할 수 있는 제사의 집전(執典) 그리고 정리 단계라고 할 수 있는 식후 의식(式後儀式)이 그것이다. 식전 의식에 해당하는 것은 (1) 재계(齋戒) (2) 제구와 제기의 설비(陳器) (3) 제수의 준비(具饌) (4) 제상 차리기(陳設) (5) 제복 입고(變服) 정렬하기(就位) (6) 신주나 지방의 봉안(出主) 등이다. 제사의 집전에 해당하는 의식은 (1) 신 내리기(降神) (2) 합동 참배(參神) (3) 음식 올리기(進饌) (4) 첫잔 드리기(初獻)와 축문 읽기(讀祝) (5) 버금 잔 드리기(亞獻) (6) 끝 잔 드리기(終獻) (7) 식사 권유(侑食) (8) 문 닫고 기다리기(闔門) (9) 문 열고(開門) 차 올리기(進茶) (10) 복받기(受胙:飮福) (11) 합동 배례(辭神:신에 대한 작별 인사) 절차가 그것이다. 식후 의식이라고 할 수 있는 것은 (1) 신주 들여 모시기(納主) (2) 제상 정리(徹) (3) 제사 음식 나누기(餕)가 그것이다.

기제사에는 원래 복받기와 음식 나누기의 예가 없었지만(이는 기제사를 제외한 다른 제사에는 모두 있다) 현대에는 기제사가 가장 큰 제사이고 또 전통적으로 그렇게 해 오고 있는 까닭에 함께 수록하였다.

1. 식전 의식

(1) 재계(齋戒)

재계는 제사의 도입 단계에서 가장 중요한 의식이다. 고대에는 산재 나흘, 치재 사흘로 도합 이레나 여기에 몰두하였지만 중세에는 치재가 사흘로 단축되었다. 현대에는 사흘간이나 모든 일을 전폐하고 까다로운 재계에 몰입할 수는 없으나 최소한 하루(입제일) 정도는 재계하는 심정으로 근신하는 것이 좋을 것이다. 재계는 몸과 마음과 주변을 정결히 하고 부정한 일에 관계하지 않으며 단정히 앉아 세상 잡사에 대한 생각을 끊고 정신을 집중하여 돌아가신 이를 추념하는 일이다. 그리하여 돌아가신 이가 눈앞에 보일 만큼 간절한 경지에 도달해야 한다. 이러한 정신 상태에 이르렀을 때 제사를 봉행해야 신이 제대로 강림하게 된다.

(2) 제구와 제기의 설비 : 진기(陳器)

제상 차림. 제사는 원래 사당이나 정침의 대청에서 지내 왔지만 대청이 없는 집은 거실이나 안방을 사용한다.

옛날에는 제구와 제기가 매우 다양하고 그것을 설치하는 법도 복잡했지만 이제 오늘의 형편에 맞게 그 수를 줄이고 간편하게 설치하는 방법을 알아보자.

제사는 원래 사당이나 정침의 대청에서 지내던 것이지만 대청이 없는 집은 거실이나 안방을 사용한다. 우선 대청의 북쪽 벽에 병풍을 둘러치고 그 앞에 신위를 설치한다. 남향이 아닌 집은 형편에 따라 적당하게 방위를 잡도록 한다. 그러나 병풍을 친 쪽을 북으로 간주한다. 예전에는 신위에 신주를 모셨으나 오늘날에는 보통 지방으로 대체한다. 지방은 신주 모양의 목패(木牌)나 위판(位板)에 부착하여 병풍 앞 의자에 모시거나 제상의 북쪽 한가운데 봉안한다. 그것도 여의치 않으면 그냥 병풍 한가운데에 지방을 붙여 놓아도 무방하다. 신위 앞에는 제상을 놓는다. 제상이 없는 집은 큰 상을 사용하는 것도 무방하다. 제상 양쪽 가장자리에 촛대를 하나씩 둔다. 제상 앞에는 작은 향안을 설치하고 그 위에 향로와 향합 그리고 모삿그릇을 놓는다. 향안은 형편에 따라 작은 상으로 대체할 수 있다. 그 오른편에 술병, 주전자, 퇴줏그릇 및 작은 행주 등을 올려 놓은 주가(酒架)를 둔다. 이 역시 작은 상으로 대체할 수 있다. 축문을 끼운 축판은 작은 상에 올리거나 함에 담아 향안의 왼편에 둔다. 향안 앞에는 화문석과 같은 자리를 깐다. 제사를 올릴 때는 이러한 제구들을 바른 위치에 배열해야 한다.

(3) 제수의 준비 : 구찬(具饌)

제수는 주로 부인들이 준비하지만 남자들도 할 수 있는 일은 하는 것이 좋다. 그 종류와 조리법은 앞에서 설명하였다. 제수를 준비할 때 가장 유의해야 할 것은 제수는 정성되고 정결하게 준비해야 한다는 것이다. 음식을 하는 사람은 미리 목욕하고 옷차림을 단정하게 하는 것이 좋다. 머리에는 반드시 모자나 수건을 쓰도록 한다. 그리하여 밥에 돌이 들어가거나 음식에 머리카락과 비듬이 빠지지 않도록 조심해야 한다.

(4) 제상 차리기 : 진설(陳設)

제상 차리는 법에 대해서는 앞에서 자세히 설명하였다. 옛날에는 음식을 올리는 순서와 절차가 매우 복잡하였지만 오늘날에는 대체로 제사를 시작하기 전 한 번에 올리는 것이 무방하다.

(5) 제복 입고 정렬하기 : 변복(變服)과 취위(就位)

제사지낼 시간이 되면 참여자는 모두 제복으로 갈아입고 정위치에 정렬하여 선다. 제복에 대하여는 앞에서 설명하였다. 특별히 제복을 마련하지 못했을 때는 평상복이라도 깨끗하고 단정히 입도록 한다.

제사는 주인과 주부 그리고 끝 잔 올리는 사람이 잔을 올리거나 일을 맡은 사람(집사)이 의식을 집전할 때 외에는 대청 아래 뜰에서 각자 위치를 정하여 정렬해 있다. 제사 참여자들이 정렬하는 위치는 『가례』에 다음과 같이 규정하였다. 그러나 오늘날의 가옥 구조는 옛날과 다르고 참여자들의 수도 적으므로 형편에 따라 적절하게 하는 것이 좋다.

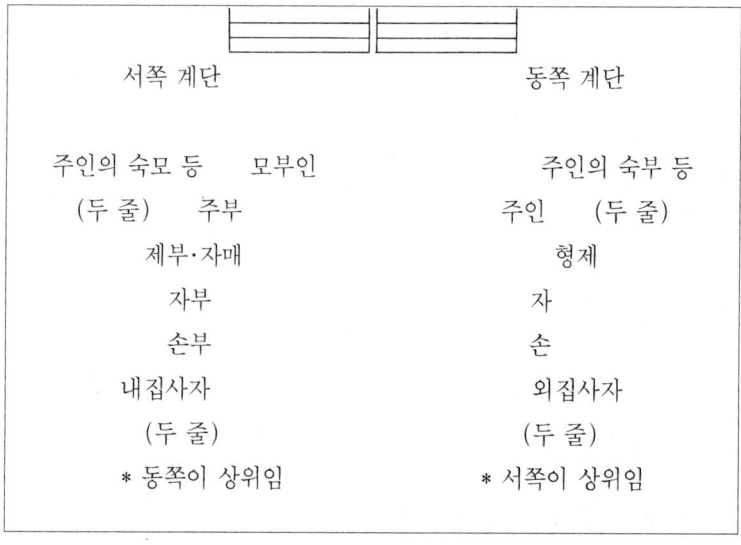

주인, 주부, 헌작자, 독축자, 집사 등 직접 제수를 받들어 올리는 참사자는 정위치에 서기 전에 손을 깨끗이 씻어야 한다.

(6) 신주나 지방의 봉안 : 출주(出主)

모든 제사에는 향사 대상자를 상징하는 신위(神位)를 설치하게 된다. 신위는 돌아가신 조상을 표상한 것이다. 신위에는 옛날부터 시동(尸童), 신주(神主), 위패(位牌), 사판(祠板), 지방(紙榜) 등이 사용되었으며 오늘날에는 사진도 사용되고 있다. 이들 신위에는 제사 중에 신이 깃들이는 것으로 믿어진다. 시동은 고대 중국의 풍습으로 어린아이에게 죽은 이의 옷을 입혀 제상 앞에 앉혀서 신위로 삼는 것이다. 신주는 나무를 위가 둥근 직육면체로 다듬어 그 위에 죽은 이의 친속과 관작, 봉사자의 이름 등을 쓴 것으로 중국 고대 이래 현재까지 사용되고 있는 대표적인 신위의 상징이다. 신주는 두 쪽의 나무를 맞대어 제작하는데 제도가 매우 까다롭다. 신주는 장례식 때 묘지에서 제작되어 사당에 모셔진다. 위패는 단순히 한 토막의 직육면체 나무를 다듬어 그 위에 죽은 이의 신위를 쓴 것으로 주로 불교 사찰에서 사용되고 있다. 사판은 위판(位板)이라고도 하는데 신주 형태의 넓적한 목판에 죽은 이의 관작이나 호 등을 쓴 것으로 성균관, 향교, 서원, 사우 등에서 주로 사용하고 있다. 자세한 것은 앞에서 설명한 바 있다.

지방은 중국의 송나라 때부터 신주 대신에 일회용으로 사용되기 시작한 것으로 우리 나라에서는 조선 초기부터 사용되었다. 사당의 건설이나 유지가 쉬운 일이 아니었기 때문에 조선시대에도 웬만한 집이 아니면 신주를 모시지 못하였으므로 대부분의 보통 가정에서는 신주 대신 지방을 사용하였다. 지방은 제사 직전에 만들었다가 제사를 마치면 소각하기 때문에 그 제작이나 관리가 매우 간편하다. 지방은 입제일 저녁 무렵에 미리 써놓았다가 제사 직전에 신주 형태의 목패나 목판에 붙여 의자나 제상의 북쪽 한가운데에 봉안한다. 이러한 비품이 준비되어 있지 않으면 병풍 위에 붙이기도 한다.

참고로 옛날의 신주 봉안법을 간략히 설명하자면 다음과 같다.

신주는 첫새벽(새벽이라고 하지만 사실은 한밤중이다) 날이 밝기 전에 받들어서 대청의 제소에 모신다. 주인 부부는 각각 성복을 한 다음 세수를 하고 사당 앞으로 가서 선다. 축관이 문을 열고 발을 걷어 올리면 주인은 동쪽 섬돌로 올라가서 분향하고 꿇어 엎드려 고사(告辭)를 올린다. 고사의 내용은 "감히 신주를 정침으로 모셔 가기를 청합니다."라는 뜻으로 되어 있다. 그 후 신주를 감실에서 내어 고위와 비위를 한 광주리(혹은 작은 상)에 같이 담아서 집사자가 받들도록 한다. 주인이 앞서고 주부가 뒤따르며, 차례로 정침에 이르러 서쪽 섬돌에 있는 탁자에 둔다. 주인이 함을 열고 고위의 신주를 신위에 모시면 주부는 비위의 신주를 받들어 신위에 모신다. 신주를 받들어 모신 다음 모두 제자리로 내려와 선다.

　그런데 기제사에서 신주나 지방을 봉안할 때 돌아가신 조상의 신위만을 설치할 것인지 그 배우자의 신위도 함께 설치할 것인지 하는 것은 예로부터 논란이 많았다. 대체로 이론적으로는 한 분만을 봉안하는 것이 옳다는 사람들이 많았으나, 우리 나라에서는 인정상 한 분만 올리기 미안하다 하여 배우자를 합설하는 것이 통례로 되어 있다. 한 분만을 모시는 단설을 주장한 대표적인 학자는 회재(晦齋) 이언적(李彦迪)이었다. 그는 기일 제사의 단설 근거로 『가례』에 단설로 되어 있음을 들고 비록 정자(程子)의 『제례』에는 기일에 합설하는 것으로 되어 있으나 단설하는 것이 올바른 예라고 하였다. 그러면서도 그는 예의 근본은 인정에 있는 것이니 합설로 두 분을 함께 모시는 것도 나쁠 것은 없다고 하였다. 합설을 주장한 대표적인 학자는 퇴계 이황(李滉)이었는데, 퇴계는 우리 나라에서 전통적으로 합제를 행하여 오고 있었고 또한 인정으로 보아 변경하기 어렵다고 하였다. 그러나 도암(陶菴) 이재(李縡)는 합설의 잘못을 심하게 비판하였다. 곧 기일은 대개 상례의 결과에 의한 것으로 조상이 돌아가신 날을 맞아서 그날 돌아가지 않은 분을 생각하여 제사를 올리는 것은 마땅하지 않으므로 합제를 하지 않더라도 인정이 박절한 것이 아니라고 보았다. 그날 돌아가신 분에 대한 슬픔이 더 크기 때문이다. 이처럼 단설과 합설은 가문이나 학파에 따라서 행하는 전통이 다르지만 오늘날에는 일반적으로 두 분을 같이 모시는 합설이 압도적으로 많다.

　합설을 하는 경우에는 고위와 비위의 신주를 한 교의에 모시고, 제수도 한 탁자에 진설할 것이냐, 아니면 『가례』에 기록된 것처럼 고위와 비위를 나누어 각각 다른 교의와 탁자를 사용해야 할 것이냐 하는 점도 논란이 되었다. 이 역시 가문마다 사람마다 주장이 다르지만 대체로 교의와 탁자를 함께 사용한다.

2. 제사의 집전

지금까지가 제사의 도입 단계라면 이제부터는 제사의 본론에 해당한다. 『가례』 등에 제시된 제사 집전의 주요 절차를 정리해 보면 아래와 같다. 옛날에는 다음과 같은 내용을 홀기에 적어 축(祝) 또는 찬자(贊者)라 부르는 사회자인 집사자(執事者)가 창도하면서 제사를 진행시키는 것이 원칙이었다. 그러나 현대에는 홀기를 창도할 것까지는 없고 주인이 이를 메모하여 옆에 두고 보아 가며 제사를 진행시키면 좋을 것이다.

```
         홀기(笏記)
(1) 신 내리기(降神)
(2) 합동 참배(參神)
(3) 음식 올리기(進饌)
(4) 첫잔 드리기(初獻)와 축문 읽기(讀祝)
(5) 버금 잔 드리기(亞獻)
(6) 끝 잔 드리기(終獻)
(7) 식사 권유(侑食)
(8) 문 닫고 기다리기(闔門)
(9) 문 열고(開門) 차 올리기(進茶)
(10) 복 받기(受胙 : 음복 飮福)
(11) 합동 배례(辭神 : 신에 대한 작별 인사)
(12) 신주 들여 모시기(納主 : 지방과 축문의 소각)
(13) 정리(徹)
```

이제 이들 제사의 집전 절차에 대하여 차례로 살펴본다.

(1) 신 내리기 : 강신(降神)

제사 드릴 신을 제소(祭所 : 제상 앞)로 강림시키는 절차이다. 주인이 대청으로 올라가 무릎을 꿇고 향로에 분향하면 집사 한 명이 술병을 열어 주전자에 따르고 나서 잔반을 가지고 주인의 왼편에 서고, 한 명은 주전자를 가지고 주인의 오른편에 선다. 주인이 무릎을 꿇고 앉으면 잔반을 든 집사도 무릎을 꿇어 그것을 주인에게 올리고, 주전자를 가진 집사 역시 무릎을 꿇고 잔에 술을 따른다. 주인은 왼손으로 잔대를 잡고 오른손으로 잔을 잡아 술을 세 번에 나누어 모사 위에 씻어 내린 후 잔과 잔대를 집사에게 준다. 이어 부복하였다가 일어나 두 번 절하고 정해진 자리로 돌아간다.

예서에 따라서는 이 강신의 절차를 이후에 행하는 참신과 순서를 바꾸어 기록한 것도 있으며 실제로 그렇게 하는 집안도 많다. 그러나 일단 신이 강림해야 참배할 수 있기 때문에 강신을 먼저 하는 것이 옳다.『가례』 등의 예서에서 참신을 먼저 하게 한 것은 당시의 제사가 신주를 모시고 하는 것이었기 때문이다. 신주에는 항상 신이 깃들여 있으므로 먼저 인사를 드릴 수 있는 것이다.

(2) 합동 참배 : 참신(參神)

이는 제사에 참여한 사람들이 합동으로 신에게 참배하는 절차로 첫 문안 인사와 같은 것이다. 제사에 참여한 모든 사람들이 지정된 자리에서 일제히 두 번씩 절한다. 참여자들이 서는 위치나 순서는 사당을 참배할 때와 같다. 항렬이 높은 어른으로서 늙었거나 병이 있는 사람들은 참신을 마치면 다른 곳에서 쉬어도 된다.

옛날에는 제사에서 한차례의 절을 하는 횟수가 남자는 재배, 여자는 4배로 하였다. 이는 남녀를 차별하는 뜻이 아니라 음양의 원리에 의해 양의 수는 1, 음의 수는 2로 간주하였기 때문이다. 산 사람에게는 양의 도를 따르기 때문에 한 번씩만 절하고, 죽은 사람에게는 음의 도를 따르기 때문에 두 번씩 절하는 것이다. 그리고 여자는 음의 도에 속하기 때문에 두 번씩 두 번 절하는 것이라 하였다. 이러한 음양 이론은 현대에 와서는 별로 공감을 얻지 못하고 있고 또 여자만 네 번씩 절하는 것도 인정에 맞지 않으므로 남자와 마찬가지로 재배만 하는 것이 무방할 것이다.

(3) 음식 올리기 : 진찬(進饌)

이는 더운 음식을 올리는 절차이다. 주인과 주부가 대청에 올라가면 집사 한 명은 쟁반에 어육을 받들고, 또 한 명은 쟁반에 국과 밥을 받들어 대청에 오른다. 주인은 고위의 잔대 남쪽에 어육과 생선을 올리고 주부는 밥을 받들어 잔대의 서쪽에 올린 후 제자리로 돌아간다.

이 절차는 다음과 같이 진행하기도 한다. 주인과 주부는 제상의 왼편에 서고, 남자 집사가 육전과 초간장, 여자 집사가 면을 받들어 오면 주인은 육전과 초간장을 올리고 주부는 면을 올린다. 주인과 주부가 제상의 오른편으로 옮겨 서고 남자 집사가 어전을, 여자 집사가 떡과 편청(설탕)을 가져오면 주인은 어전을 올리고 주부가 떡과 편청을 올린다. 주부가 제상의 왼편으로 옮겨 서고 남자 집사가 국을, 여자 집사가 밥을 받들어 오면, 주인은 고위, 비위의 순으로 국을, 주부는 고위, 비위의 순으로 밥을 올린다. 그 밖에 참여자 중의 하나가 면과 편 사이에 탕을 올린다. 그러고 나서 모두 제자리에 돌아가 선다.

(4) 첫잔 드리기와 축문 읽기 : 초헌(初獻)과 독축(讀祝)

첫잔 드리기는 신을 향사하는 의식의 시작이다. 첫잔 올리기는 반드시 그 제사의 주인이 행하며 이 첫잔을 올린 후에 축문을 읽는다. 이 절차는 제사의 핵심이며 정점이라고 할 수 있다. 주인이 대청에 오르면 집사 한 명이 주전자를 가지고 따라가서 그 오른편에 선다. 주인은 고위의 신위부터 차례로 첫잔 드리기를 행한다. 먼저 고위의 잔반을 받들어 동향하고 서면 집사가 서향하여 잔에 술을 따른다. 주인이 그것을 받들어 원래의 자리

초헌. 첫잔 드리기는 반드시 그 제사의 주인이 행한다.

독축. 축문을 읽는 동안 제사에 참석한 사람들은 모두 엎드려 고인을 추모한다.

에 올리고 비위의 잔반에도 역시 이와 같이 한다. 옛날에는 초헌 때 육적을 즉석에서 화로에 굽고 소금을 발라 올렸으나 지금은 진찬 때 육적을 이미 올렸으므로 이 절차는 생략한다. 초헌이 끝나면 주인은 북향하여 부복한다.

이때 축(집사)이 축판을 가지고 주인의 왼편에 꿇어앉아 축문을 읽는다. 축문의 형식은 앞 장에서 설명한 바와 같다. 축문을 읽을 사람이 따로 없으면 주인이 직접 읽는다. 읽기가 끝나면 축판은 다시 소탁 위에 올려 놓고, 제자리로 돌아가 꿇어앉는다. 축문을 읽는 동안 제사에 참석한 사람들은 모두 엎드려 고인을 추모한다.

축문 읽기가 끝나면 옛날에는 곡(哭)이 있었다. 곡은 직계 자손들만 하는데, 이 날이 조상의 기일이기 때문이다. 부모의 기제사에는 반드시 곡을 해야 했고 조부 이상의 조상 제사에는 하지 않아도 되었다. 오늘날에는 일반적으로 곡을 생략하고 있으나 이러한 예법이 있다는 사실은 알고 있어야 할 것 같다. 곡이 끝나면 주인은 일어나 두 번 절하고 물러나 제자리로 돌아간다. 집사는 잔에 담긴 술을 퇴줏그릇에 붓고 비워 놓는다.

(5) 버금 잔 드리기 : 아헌(亞獻)

이는 신위에 올리는 두 번째 헌작이다. 잔을 올리는 의식은 초헌 때와 같다. 다만 주부가 잔을 올리고 절할 때는 4배를 한다. 옛날에는 아헌 때 육적 대신 어적을 즉석에서 구워 올렸으나 지금은 생략한다. 아헌과 종헌에는 축문이 없다.

버금 잔 드리기는 『가례』류의 예서에서 모두 주부가 행하는 것으로 규정되어 있는데 이는 "제사는 부부가 함께 한다(夫婦共祭)."는 정신에서 나온 예법이다. 그러나 사마광의 『서의』에는 주부나 형제 중에 아무나 하도록 하였으므로 반드시 주부가 행해야 하는 것은 아니다. 우리 나라에서는 전통적으로 여자가 헌작하는 풍습이 드물었으므로 이는 주로 형제들이 행하였다. 그러나 조선 후기의 가정 의례에서 『가례』가 존중되고 또한 광범위하게 보급되면서 『가례』의 문안대로 주부가 행하는 집이 점차 많아지게 되었다. 그러나 주부는 제사 중에도 계속하여 올릴 음식 등을 준비해

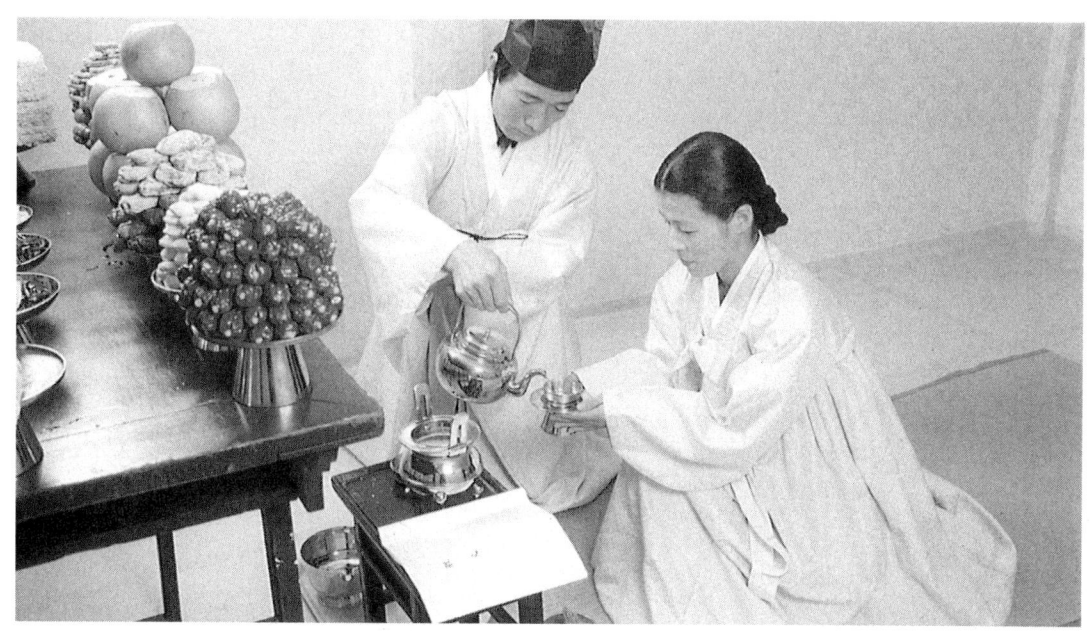

아헌. 잔을 올리는 의식은 초헌 때와 같으나 주부가 잔을 드리고 절할 때는 4배를 한다.

야 하고, 남자들이 많은 제소에 자주 출입하기 어려운 사정이 있었으므로 일반 가정에서 아헌은 보통 형제들이 하는 것이 관례였다. 그러나 오늘날에는 제사의 참여자도 적고 남녀의 분별에 신경 쓸 필요가 없으므로 주부가 아헌을 하는 것이 좋을 것이다. 그것이 예의 정신에 더 합당하기 때문이다.

(6) 끝 잔 드리기 : 종헌(終獻)

이는 삼헌(三獻)이라고도 하며 제향에서 마지막으로 올리는 잔이다. 주인의 형제 중에서 연장자가 행하거나 장남 또는 다른 친지들 중에서도 할 수 있다. 종헌 후에는 술을 퇴줏그릇에 붓지 않고 그대로 둔다.

(7) 식사 권유 : 유식(侑食)

유식은 신에게 식사를 권유하는 절차이다. 신이 술을 다 드셨으므로 이제는 밥을 드실 차례인 것이다. 먼저 주인이 대청에 올라 술 주전자를 들고 고위와 비위의 술잔에 술을 가득 따른다. 이를 속어로 첨잔(添盞) 혹은 첨작(添酌)이라고도 한다. 이를 마치면 향안의 동남에 선다. 이어 주부가 대청에 올라 숟가락을 밥그릇 한가운데 꽂고 손잡이는 서쪽으로 향하게 하며 젓가락을 바르게 놓는다. 이를 마치면 향안의 서남에 선다. 주인과 주부가 함께 재배하고 내려와 제자리로 돌아간다.

이 절차는 우리의 전통적인 의식과 조금 차이가 있다. 첨잔하는 의식은 같지만 전통 의식에는 이때 숭늉 올리기 곧 진다(進茶)가 더해진다. 밥에 숟가락을 꽂는 의식은 처음 음식을 올릴 때 함께 행하는데 이때는 국을 내보내고 대신 그 자리에 숭늉을 올린 후 꽂힌 숟가락을 뽑아 밥을 조금씩 세 번 떠서 물에 말아 놓고 숟가락은 손잡이가 서쪽으로 가게 걸쳐놓는다. 이를 낙식(落食)이라고도 한다.

유식은 일반인들이 가장 잘못 이해하고 있는 의식 가운데 하나이다. 보통 사람들은 이를 합문(闔門)의 절차와 혼동하여 문을 닫고 밖에서 부복하거나 서서 대기하는 것으로 알고 있고 일부 국어 사전 등에도 그렇게 설명되어 있다. 그래서 '합문 유식'이라는 합성어까지 생기게 되었다. 그러나 『가례』에서 말하는 유식은 첨잔하고 수저를 올린 후 재배하는 단순한 의식에 불과하다. 유식에 대한 이러한 잘못된 이해는 반드시 시정되어야 할 것이다.

(8) 문 닫고 기다리기 : 합문(闔門)

이는 귀신이 안심하고 식사를 할 수 있게 사람들이 잠시 피하는 의식이다. 주인 이하가 모두 문 밖으로 나가면 사회자(집사)가 문을 닫는다. 문이 없는 곳에서는 발을 내리는 것이 좋을 것이다. 주인 이하 남자들은 문의 동편에 서서 서쪽으로 향하고, 주부 이하 여자들은 문의 서편에 서서 동으로 향하는데 이는 음식을 드시는 조상을 정면으로 향하기가 미안해서이다. 존장의 어른이 있으면 다른 곳에서 쉬도록 한다. 이것이 이른바 염(廉)이라 하는 것이다. 이렇게 서서 귀신의 식사가 끝날 때까지 기다리는데, 이때는 보통 9식경(밥 9술 먹는 시간) 정도를 기다린다.

합문과 개문의 절차에 대해서는 가부간 설이 분분하고 이를 행하지 않는 집도 있으므로 생략해도 무방하다. 또 여기서 말하는 문이 어떤 문이냐 하는 것도 논란이 있다. 보통은 이를 대청이나 사당의 창호로 생각하고 있으나 정약용 같은 학자는 이것이 사당의 대문이라고 주장하였다. 문은 문이지 창호가 아니라는 것이다. 합문과 개문의 절차는 정확히 알기 어렵고, 더구나 오늘날에는 아파트와 같은 단순한 가옥 구조가 많으므로 시행하지 않아도 좋다. 또는 이 순서에 참석자들이 잠시 부복하여 대기해도 무방할 것이다.

(9) 문 열고 차 올리기 : 개문(開門)과 진다(進茶)

닫았던 문을 다시 열고 차를 올리는 절차이다. 축이 헛기침을 세 번 하고 나서 문을 열면 주인 이하 모두가 들어간다. 다른 곳에서 쉬고 있던 존장들도 들어가서 자리에 선다. 이어 주인과 주부가 차를 받들어 각기 고위와 비위 앞에 올린다. 우리 나라에서는 일반적으로 차 대신 숭늉을 쓴다.

(10) 복받기 : 수조(受胙)와 음복(飮福)

이는 제사를 지낸 사람이 귀신으로부터 반대로 복을 내려 받는 의식이다. 그러나 이 복받기의 절차는 원래 기제사에는 행하지 않던 예법이다. 조상의 기일에 자손이 복을 받는다는 것이 예의 정신에 맞지 않기 때문이다. 그러나 현대에는 다른 제사가 거의 행해지지 않고 있기 때문에 여기서 간략히 설명해 둔다. 『가례』의 복받기[受胙] 절차는 매우 복잡하고 어렵다. 때문에 그대로 행하기가 매우 어려워서 오늘날에는 이를 다음과 같이 간략히 시행해도 무방할 것이다.

집사가 향안 앞에 자리를 깔면 주인이 자리에 나아가 북향한다. 다른 집사(祝이라고 한다)가 고위의 앞에서 잔반을 들어 주인의 오른편으로 온다. 집사가 주인에게 술 한 잔과 음식을 조금 내려 주면서, "복을 받으십시오."라고 축복한다. 주인이 잔반을 받아 술을 조금 고수레하고 나서 맛을 본 뒤 음식도 조금 맛보는 것으로 의식을 마친다. 이를 우리 나라에서

진다. 우리 나라에서는 일반적으로 차 대신 숭늉을 쓰는데 올린 숭늉에 조금씩 뜬 메 3술을 말아 올린다.

는 음복이라고 한다.

　이상으로 제사의 집전은 일단 끝난 것이다.

　(11) 합동 배례 : 사신(辭神) - 신에 대한 작별 인사

　신을 보내는 마지막 작별 인사이다. 제사에 참여한 모든 사람들이 각자의 위치에서 일제히 두 번 절한다.

3. 식후 의식

(1) 신주 들여 모시기 : 납주(納主) – 지방과 축문의 소각

이는 예전에 신주를 사당으로 들여 모시던 절차이다. 주인과 주부가 올라가 각기 신주를 함에 담고 주인이 그것을 광주리에 담아 사당으로 모셔 들였다. 이 의식은 사당에서 신주를 내어 올 때와 같다. 지금은 지방을 사용하고 있으므로 이 순서에서 지방과 축문을 함께 소각한다. 이를 화송(火送)이라고도 하고 분축(焚祝)이라고도 하는데 향안 앞에서 행하고 재는 향로에 담는다.

(2) 제상 정리 : 철(徹)

신주를 들여 모신 후 주부가 돌아와 음식을 치우고 제상을 정리하는 일을 감독한다. 제사에 사용한 잔, 주전자, 퇴줏그릇 등에 있는 술은 모두 병에다 부어 보관하는데, 이것을 이른바 복주(福酒)라고 한다. 과일, 채소, 나물, 고기, 기타 음식들은 모두 일반 그릇에 옮겨 담고 제기는 잘 세척하여 보관한다. 제사에 사용된 병풍, 제상, 촛대 등 다른 제구들도 잘 정비하여 보관하도록 한다.

(3) 제사 음식 나누기 : 준(餕)

이는 제사에 쓴 음식을 여러 친지와 이웃들에게 나누어 주는 절차이다. 일종의 잔치라고 할 수 있는데, 원래 기제사에는 행하지 않는 예이다. 이는 조상이 돌아가신 기일에 잔치를 벌이는 것이 도리가 아니기 때문이다. 그러나 다른 모든 제사에는 이 잔치가 행해졌다. 오늘날에는 기제사 외에 다른 제사를 행하는 경우가 거의 드물기 때문에 여기에서 간략하게 설명해 둔다.

제사에 올린 음식은 이웃과 친지들에게 싸서 보내기도 하고 집으로 초대하여 대접하기도 한다. 그것은 노소장유의 차례가 있기는 하지만 모든 사람들에게 두루 나누어 줌으로써 신의 은택을 함께 하도록 한다는 뜻이다. 특히 미천한 사람들에게도 빠짐없이 나눠 주어야 한다. 제사 음식은 또한 그날 중으로 모두 소비해야 한다. 이는 신의 은택을 묵혀서는 안 된다는 관념에서 나온 것이지만, 또한 음식이 상하기 전에 처분하려는 배려에서 나온 것이기도 하다. 『가례』에는 이 제사 음식을 나누는 연회에 대하여 자세히 기록하고 있으나 매우 복잡하고 시행하기 어려우므로 여기서는 생략하고 시제 편에서 자세히 설명하고자 한다.

41. 시제의 의미

시제는 원래 사시제(四時祭)라고 부르던 것으로서 1년에 네 번 즉 춘하추동의 계절마다 고조 이하의 조상을 함께 제사하던 합동 제사의 하나이다. 시제는 고전 예법에서 정제(正祭)라고 불리는 것으로서 가장 중요하게 생각된 제사였다. 고대 중국에서 제사는 곧 시제를 말하는 것으로 마치 국가의 종묘에서 춘하추동 사계절마다 대향을 올리는 것과 같았다. 그러므로 시제는 제사의 으뜸이자 표상이었으며 일종의 축제와도 같아 이날은 제사를 마친 후에 친지와 이웃을 초청하여 술과 음식을 대접하는 잔치를 벌이기도 하였다. 시제는 이처럼 주공(周公)이 예를 정할 때부터 있던 제도이며, 후대에 생긴 기일 제사보다 훨씬 중요한 것이었다. 그러나 조선시대 이후 기제가 중시되면서 시제의 중요성은 점차 퇴색되어 갔다. 그리고 고조부모 이하 4대조의 기일제를 행하게 되면서 각종 명절의 차례와 합해져 일년에 행하는 제사의 횟수가 너무나 많아지게 된 것도 시제의 중요성을 약화시킨 원인이 되었다. 그러나 다른 한편에서 조선시대의 많은 유학자들은 정규 제사로서 시제가 지니는 중요성을 강조하였다.

일년에 네 번씩 제사를 거행하는 일은 보통 어려운 일이 아니어서 실제로 그렇게 할 수 있는 집은 흔하지 않았다. 이 때문에 성호(星湖)와 다산(茶山) 같은 학자들은 일년에 봄가을로 두 번만 시행토록 권고하기도 하였으며 실제로는 일년에 한 번만 행하는 집이 많았다. 시제는 조상을 모신 사당에서 거행하는 것이 원칙이지만 사당이 협소할 경우에는 정침의 대청에서도 행해졌다. 일부 지방에서는 10월에 묘지에서 행하는 묘제를 시제라고 부르기도 하지만 묘제는 그 예법이 다른 것으로 사당에서 행하는 시제와는 성격이 전혀 다른 것이다. 조선시대에는 묘제를 춘하추동 4절기마다 행하는 것이 유행하여 사당에서 지내는 시제가 잘 행해지지 않기도 하였다.

본서에서는 시제를 중시하고 이를 부활시키는 데 역점을 두었다. 그 이유는 다음과 같다. 첫째, 유교 제례의 원형을 유지하자면 제사는 고조부까지 4대를 모시지 않을 수 없다. 1973년에 반포, 시행된 「가정의례준칙」에서 제사의 대수를 부모와 조부모에만 한하도록 한 것은 아무런 예학적 근거가 없는 법의 횡포라고 할 수 있다. 그러나 일년에 최소한 8회에 이르는 기제사를 봉행하기란 여간 어려운 일이 아니다. 정성이 극진한 사람이 꼭 하고자 한다면 물론 좋은 일이기는 하지만 예에는 시의성이 중요하므로 이는 변통의 여지가 있는 것이다. 그런데 기일 제사는 원래 고전 예서에는 없는 것으로 후대에 이르러 기일을 그냥 넘기기 미안한 마음에서 인정상 추가된 예일 뿐이었다. 제사는 원래 축제와 같은 길례였으므로 조상이 돌아가신 슬픈 날 행하는 기일제는 제사의 본래 취지에 어긋난 것이라고 할 수 있다. 그러므로 기일 제사는 사실 행하지 않아도 무방하다. 그런데 이 가운데 유독 부모의 기제만은 폐할 수 없는 사정이 있다. 예로부터 매년 9월에 이제라고 부르는 부모만을 위한 제사를 지내왔는데 이는 부모가 다른 조상과는 현격히 다르기 때문이다. 그러나 오늘날 9월 중에 따로 날을 잡아 부모 제사를 올린다는 것이 쉬운 일은 아니므로 이를 부모의 기일에 행하는 것이 예의 정신으로 보나 인정과 풍속으로 보아 타당하다. 따라서 4대조의 제사는 시제에 합설하고 부모의 기일제만은 종전대로 행하는 것이 좋을 것이다.

42. 시제의 준비와 택일

　시제는 모든 제사 의식의 원형이며 표준이다. 기일제나 묘제 그리고 명절의 차례 등도 그 원리나 진행 방법에서는 시제와 대동 소이하다.
　제사의 주재자는 제사 하루 전 입제일에 제소 주변을 청소하고 제구와 제기를 내어 와 깨끗이 닦고 정비하며 제사에 올릴 제주와 제수를 준비한다. 또한 제사에 필요한 모사와 양초, 향 등도 미리 준비하고 지방과 축문도 미리 써 둔다. 준비가 되면 초저녁쯤 제소에 병풍, 의자, 제상, 향안, 주가, 소탁자 등을 설치한다. 제구와 제기 그리고 제수의 준비는 기일 제사와 흡사하므로 앞에서 설명했던 내용을 참고하면 된다.
　옛날에는 시제를 비롯하여 매년 일정한 계절에 행하는 제사들 곧 사당에 모신 조상 공동의 제사인 사시제, 시조와 선조 제사, 부모 제사인 이제 등의 날짜는 점을 쳐서 택일하였다. 택일을 위한 점은 제사지내기 전달 하

자양영당 시제를 지내는 모습

사벌왕릉 묘제의 제수

순에 사당에서 예를 갖추어 행하였다. 점을 칠 때는 윷짝처럼 생긴 두 개의 점괘를 던져 두 개가 각기 다른 면이 나오는 것을 길하게 여긴다. 먼저 상순 중에 하루를 잡아 점을 치고, 불길하면 중순 중에서 날을 정하여 다시 점친다. 이 역시 불길하면 다시 점을 치지 않고 하순 가운데서 적당한 날을 잡는다.

『가례』에서 시제는 1년에 4회 각 계절의 가운데 달에 행하도록 되어 있지만, 사실 오늘날에 1년에 4회씩 시제를 거행하기는 여간 어려운 일이 아니다. 다산 정약용 같은 대학자도 사서인의 시제는 1년에 두 번 곧 봄가을에 행하는 것이 옳다고 한 바 있으므로 각 가정의 형편에 따라 봄가을에 한 번씩 거행하거나 가을에 한 번 올리는 것이 무난할 것으로 생각한다. 그 날짜도 매년 점을 쳐 길일을 택할 것이 아니라 친족들의 형편을 감안하여 일정한 날로 정해 두는 것이 여러 가지로 편리할 것이다. 제사의 날짜가 정해지면 제사를 주관하는 사람은 제사에 참여할 친족들에게 두루 연락을 하도록 한다.

43. 시제의 봉행

시제를 실행하는 순서는 대체로 기제사와 같다. 다만 기제에서 행하지 않는 날 잡기(擇日), 복받기(受胙) 그리고 제사 음식 나누기(餕)가 첨가된다. 전체적인 순서는 대체로 (1) 날 잡기(擇日)와 재계(齋戒) (2) 제구와 제기의 설비(陳器) (3) 제수의 마련(具饌)과 제상 차리기(陳設) (4) 제복 입고(變服) 정렬하기(就位) (5) 신주나 지방의 봉안(出主) (6) 신 내리기(降神) (7) 합동 참배(參神) (8) 음식 올리기(進饌) (9) 첫잔 드리기(初獻)와 축문 읽기(讀祝) (10) 버금 잔 드리기(亞獻) (11) 끝 잔 드리기(終獻) (12) 식사 권유(侑食) (13) 문 닫고 기다리기(闔門) (14) 문 열고(開門) 차 올리기(進茶) (15) 복 받기(受胙:飮福) (16) 합동 배례(辭神:신에 대한 작별 인사) (17) 신주 들여 모시기(納主:지방과 축문의 소각) (18) 제상 정리(徹) (19) 제사 음식 나누기(餕) 등의 차례로 진행된다.

이상의 절차와 행사의 내용에 대해서는 앞 장에서 자세히 설명하였다. 시제를 비롯한 모든 제사는 거의 이러한 표준 의식의 순서로 진행된다. 다만 시제는 합동 제사이므로 모시는 조상의 수가 많고 그에 따른 유의점도 있으므로 이제 이들 절차에 대해 간략히 알아본다.

(1) 날 잡기와 재계(齋戒)

시제는 일정한 날짜가 정해져 있지 않으므로 봄가을의 두 계절 중에서 적당한 날을 잡도록 한다. 한번 날을 정하여 매년 그날에 지내는 것이 좋으나 형편에 따라 변경하여도 무방하다. 날을 잡을 때는 제사가 한밤중에 거행된다는 사실을 고려하여 참석자들에게 편한 날로 정하는 것이 좋을 것이다.

재계는 원래 제사에 참여하는 모든 사람이 해야 하는 것이지만 오늘날에는 거의 불가능한 일이다. 다만 제사를 받드는 주인과 주부만이라도 하루쯤 재계를 행하는 것이 좋을 듯하다. 그리고 다른 사람들도 가능하면 재계하는 마음으로 하루를 경건하게 지내는 것이 좋다.

(2) 제구와 제기의 설비 : 진기(陳器)

시제에서는 그 집안의 제사 대수에 맞추어 고조부모 이하 부모에 이르기까지의 여러 신위를 설치한다. 매신위는 대수마다 고위, 비위를 짝지어 설치하고 각기 제상 하나씩을 배열한다. 4대를 봉사하는 집이라면 네 벌의 제상과 제구가 필요하게 된다. 만약 제구가 한 벌밖에 없으면 고조부모의 제사부터 차례로 봉행하여 네 번을 반복하면 된다. 이는 매우 번거로운 일이므로 오늘날에는 한두 벌의 제상에 합설하여 한 번에 제사를 봉행하는 집이 많아지고 있다. 이때는 제기나 제구를 참작하여 배열하도록 한다.

(3) 제수의 마련과 제상 차리기 : 구찬(具饌)과 진설(陳設)

요령은 기제의 경우와 같다. 다만 제사하는 조상이 많으므로 참작하여 준비하도록 한다.

(4) 제복 입고 정렬하기 : 변복(變服)과 취위(就位)

제사 참례자들이 제복을 입고 각자의 정위치에 선다. 자세한 내용은 기제의 경우와 같다.

(5) 신주나 지방의 봉안 : 출주(出主)

요령은 기제의 경우와 같다. 봉안하는 순서는 고조부모의 신위부터 증조부모, 조부모, 부모의 차례이며 서쪽에서 동쪽으로 봉안한다.

(6) 신 내리기 : 강신(降神)

조상신들을 강림시키는 절차이다. 요령은 기제의 경우와 같다.

(7) 합동 참배 : 참신(參神)

제사 참례자들이 신을 알현하는 인사이다. 요령은 기제의 경우와 같다.

(8) 음식 올리기 : 진찬(進饌)

밥과 국 같은 더운 음식을 올리는 절차이다. 요령은 기제의 경우와 같다.

(9) 첫잔 드리기와 축문 읽기 : 초헌(初獻)과 독축(讀祝)

집전의 요령은 기제의 경우와 같다. 그러나 제사하는 조상이 많으므로 먼저 고조부모의 신위부터 잔을 드리고 축문을 읽은 다음 증조부모, 조부모, 부모의 순으로 잔 드리기와 축문 읽기를 반복한다. 축문의 형식과 내용은 앞에서 설명하였다. 그러나 각 대수의 조상마다 잔 드리기와 축문 읽기가 매우 번거로우므로 요즈음에는 한 번의 잔 드리기와 한 장의 축문으로 끝내기도 한다. 이때의 축문에는 제사하는 조상의 친속을 모두 열거하여 쓰도록 한다. 그 형식은 앞에서 설명한 내용을 참고로 하면 된다.

(10) 버금 잔 드리기 : 아헌(亞獻)

주부가 행한다. 요령은 기제의 경우와 같다. 잔 드리기는 고조부모의 신위부터 차례로 봉행한다.

(11) 끝 잔 드리기 : 종헌(終獻)

주인의 형제나 아들 중 1인이 행한다. 앞의 요령과 같다.

(12) 식사 권유 : 유식(侑食)

주인과 주부가 함께 올라가 행한다. 요령은 기제의 경우와 같다.

(13) 문 닫고 기다리기 : 합문(闔門)

모든 참례자들이 문밖에 나와 동서로 마주 향하여 기다린다. 요령은 기제의 경우와 같다.

(14) 문 열고 차 올리기 : 개문(開門)과 진다(進茶)

기제의 경우와 같다. 다만 차(숭늉)를 올릴 때는 고조부의 신위부터 차례로 올린다.

(15) 복받기 : 수조(受胙) 또는 음복(飮福)

복받기 예식의 성격과 간략한 내용은 앞에서 설명하였다. 여기서는 『가례』에 수록된 전통적인 의식을 살펴보기로 한다.

집사가 향안 앞에 자리를 깔면 주인이 자리에 나아가 북향한다. 다른 집사가 고위의 앞에서 잔반을 들어 주인의 오른편으로 온다. 주인은 무릎을 꿇고 집사도 무릎을 꿇는다. 주인이 잔반을 받아 술을 조금 고수레하고 맛을 본다. 집사 곧 축(祝)이 수저와 접시를 가지고 신위의 밥을 각기 조금씩 덜어내어 받들고, 주인의 왼편으로 다가와 주인에게 다음과 같은 축복의 말을 한다.

"고위께서 본 축에게 명하여 너희 효손에게 많은 복이 내리고, 너로 하여금 하늘에서 녹을 받으며 밭에는 농사가 잘되고 길이 늙는 날까지 변치 않으리라 하셨습니다."

주인은 술을 자리 앞에 둔 다음 부복하였다가 일어나 무릎을 꿇고, 먼저 밥을 받아 조금 맛본 후 나머지를 왼쪽 소매 속에 담고 작은 손가락으로 잡는다. 이어 술을 들고 다 마시면 집사가 오른쪽에서 잔을 받아 주전자 옆에 둔다. 왼쪽에서 받았을 때도 역시 이와 같이 한다. 주인은 부복하였다가 일어나 동쪽 계단 위에 서서 서쪽으로 향한다. 축은 서쪽 계단에 서서 동쪽으로 향하여 주인에게 "잘 마쳤습니다." 또는 "이성(利成)"이라고 보고하고 자기 자리로 돌아와 다른 사람들과 함께 재배한다. 주인은 답배하지 않고 내려가 제자리에 선다.

(16) 합동 배례 : 사신(辭神 – 신에 대한 작별 인사)
제사에 참례한 전원이 일제히 재배한다. 그 요령은 기제와 같다.

(17) 신주 들여 모시기 : 납주(納主 – 지방과 축문의 소각)
기제와 같다. 역시 고조부모의 신주부터 들여 모신다. 지방을 소각할 때도 같다.

(18) 제상 정리 : 철(徹)
주부가 지휘한다. 요령은 기제와 같다.

(19) 제사 음식 나누기 : 준(餕)
이는 친지들이나 이웃 사람들에게 제사 음식을 베푸는 행사로 일종의 잔치와 같은 것이다. 제사를 마친 그날(파제일) 주인이 행사를 주관한다. 여기서는 『가례』에 수록된 전통적인 음식 나누기 예법을 알아본다.

우선 음식마다 조금씩 나누어 작은 함에 담고 술과 함께 봉하여 하인을 시켜 편지와 함께 친우들에게 보낸다. 그리고 남녀를 각기 달리하여 큰 대청이나 뜰에 자리를 마련하되 항렬이 높은 이들은 별도로 일렬을 지어 남향으로 앉게 한다. 대청의 가운데를 기준으로 동서로 나누어 앉게 하되, 한 사람뿐인 경우에는 방 한가운데 앉게 한다. 그 나머지는 차례로 서로 마주보고 동서로 향하여 앉는다. 높은 어른 곧 존자(尊者) 한 사람이 먼저 자리로 나오면 여러 남자들이 차례로 그 앞에 서는데, 세대마다 한 줄로 하고 동쪽을 상석으로 한다. 모두 재배한 후에 자제들 중에서 연장자(보통은 주인의 장자) 한 사람이 조금 앞으로 나아가 선다. 집사 한 사람은 주전자를 들고 그 우측에 서고, 또 한 사람은 잔반을 들고 그 왼쪽에 선다.

술을 드릴 자(장자)가 무릎을 꿇고(존자는 아우가 드릴 때는 일어서고, 조카뻘 이하일 경우에는 그대로 앉아 있다) 주전자를 받아 술을 따른 후 주전자는 돌려준다. 술을 받아 들고 축원하여 말하기를,

"제사가 이미 이루어져 조상께서 잘 흠향하셨습니다. 원컨대 아무 친속 어른께서는 오복을 갖추어 가지시고 종족과 가문을 잘 다스려 주십시오."
하고 그것을 잔을 가진 자에게 주어 높은 어른 앞에 두게 한다. 장자는 어른이 술을 들어 다 마시기를 기다렸다가 부복한 뒤 일어나 자리로 돌아가 여러 자제들과 함께 재배한다. 어른은 주전자와 장자의 잔을 가져오게 하여 앞에 놓고 스스로 술을 따른 뒤 축복하여 말하기를,

"제사가 이미 잘 이루어졌으니 오복의 경사를 너희들과 함께한다."
하고 집사에게 명하여 차례로 여러 사람의 앞에 나아가 술을 따르게 한다. 그 중 장자가 나아가 술을 받아 마시고 부복하고 일어나 뒤로 물러선다. 여러 형제들도 앞으로 나아가 읍하고 물러나 서서 술을 마신다. 장자와 여러 형제들은 또 함께 재배한다.

여러 부녀들은 내실에서 여자 존장에게 술을 드리는데, 그것도 남자들의 의식과 같다. 다만 꿇어앉지는 않고 끝나면 자리로 돌아가 육식을 올린다. 여러 부녀들은 대청 앞에 나아가 남자 존장에게 헌수를 드리고, 남자

존장은 축복하기를 그전의 의식대로 한다. 여러 남자들도 안채로 들어가 여자 존장에게 헌수하며, 여자 존장도 정해진 의식대로 축복한다.

이를 마치면 자리에 나아가 면과 밥을 올린다. 남녀 집사들은 각기 남녀 존장에게 의식대로 헌수하되 축복은 하지 않는다. 이어서 앉은 이에게 두루 술을 따르면 모두가 일어나 재배하고 물러난다. 그러고 나서 쌀밥을 올린 후에 널리 술을 돌리는데, 그 사이에 제찬이나 술이 부족하면 다른 술과 다른 음식으로 더 보탠다.

연회가 파할 무렵이 되면 주인이 남자 집사들 곧 외복(外僕)과 하인들에게 제사 음식을 나누어 주고 주부는 여자 집사들에게 제사 음식을 나누어 주되, 미천한 사람들에게까지 두루 미치게 한다. 제사 음식은 그날로 모두 소비하여 남지 않게 한다. 음식을 받은 자는 모두 재배하고 이어 자리를 치운다.

44. 명절 차례(茶禮)의 유래와 의미

차례(茶禮)는 간소한 약식 제사이다. 『가례』를 비롯한 예서에는 차례라는 것이 없다. 그러나 우리 나라에서는 관습적으로 민속 명절에 조상에게 올리는 제사를 차례라고 한다. 또 우리의 차례 절차에는 술은 올리지만 차는 쓰지 않는데 차례라는 이름은 중국에서 유래한 것으로 보인다.

오늘날의 차례는 사당 제도와 밀접한 관련이 있는 것으로 생각된다. 『가례』에 의하면 조상의 신주를 모신 사당에서는 정월 초하루, 동지, 매월 초하루와 보름에 참배하는 제사가 있다. 이들 중에서 매월 보름에는 술잔을 차리지 않고 찻잔만을 올리게 되어 있다. 제사 중에서 가장 간략한 이 보름의 사당 참배에서 '차(茶)를 올리는 예(禮)'라 하여 차례(茶禮)가 유래된 것으로 짐작된다. 또 사당의 제사 가운데서 민속 명절에 올리는 제사에는 그 명절에 먹는 특별한 계절식을 올리는 것이 관례였다.

결국 사당에 올리던 차례는 설, 동지, 매월 초하루와 보름, 그리고 각종 명절에 지내던 것을 합하면 1년에 무려 30여 회에 이른다. 근래에는 사당이 사라지게 되어 이 차례가 바로 명절의 제사로 남게 된 것이다. 명절의 차례도 옛날과는 달리 설과 추석 두 번만 남게 되었다. 따라서 오늘날 우리가 지내고 있는 차례는 사당 예법의 유습이 정착된 것이라고 하겠다.

차례는 기제사를 지내는 조상에게 지낸다. 예를 들어 고조부모까지 4대를 봉사하는 가정에서는 고조부모, 증조부모, 조부모 그리고 돌아가신 부모 등 여덟 분의 조상이 대상이 된다. 또 2대를 봉사하는 가정에서는 조부모, 부모 네 분만을 제사한다.

차례는 명절날 아침에 각 가정에서 조상의 신주나 지방 또는 사진을 모시고 지낸다. 차례도 물론 기제사를 지내는 장자손의 집에서 지내는 것이 원칙이지만 지방이나 가문의 전통에 따라 한식이나 추석에는 산소에서 지내기도 한다.

45. 차례의 준비

가정에서 차례를 지낼 때는 제구의 설치나 제수의 준비가 기제사나 시제의 경우와 대동 소이하다. 다만 차례는 기제사의 대상인 많은 조상에게 모두 지내야 하기 때문에 종류는 같아도 숫자가 많다. 고조부모까지 4대 봉사를 하는 경우 신위를 모시는 교의, 제수를 차릴 제상, 제수를 담을 각종 그릇은 모두 네 벌이 있어야 하고 그 밖에 병풍, 향안, 향합, 소탁, 자리 등은 한 벌만 있으면 된다. 그 배설은 시제와 같다. 차례는 봉제의 대상을 한꺼번에 지내므로 신위를 동시에 모시고 제수를 동시에 따로 차려야 하므로 교의와 제상은 네 벌이 필요하다. 그러나 교의와 제상을 따로 준비하기가 어려우면 윗대 조상부터 차례로 여러 번 지내면 된다.

차례의 상차림은 기제사와 같으나 몇 가지 점이 다르다. 먼저 적(炙)은 고기와 생선 및 닭을 따로 담지 않고 한 접시에 담아 미리 올린다. 차례에서는 잔 드리기를 한 번만 하기 때문이다. 그리고 예법에는 밥과 국 자리에 설에는 떡국을 놓고 한식과 추석에는 비워 둔다고 되어 있으나 요즈음에는 밥과 국을 올리는 것이 일반적이다. 추석에는 토란과 쇠고기, 다시마

추석 차례상. 송편을 떡으로 올리고 햅쌀밥과 토란·쇠고기를 넣고 끓인 국을 올린다.

를 넣고 끓인 국을 올린다. 그 밖에 젓(조기젓)을 올리는 자리에는 식혜 건더기를 접시에 담아 올리고 떡의 위치에 한식에는 화전이나 쑥떡, 추석에는 송편을 올린다. 한편 날이 밝은 아침에 지내므로 촛불은 켜지 않는다.

46. 차례의 봉행

명절 차례가 다른 제사와 다른 점은 잔 드리기를 한 번에 그치고 축문을 읽지 않는다는 점이다. 예서에 따라서는 명절 제사의 축문 서식이 수록되어 있기도 하지만, 현대에는 사문화되어 사용하지 않는다.

차례의 순서는 대체로 (1) 재계 (2) 제상과 집기의 설치 (3) 제수 준비 (4) 제복 입고 정렬하기 (5) 제상 차리기 (6) 신위 봉안 (7) 신 내리기 (8) 합동 참배 (9) 제찬 올리기 (10) 잔 올리기 (11) 식사 권유 (12) 수저 걷기 (13) 합동 배례 (14) 신주 들여 모시기 (15) 제상 정리 (16) 음식 나누기 등으로 진행된다. 순서대로 유의할 사항을 간략히 언급해 본다.

(1) 재계
하루 전부터 집안 안팎을 청소하고 목욕 재계하여 차례를 지내기 위한 마음의 준비를 한다.

(2) 제상과 집기의 설치
하루 전에 차례를 지낼 장소에 위치를 정하고 제구와 제기를 설치할 준비를 한다.

(3) 제수 준비
하루 전에 제기를 닦고 제수를 마련한다.

(4) 제복 입고 정렬하기
명절날 아침에 일찍 일어나 제복을 차려 입고, 제구를 설치한 후 정해진 위치에 선다.

(5) 제상 차리기
식어도 상관없는 제수를 먼저 차린다.

(6) 신위 봉안
교의나 제상 위에 윗대의 조상 신위부터 순서대로 신주나 지방을 모신다. 산소에서 차례를 올릴 때는 이 절차가 없다.

(7) 신 내리기
주인이 읍하고 꿇어앉아 향을 세 번 사르고 강신의 예를 행한다. 제주가 읍하고 꿇어앉으면 집사가 잔반에 따라 주는 술을 모삿그릇에 세 번 나누어 붓고 재배한다. 산소에서는 땅바닥에 한다. 산소에서 차례를 올리는 경우에는 합동 참배를 먼저 한 후에 신 내리기를 행한다.

(8) 합동 참배
강림한 신에 대한 인사이다. 주인 이하 모든 참사자들이 일제히 두 번

절한다. 산소인 경우에는 신 내리기에 앞서 합동 참배를 행한다.

(9) 제찬 올리기
식어서는 안 될 모든 제수를 윗대 조상의 신위부터 차례로 올린다.

(10) 잔 올리기
제주가 주전자를 들어 고조부모로부터 부모에 이르기까지 각 잔에 차례로 술을 가득히 따른다. 주부는 고조부모로부터 부모에 이르기까지 차례로 숟가락을 떡국에 걸치고 젓가락을 골라 시접에 걸쳐 놓는다.

(11) 식사 권유
주인이 주전자를 들어 각 신위의 잔에 첨작을 한 후 참례자 일동이 7~8분간 조용히 부복하거나 시립해 있는다.

(12) 수저 걷기
주부가 윗대의 신위부터 차례로 수저를 내려 시접에 담는다.

(13) 합동 배례
이는 마지막 인사로 참사자 전원이 일제히 두 번 절한다.

(14) 신주 들여 모시기
신위를 사당으로 모시는 절차이다. 지방을 사용한 경우에는 태워서 재를 향로에 담는다. 산소에서 제사를 올릴 경우에는 이 절차가 필요없다.

(15) 제상 정리
제사 음식을 제상에서 내려 정리하고 제구와 제기를 잘 정비하여 보관한다.

(16) 음식 나누기
제사에 참석한 사람들이 음식을 나누어 먹으며 조상의 유덕을 기린다.

명절에는 어느 집이나 다 같은 날 아침에 제사를 지내므로 음식을 나누어 보내거나 친지, 이웃들을 초청하여 연회를 벌일 필요가 없다.

47. 묘제(墓祭)의 유래와 의미

묘제 역시 고전 예서에는 없었던 것인데 중국 남송 때의 주자가 그 당시의 세속 풍습에 따라 『가례』에 수록하면서 중시된 것이었다. 그러나 주자의 친구였던 장식(張栻) 같은 사람은 그것이 예법에 맞지 않는 것이라고 비판하기도 하였다. 조선시대에는 매년 4절일(청명, 한식, 단오, 추석)에 묘소를 찾아가 제사하는 것이 관행이 되어 시제보다 더 중요한 제사가 되었다 하여 식자들의 탄식을 사게 되었다. 『사례편람』에서는 4절일의 묘제를 사당에서의 시제로 바꾸고 묘제는 1년에 한차례만 행하도록 권고하고 있다.

우리 나라에서는 흔히 묘제를 시제라고 칭하며 음력 10월에 기제사를 지내지 않는 그 윗대의 조상, 즉 5대조 이상의 조상에 대한 제사를 1년에 한 번 지내는 것이 관행이 되었다. 그러나 시제와 묘제는 원래 전혀 다른 제사였다. 예법상의 시제는 일년에 네 번, 춘하추동 4계절의 가운데 달에 사당에 모신 4대조를 향사하는 제사이며, 우리 속습의 10월 시제란 것은 5대조 이상 먼 조상을 제사하는 것이다. 그러나 10월의 묘제(시제)는 『가례』에서 매년 1회씩 시조나 선조에 대해 집 안에서 지내는 정규 제사와 흡사하다. 이 시제(묘제)는 예서에는 없는 제사이나 우리 나라의 경우 전통적으로 엄격히 지내지는 것으로 보아 관습적인 제사로 정착된 것으로 보인다.

묘제는 그 조상의 묘소에서 지내는 것이 원칙이다. 산소를 잃어버렸거나 갈 수 없을 때는 연고지에 제단을 설치하여 제사를 지내기도 한다. 시제에는 직계 자손, 방계 자손을 포함하여 누구라도 참례할 수 있다.

묘제는 그 제사의 장소가 산소이므로 그 진행 차례도 집 안에서 지내는 제사와 다르며 또 산신에 대한 제사가 따로 있었다. 예문에는 명시되어 있지 않지만 우리의 전통 풍습에는 묘제가 끝난 후에도 제사 음식 나누기를 했다.

48. 묘제의 준비

묘제에 필요한 제구는 일반적으로 기제사의 경우와 같다. 단 실내에서 지내는 기제사에는 앙장(천장에 치는 포장)을 치지 않으나 묘제는 노천에서 지내므로 천막을 쳐야 한다. 병풍은 치지 않아도 되고 대개 석물이 있으므로 따로 준비하지 않아도 된다. 묘소에서 지내므로 신주를 모실 교의는 필요없다.

보통 묘제를 지내는 산소는 대개 그 산소에 따른 제답 등 재산이 있는 경우가 많아서 제기 등은 준비된 경우가 많다. 준비된 제기가 없으면 기제사와 같은 제기를 준비하면 된다.

제수는 기제사의 경우에 준하여 준비한다. 다만 기제사에서는 대부분의 제찬을 합설하고 밥, 국, 술잔, 수저만 고위와 비위를 각각 달리하여 차리는 데 비해, 묘제에서는 떡과 면(국수)도 따로 쓰는 경우가 많으며 탕은 3탕이 아닌 5탕을 쓰고, 어육은 간납이라 하여 기제사보다 더 많은 종류를 쓰기도 한다.

상차림은 기제사와 거의 같으나 기제사가 5열로 차리는 데 반해 묘제는 제수의 종류가 많아 6열로 차리기도 한다.

묘제를 지내는 데는 준비할 일이 많으므로 소임에 따라 많은 인원이 필요하다. 참여하는 자손이 적을 경우라도 소임이 중복되지 않도록 미리 조치를 해둔다. 소임에 따른 인원은 대체로 다음과 같다.

(1) 초헌자 1인
장자손 또는 그 문중의 문장(門長)이나 사무 책임자인 도유사(都有司)가 맡는다.

(2) 아헌자 1인

장자손이 초헌을 했으면 문장이나 도유사가 아헌을 하고, 문장이나 도유사가 초헌을 했으면 다음 차례의 어른이 맡는다.

(3) 종헌자 1인

초·아헌자가 아닌 문중 어른이 맡는다. 경우에 따라서는 문중을 빛낸 특별한 자손을 지명해서 맡기기도 한다.

(4) 독축자 1인

축을 읽는 사람이다.

(5) 집례 1인

행사 절차를 적은 홀기(笏記 : 식순)를 읽는 사람으로 일종의 사회자이다.

(6) 진설 4인

제수를 제상이나 상석 위에 차리는 사람이다.

(7) 집사 2인 : 잔 드리는 사람(헌관)을 돕는 소임으로 만일 조상이 재취를 해서 향사자가 3위일 때는 집사도 3인으로 한다.

(8) 찬인(贊引) 2인

행사의 소임을 맡은 사람을 인도하는 사람, 대개는 젊은 사람이 맡는다.

49. 묘제의 봉행

묘제의 진행에서 가장 큰 특징은 지신인 후토씨(后土氏)에 대한 제사가 함께 이루어진다는 점이다. 그리고 묘제는 조상의 무덤에 대한 직접 제사이기 때문에 신주나 지방을 쓰지 않으며, 따라서 참신을 강신보다 앞서 행한다. 그리고 유식(侑食), 첨잔, 합문, 계문이 없고 삽시 정저(插匙定箸 : 수저를 음식 위에 꽂거나 놓는 일)를 초헌 때에 한다는 점이다. 이는 야외의 제사이기 때문이다. 나머지 절차는 기제사와 대동 소이하다. 묘제는 야외에서 진행하고 참석자가 많아 질서 유지와 예식을 지휘하기가 쉽지 않으므로 목청이 좋은 사람을 집례(사회자)로 지명하여 제사의 식순을 적은 홀기를 큰소리로 창도하면서 제사를 진행하도록 한다.

그 대강의 순서를 보면 우선 묘소에 대한 제사로서 식전 의식은 (1) 날 잡기(擇日) (2) 재계 (3) 제수의 마련(具饌)과 제상 차리기(陳設) (4) 청소(灑掃)와 자리 깔기(布席) (5) 음식 차리기(陳饌)의 다섯 가지 과정이 있으며, 제사의 집전 절차는 (6) 합동 참배(參神) (7) 신 내리기(降神) (8) 첫잔 드리기(初獻)와 축문 읽기(讀祝) (9) 버금 잔 드리기(亞獻) (10) 끝 잔 드리기(終獻) (11) 합동 배례(辭神) (12) 제상 정리(徹) (13) 음복(飮福)의 순서로 진행된다.

다음 지신(地神)에 대한 제사인 후토제(后土祭 : 산신제라고도 함)는 (1) 자리 정돈(布席)과 음식 차리기(陳饌) (2) 귀신 내리기(降神) (3) 합동 참배(參神) (4) 첫잔 드리기(初獻)와 축문 읽기(讀祝) (5) 버금 잔 드리기(亞獻) (6) 끝 잔 드리기(終獻) (7) 합동 배례(辭神) (8) 제상 정리(徹)의 순서로 진행된다. 후토제의 축문은 대략 아래와 같다.

"維歲次[年干支] 某月朔[干支] 某日[干支] [某官]姓名 敢昭告于后土氏之神 [某]恭修 歲事于[某親某官] 府君之墓 惟時保佑 實賴神休 敢以酒饌 敬伸奠獻 尙饗

이를 풀어 보면 "아, 아무 해 아무 달 초하루는 [간지]인데 아무 날[간지]에 [아무 관직]성명 아무개는 감히 땅을 다스리는 신에게 고합니다. 아무개는 [아무 친속 아무 관작] 어른의 묘에 공경히 제향을 올리고자 하오니 늘 보살펴 주시어 신의 가호를 입도록 해주시기 바랍니다. 감히 술과 안주를 차려 공경히 제사드리오니 흠향하시기 바랍니다."라는 내용이다.

차례와 제사

초판 01쇄 인쇄 | 1994년 08월 24일
초판 13쇄 발행 | 2018년 02월 20일

글 | 이영춘

발행인 | 김남석
발행처 | ㈜대원사
주　소 | (06342) 서울시 강남구 양재대로 55길 37, 302
전　화 | (02)757-6711, 6717~9
팩시밀리 | (02)775-8043
등록번호 | 2011-000081호
홈페이지 | http://www.daewonsa.co.kr

ⓒ 이영춘, 1994

값 12,000원

Daewonsa Publishing Co., Ltd
Printed in Korea 2018

이 책에 실린 글과 사진은 저자와 주식회사 대원사의 동의 없이는
아무도 이용할 수 없습니다.
ISBN | 978-89-369-0919-2 03380